Lösungen

Sekundarbereich I

Schroedel

Chemie heute – Sekundarbereich I

Lösungen
zu
Chemie heute Baden-Württemberg   (ISBN 978-3-507-86016-2)

Herausgegeben von:
Wolfgang Asselborn, Manfred Jäckel, Dr. Karl T. Risch

Bearbeitet von:
Dr. Ulrich Müller, Theophil Schwenk

unter Mitarbeit der Verlagsredaktion

Dieses Werk ist in Teilen eine Bearbeitung von Chemie heute SI, ISBN 978-3-507-86070-4,
herausgegeben von Wolfgang Asselborn, Manfred Jäckel, Dr. Karl T. Risch,
bearbeitet von Prof. Dr. Hans-Dieter Barke, Klaus Dehnert, Rosemarie Förster,
Dr. Hermann Hammes-Therre, Norbert Jäckel, Günter Krug, Dieter Matthé, Horst Oehr,
Dr. Rolf Schulte-Coerne, Theophil Schwenk, Michael Walory, Dr. Winfried Zemann.

sowie von
Chemie heute 7/8 Niedersachsen, ISBN 978-3-507-86015-5,
herausgegeben von Wolfgang Asselborn, Manfred Jäckel, Dr. Karl T. Risch,
bearbeitet von Bernhard Sieve.

Quellenangabe:
Umschlag-Vordergrund: PhotoDisc Inc.; Umschlag-Hintergrund: IFA Bilderteam, Frankfurt

© 2004 Bildungshaus Schulbuchverlage
Westermann Schroedel Diesterweg Schöningh Winklers GmbH, Braunschweig
www.schroedel.de

Druck [3] / Jahr 2009

Grafik: Birgitt Biermann-Schickling, Karin Mall, Dr. Winfried Zemann
Satz: Druckhaus „Thomas Müntzer" GmbH, Bad Langensalza
Druck und Bindung: westermann druck GmbH, Braunschweig

ISBN 978-3-507-**86017**-9

Inhaltsverzeichnis

1 Chemie – eine Naturwissenschaft

A 8.1

Die Naturwissenschaften erforschen systematisch die Vorgänge und Zusammenhänge in der Natur.

A 8.2

Die Chemie beschäftigt sich mit Stoffen, ihren Eigenschaften und ihrem Aufbau sowie mit Stoffänderungen.

A 8.3

In der Chemie versteht man unter einem Stoff eine Substanz, die durch bestimmte Eigenschaften charakterisiert ist.

A 8.4

Die Geologie ist eine Naturwissenschaft, die sich mit der Gestalt, dem Aufbau, der Entwicklung und der stofflichen Zusammensetzung der Erde beschäftigt.

A 8.5

Astronomie ist eine Naturwissenschaft. Sie beschäftigt sich mit den Sternen und mit dem Weltall. Die Astrologie dagegen arbeitet nicht mit naturwissenschaftlichen Methoden. Sie versucht aus Stellungen der Sterne und Planeten das Schicksal der Menschen vorherzusagen.

V15.2

In der heißesten Zone der Flamme direkt über dem Innenkegel herrscht eine Temperatur von bis zu 1250 °C. An der Spitze des äußeren Kegels kann man 1100 °C messen; im Innenkegel beträgt die Temperatur nur rund 400 °C.

2 Stoffeigenschaften und Teilchenmodell

A17.1

Ruß: schwarz; Schwefel: gelb; Kupfersulfat: blau; Chromalaun: schwarzviolett; Brom: rotbraun

farblose oder weiße Stoffe: Glas, Kochsalz, Zucker, Wasser, Luft.

A17.2

a) Man kann zwischen drei bzw. vier Arten von Kristallen unterscheiden (Zitronensäure, Natron, Zucker, ggf. Farbstoff).

b) sauer (Zitronensäure), bitter (Natron), süß (Zucker).

c) keine Beobachtung bei der Zugabe eines Wassertropfens auf Kristalle *einer* Art; Aufschäumen und Entwicklung eines farblosen Gases bei Zugabe zu dem Kristallgemisch.

A17.3

Essig ist farblos, schmeckt sauer und riecht „nach Essig". Salatöl ist gelblich, schmeckt ölig, riecht kaum. Mineralwasser ist farblos, schmeckt säuerlich und ist geruchlos. Apfelsaft ist gelb, schmeckt süß und riecht nach Apfelaroma.

A17.4

Der Mensch kann vier Geschmacksqualitäten unterscheiden: sauer, bitter, salzig, süß.
Bereiche der Zunge, mit denen die Geschmacksqualitäten wahrgenommen werden:
süß: vor allem im vorderen Bereich
salzig und sauer: vor allem an den Seiten
bitter: im hinteren Bereich der Zunge

A18.1

$$\varrho \text{ (Olivenöl)} = \frac{18,4\,g}{20\,ml} = 0,92\,g \cdot ml^{-1}$$

A18.2

V (Luft) = 12 m · 8 m · 2,7 m = 259,2 m^3 = 259 200 l

m (Luft) = ϱ (Luft) · V

$\qquad$ = 1,2 g · l^{-1} · 259 200 l = 311 040 g ≈ 311 kg

A18.3

Beide Typen von Ballons schweben in der Luft, weil ihre Dichte kleiner ist als die von Luft. Helium besitzt als Ballongas eine rund sieben mal kleinere Dichte als Luft. Auch die durch einen Propanbrenner auf einige Hundert Grad erhitzte Luft hat eine kleinere Dichte als Luft bei normaler Temperatur.

A18.4

330 ml Coca-Cola wiegen 340 g. Die Dichte beträgt also 1,03 g · ml^{-1}. Bei Cola-light wiegen 330 ml 323 g. Damit ergibt sich eine Dichte von 0,98 g · ml^{-1}.

V19.1

a) Man misst Wertepaare wie etwa 86 g und 11 ml. Die Berechnung der Dichte führt dann zu einem Wert von ϱ = 7,8 g · cm^{-3}.
Hinweis: Die Eisenschrauben sind vorsichtig in den Messzylinder zu geben, damit kein Wasser herausspritzt.

b) Die Schiffsrümpfe schließen ein so großes Volumen Luft ein, dass der Quotient aus der Masse und dem Gesamtvolumen des Schiffes kleiner als die Dichte von Wasser ist.

V19.2

Hinweis: In Spiritus taucht die Holzklammer mit Metallfeder im Gegensatz zu Wasser vollständig unter. Die Dichte von Spiritus muss kleiner sein als die von Wasser. Die Messung der Dichte von Spiritus mit dem Aräometer führt zu dem Wert von etwa ϱ = 0,79 g · cm^{-3}.

V19.3

a) 100 ml Luft haben eine Masse von 0,12 g. Daraus ergibt sich die Dichte ϱ = 0,0012 g · ml^{-1} oder ϱ = 1,2 g · l^{-1}.

b) Die Dichten von Wasserstoff und Helium sind deutlich kleiner als die Dichte von Luft. Stickstoff hat eine etwas geringere Dichte, Sauerstoff eine etwas größere Dichte als Luft.

A21.1

– Bratenfett schmilzt in der Pfanne, flüssiges Fett erstarrt beim Abkühlen.
– Wasser siedet im Wasserkessel, an kalten Fensterscheiben kondensiert Wasserdampf.
– Eiskristalle sublimieren im Sonnenlicht zu Wasserdampf, in kalten Nächten resublimiert Wasserdampf an den Ästen der Bäume und bildet als Raureif Eiskristalle.

A21.2

a)

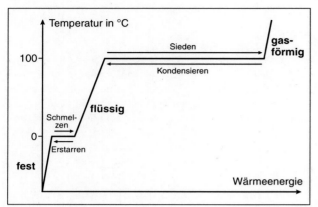

b)

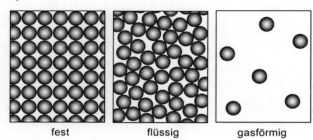

fest   flüssig   gasförmig

A21.3

Iod-Teilchen verlassen den geordneten Verband im Iod-Kristall und gehen direkt in den ungeordneten Zustand von Gasteilchen über: Es bildet sich Ioddampf. Bei der Resublimation bilden die Iod-Teilchen aus dem Ioddampf wiederum den geordneten Verband von Iod-Teilchen; neue Iod-Kristalle entstehen.

A21.4

Die Sonnenstrahlung erwärmt das Wasser. Die Wasser-Teilchen bewegen sich dadurch schneller. Die schnellsten können den Teilchenverband verlassen, das Wasser verdampft. *(verdunsten bei* $T < 100°C$*)*

A21.5

In dem Eis/Wasser-Gemisch herrscht eine Temperatur von 0 °C. Die warme Luft in der Umgebung des Eis/Wasser-Gemischs lässt das Eis nach und nach schmelzen. Dabei entsteht aus dem Eis von 0 °C Wasser von 0 °C. Erst wenn alles Eis geschmolzen ist, steigt die Temperatur.

V22.1

a)

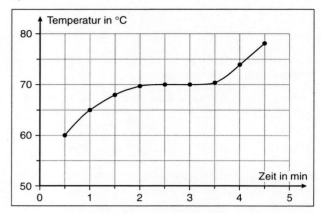

Hinweis: Unmittelbar vor jedem Ablesen des Messwertes muss man mit dem Thermometer gut umrühren.

b) Die Erstarrungstemperatur beträgt 70 °C.

V23.2

a)

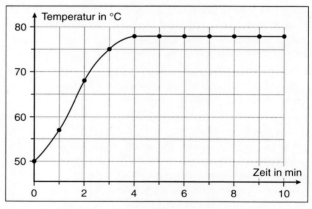

Hinweis: Unmittelbar vor jedem Ablesen des Messwertes muss man mit dem Thermometer gut umrühren.

b) Die Siedetemperatur von Ethanol beträgt 78 °C. Die Temperatur bleibt so lange konstant, bis die Flüssigkeit verdampft ist: Die Verdampfungswärme wird benötigt, um die Anziehungskräfte zwischen den Teilchen in der Flüssigkeit zu überwinden.

V23.3

a) Das Ethanol verdampft. Das Volumen des Dampfes ist sehr viel größer als das der Flüssigkeit.

b)

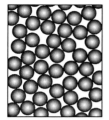
flüssig

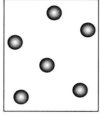
gasförmig

V23.4

a), b)

1. Aufbau des Modells für einen Kristall
2. Vorgang des Schmelzens und Modell einer Flüssigkeit
3. Vorgang des Siedens und Modell eines Dampfes
4. Vorgang des Kondensierens
5. Vorgang des Erstarrens

c) In einem Modellexperiment für die Sublimation wird das Uhrglas mit regelmäßig angeordneten Kugeln direkt in die große Petrischale entleert, die dann heftig geschüttelt wird. Umgekehrt gibt man zur modellhaften Darstellung der Resublimation die Kugeln aus der Schale auf das Uhrglas und ordnet sie dort wieder.

A24.1

Durch die Bewegung von Luft-Teilchen in der Luft und von Parfüm-Teilchen im Parfümdampf vermischen sich beide Teilchenarten allmählich. Parfüm-Teilchen verteilen sich so im Laufe der Zeit im ganzen Zimmer.

A24.2

Zwischen Gas-Teilchen ist viel leerer Raum, in dem sich die Teilchen aufgrund ihrer ständigen Bewegung schnell ausbreiten können. Im flüssigen Zustand dagegen berühren sich die Teilchen, so dass sie sich trotz ständiger Bewegung nur langsam gegeneinander verschieben.

A24.3

Hält man den Kandis-Kristall an die Wasseroberfläche, so sinkt von dort ein feiner Strahl einer Flüssigkeit bis auf den Boden des Teeglases und breitet sich dort aus. Es handelt sich um Zuckerlösung. Von dort breiten sich die Zucker-Teilchen nur sehr langsam (innerhalb von Stunden) durch Diffusion nach oben aus. Beim Umschwenken oder Umrühren vermischt sich die Lösung mit dem restlichen Wasser, dies ist an Schlieren (flimmerartiges Aussehen) erkennbar.

A25.1

In 1 kg Wasser lösen sich bei 20 °C maximal 360 g Kochsalz, 2040 g Zucker oder 2 g Gips.

A25.2

Fett ist in Wasser unlöslich, aber in Benzin gut löslich. Der Fettfleck lässt sich daher mit Waschbenzin entfernen.

A25.3

Zunächst wird eine gesättigte Lösung von Alaunsalz in Wasser bei über 80 °C hergestellt und gut umgerührt. Wenn die Temperatur der Lösung auf 80 °C gesunken ist, gießt man genau 20 g Lösung in ein zuvor gewogenes Becherglas und dampft sie ein. Dann wird das Becherglas mit dem Salz gewogen. Aus der Differenz der beiden Wägungen errechnet sich die Masse des zuvor gelösten Salzes. Aus der Differenz der Masse der eingedampften Lösung (20 g) und der Masse des Salzes erhält man die Masse des verdampften Wassers. Aus der Masse des Salzes und der Masse des verdampften Wassers kann schließlich die Löslichkeit berechnet werden. Wenn die Lösung auf 20 °C abgekühlt ist, wird ihr nochmals eine 20-g-Probe entnommen und wie oben beschrieben verfahren.

A25.4

Es handelt sich um Luft. Sie war zuvor in Wasser gelöst und entweicht bei höherer Temperatur in Form feiner Gasbläschen.

A25.5

Es handelt sich um Wasserdampf.

V26.1

a) Aus der gesättigten Alaun-Lösung verdunstet ständig Wasser; die Löslichkeit wird überschritten. Daher scheidet sich nach und nach Alaunsalz aus der Lösung ab.

b) Ein Alaun-Kristall ist ein Oktaeder, ein regelmäßiger Körper, dessen Oberfläche von acht gleichseitigen Dreiecken gebildet wird.

c) Die Teilchen, die den Alaun-Kristall aufbauen, werden nach einem ganz spezifischen Bauplan angeordnet. Dieser Bauplan führt zu den geraden Kanten und glatten Flächen eines Oktaeders.

d)

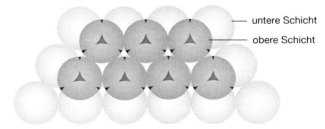
untere Schicht
obere Schicht

V26.2

Hinweis: Der Kolbenprober ist mit Kohlenstoffdioxid zu füllen, indem er ohne Kolben zunächst mit dem Gas aus der Stahlflasche gespült und danach der Kolben bis zur 50-ml-Marke eingeschoben wird. In 20 ml Wasser lösen sich bei Raumtemperatur rund 20 ml Kohlenstoffdioxid. Die Löslichkeit beträgt also 100 ml pro 100 g Wasser. Mit Hilfe der Dichte von Kohlenstoffdioxid (siehe tabellarischer Anhang im Schülerband) lässt sich der Wert umrechnen: 0,18 g pro 100 g Wasser.

V26.3

a) Bei der ersten Tablette löst sich ein Teil des Kohlenstoffdioxids in Wasser. Es entsteht eine gesättigte Lösung; daneben entweicht Kohlenstoffdioxid als Gas. Bei der zweiten Tablette kann sich das entstehende Kohlenstoffdioxid nicht mehr in Wasser lösen: Das gesamte Kohlenstoffdioxid entweicht als Gas.

b) In 20 ml Wasser lösen sich bei Raumtemperatur in beiden Fällen etwa 20 ml Kohlenstoffdioxid. Da eine Tablette etwa 200 ml Kohlenstoffdioxid entwickelt, erhält man bei der Reaktion der ersten Tablette eine gesättigte Lösung und es entweicht kaum Gas.

A27.1

a) Beim Verdampfen von Leitungswasser bleiben nur sehr kleine Mengen an zuvor gelösten Stoffen zurück, bei Meerwasser scheidet sich mehr Salz ab.

b) Beim Verdampfen von 100 g Wasser aus dem Toten Meer bleiben etwa 25 g Salz zurück.

A27.2

Die Angaben beziehen sich auf den Alkoholgehalt der Liköre: „22 % Vol" bedeutet, dass in 100 ml des Getränkes 22 ml Alkohol gelöst sind, 100 ml des „38-%-Vol"-Getränks enthalten 38 ml Alkohol.

A27.3

In 500 g Wasser lassen sich maximal 179 g Kochsalz lösen.

A28.1

elektrisch leitfähige Stoffe: Kupfer, Eisen, Graphit, Kochsalz-Lösung, Essig

Isolatoren: Glas, Porzellan, Diamant, destilliertes Wasser, Luft

A28.2

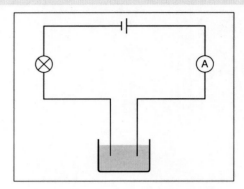

A28.3

Metalle leiten die Körperwärme der Hand schneller ab als Holz, da sie sehr gute Wärmeleiter sind. Daher empfindet man das Metall als kälter.

A28.4

Die Lampe leuchtet hell, wenn Metallgegenstände zwischen die beiden Kabel geschaltet werden. Sie leuchtet nur schwach, wenn die Kabel in Lösungen von Kochsalz oder Essig eintauchen. Die Lampe leuchtet nicht, wenn man die Kabel in Leitungswasser oder in Zuckerlösung eintaucht.

A29.1

Besonders gut zur Wärmeisolation geeignet sind: Steinwolle, Glaswolle, Polystyrol-Schaumstoff

A29.2

Das härteste der Metalle ist Kupfer, gefolgt von Zink und dem besonders weichen Metall Blei.

A30.1

salzartige Stoffe: Kochsalz, Calciumsulfat
flüchtige Stoffe: Chlor, Schwefel, Trockeneis, Iod, Methan
Metall: Gold

A30.2

salzartige Stoffe: Bleichlorid, Calciumchlorid, Kaliumchlorid, Natriumchlorid, Silberbromid
flüchtige Stoffe: Alkohol, Brom, Chlor, Helium, Iod, Methan, Octan, Phosphor (weiß), Sauerstoff, Schwefel, Stickstoff, Wasser, Wasserstoff
Metalle: Aluminium, Blei, Eisen, Gold, Kupfer, Magnesium, Quecksilber, Silber, Wolfram, Zink

A30.3

Trockeneis (festes Kohlenstoffdioxid) sublimiert bei −78 °C. Durch Zufuhr von Wärme wird aus dem festen Kohlenstoffdioxid von −78 °C gasförmiges Kohlenstoffdioxid von −78 °C. Erst wenn nur noch Kohlenstoffdioxid-Gas vorliegt, kann die Temperatur ansteigen.

A32.1

Stoffeigenschaften:
Sinneseindrücke: Aussehen (Farbe), Geschmack (bei Lebensmitteln), Geruch

messbare Eigenschaften: elektrische Leitfähigkeit, Dichte, Löslichkeit, Schmelz- und Siedetemperatur

Dichte: Quotient aus Masse und Volumen einer Stoffportion:

$$\text{Dichte} = \frac{\text{Masse}}{\text{Volumen}}$$

Mit steigender Temperatur dehnen sich Stoffe aus, ihr Volumen nimmt zu, die Dichte wird kleiner.

Aggregatzustand: Stoffe können je nach Temperatur in verschiedenen Aggregatzuständen auftreten: sie können fest, flüssig oder gasförmig sein.

Schmelzen, Erstarren, Sieden, Kondensieren, Sublimieren, Resublimieren: Diese Begriffe beschreiben Übergänge zwischen den Aggregatzuständen. Beim Schmelzen wird ein fester Stoff flüssig, beim Erstarren wird ein flüssiger Stoff fest. Sieden ist der Übergang vom flüssigen in den gasförmigen Aggregatzustand, der umgekehrte Vorgang heißt Kondensieren. Sublimieren ist der direkte Übergang eines festen Stoffs in den gasförmigen Zustand, die Umkehrung heißt Resublimieren.

Schmelz- und Siedetemperatur: Ein reiner Stoff schmilzt bei einer bestimmten Temperatur, der Schmelztemperatur (Eis schmilzt bei 0 °C), er siedet bei einer bestimmten anderen Temperatur, der Siedetemperatur (Wasser siedet bei normalem Luftdruck bei 100 °C).

Teilchenmodell, Teilchenbewegung: Aus Beobachtungen beim Mischen von Flüssigkeiten und bei der Diffusion kann man schließen, dass alle Stoffe aus kleinsten Teilchen aufgebaut sind. Die Teilchen verschiedener Stoffe sind unterschiedlich groß und haben unterschiedliche Massen. Die Teilchen eines Stoffes bewegen sich ständig unregelmäßig hin und her. Dabei hängt ihre Geschwindigkeit von der Temperatur ab: Je höher die Temperatur eines Stoffes ist, desto schneller bewegen sich seine Teilchen.

Diffusion: Damit bezeichnet man die selbstständige Durchmischung von Stoffen. Ursache ist die Eigenbewegung der kleinsten Teilchen. Die Diffusion verläuft mit zunehmender Temperatur immer schneller. Gase diffundieren wesentlich schneller als Stoffe im flüssigen oder gelösten Zustand.

Lösung, Löslichkeit, gesättigte Lösung: Viele Salze lassen sich in Wasser lösen, sie bilden eine wässerige Lösung. Sie ist gesättigt, wenn sich zugesetztes Salz nicht mehr löst und einen Bodenkörper bildet. Die sich bei einer Temperatur maximal lösende Salzmenge wird durch die Löslichkeit beschrieben.

Wärmeleitfähigkeit: Metalle sind gute Wärmeleiter. Bei Berührung eines Metallstücks fühlt man, dass die Körperwärme an das Metall abgegeben wird.

Elektrische Leitfähigkeit: Mit der elektrischen Leitfähigkeit misst man die Fähigkeit eines Stoffes, den elektrischen Strom zu leiten. Je nach Leitfähigkeit unterteilt man Stoffe in Leiter, Halbleiter und Nichtleiter (Isolatoren).
Die Leitfähigkeit eines Stoffes oder Stoffgemisches hängt von der Verfügbarkeit von beweglichen Ladungsträgern ab. In Metallen sind dies die Elektronen.

A32.2

a) 1 kg nimmt jeweils folgendes Volumen ein:

V (Aluminium) = 370,4 cm^3

V (Blei) = 88,2 cm^3

V (Nickel) = 112,4 cm^3

V (Quecksilber) = 73,9 cm^3

V (Gold) = 51,8 cm^3

b) Quecksilber besitzt die Dichte ϱ = 13,53 g · cm^{-3}. Metalle geringerer Dichte wie Eisen oder Kupfer schwimmen auf Quecksilber, Metalle mit höherer Dichte wie Gold und Platin gehen in Quecksilber unter.

A32.3

V = 22 cm · 3 cm · 0,2 cm = 13,2 cm^3

Wenn das Armband aus Gold wäre, hätte es folgende Masse:

$$\varrho = \frac{m}{V}; \quad m = \varrho \cdot V;$$

m = 19,3 g · cm^{-3} · 13,2 cm^3 = 254,8 g

Das Armband mit dem Volumen 13,2 cm^3 und der Masse 118,3 g besteht somit nicht aus reinem Gold.

Dichte des Armbands:

$$\varrho = \frac{118,3\,\text{g}}{13,2\,\text{cm}^3} = 8,96\ \text{g} \cdot \text{cm}^{-3}$$

Das Armband könnte etwa aus Kupfer bestehen, das mit Blattgold überzogen ist.

A32.4

Die Masse der dazugepumpten Luft beträgt:

m (5 l Luft) = 1,2 g · l^{-1} · 5 l = 6,0 g.

Der Ball wiegt 506 g.

A32.5

a) In 1 l Wasser lösen sich 2 g Gips, in 200 l Wasser also 400 g Gips.

b) In 1 l Wasser lösen sich 360 g Kochsalz. In 200 l Wasser lösen sich also 72 kg.

A32.6

Anordnung nach steigender Anziehungskraft zwischen den Teilchen: Luft < Wasser < Magnesium < Kochsalz.
Begründung: Je stärker die Anziehungskraft zwischen den Teilchen, desto höher sind Schmelz- und Siedetemperatur eines Stoffes. Bei Luft als Gas herrschen die schwächsten Anziehungskräfte zwischen den Teilchen. Bei der Flüssigkeit Wasser sind sie höher. Der salzartige Stoff Kochsalz hat eine höhere Schmelztemperatur als das Metall Magnesium und somit stärkere Anziehungskräfte zwischen den Teilchen.

A32.7

a) Die Teilchen des gasförmigen Essigs bewegen sich ständig; sie vermischen sich mit den Luft-Teilchen und bewegen sich allmählich in den gesamten zur Verfügung stehenden Raum hinein.

b)

 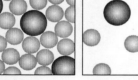

Essig-Lösung   Essigdampf/Luft-Gemisch

A32.8

Mit steigender Temperatur dehnt sich die Flüssigkeit in dem Glaszylinder aus, und die Dichte nimmt ab. Die schwimmenden Kugeln mit der Temperaturanzeige besitzen eine unterschiedliche, aber konstante Dichte. Wenn die Dichte der umgebenden Flüssigkeit abnimmt, sinken die schwereren Kugeln nach unten. Die Kugeln sind im Zusammenhang mit der Flüssigkeit des Thermometers so geeicht, dass die unterste noch schwimmende die Temperatur anzeigt.

A32.9

Im Gefäß des „Temperamentmessers" befindet sich unter vermindertem Druck eine leicht verdampfbare Flüssigkeit, etwa Alkohol. Führt man der Flüssigkeit durch Anfassen mit der Hand Wärme zu, so verdampft ein Teil der Flüssigkeit. Die entstehende Dampfblase drückt die Flüssigkeit in den oberen Teil des Gefäßes. Wenn der Dampf durch Abkühlen zur Flüssigkeit kondensiert, füllt die Flüssigkeit wieder den unteren Teil des Gefäßes aus.

A32.10

a) Aus 1 l Wasser lassen sich 8,5 mg Sauerstoff freisetzen, aus 10 l Wasser entsprechend 85 mg.

b) Bei 20 °C beträgt die Löslichkeit von Sauerstoff 0,004 g pro 100 g Wasser, das entspricht 3 ml pro 100 g Wasser. In 10 l Wasser lösen sich deshalb maximal 300 ml Sauerstoff (Normaldruck).

c) Fische sind zur Atmung auf den im Wasser gelösten Sauerstoff angewiesen. Da sich bei niedrigeren Temperaturen größere Mengen an Sauerstoff lösen, bevorzugen Fische kaltes Wasser.

A32.11

a) Beim Einblasen von Kohlenstoffdioxid in Wasser löst sich ein Teil des Gases, 100 g einer gesättigten Lösung enthalten 0,17 g Kohlenstoffdioxid.

b) Kühles Wasser zeigt gegenüber warmem Wasser eine größere Löslichkeit für Gase. In gekühltem Wasser löst sich deshalb mehr Kohlenstoffdioxid.

A32.12

Durch die Sonnenwärme verdunstet das Wasser des nassen Zeitungspapiers. Zum Verdunsten muss die Verdampfungswärme aufgewendet werden, um die Anziehungskräfte zwischen den Teilchen zu überwinden. Diese Energie wird der Flasche und ihrem Inhalt entnommen: Ihre Temperatur sinkt. Sobald alles Wasser verdunstet ist, funktioniert diese Art der Kühlung nicht mehr.

3 Mischen und Trennen

A35.1 oben

homogene Gemische: Salzwasser, Messing, Luft
heterogene Gemische: Waschpulver, Studentenfutter, Wasserfarbe

A35.2 oben

Ein Reinstoff hat stets gleich bleibende Eigenschaften.

A35.3 oben

Beispiele:
Haarshampoo: Wasser, Natriumlaurylsulfat, Laureth-2, Natriumchlorid, Panthenol, Niacinamid, Glycoldistearat, PEG-7-Glycerylcocoat, Cocamidopropylbetain, Zitronensäure, Ethoxydiglycol, Propylenglycol, Butylenglycol, Parfüm, Natriumbenzoat, Natriumsalicylat

Limonade: Wasser, Kohlensäure, Farbstoff E150 d, Süßstoffe (Natriumcyclamat, Acesulfam-K, Aspartam), Phosphorsäure, Zitronensäure, Aroma

Schokolade: Zucker, Kakaobutter, Sahnepulver, Kakaomasse, Süßmolkenpulver, Magermilchpulver, Milchzucker, Lecithin, Vanillin

A35.4 oben

Tee, Braunglas, Granit und Schmuckgold sind homogene Gemische; trüber Apfelsaft, Orangennektar und Sandstein sind heterogene Gemische.

A35.1 unten

Die Sorten „purum" und „purissimum" müssen mit großem Aufwand von Verunreinigungen und Begleitstoffen gereinigt werden.

A35.2 unten

Bei der Reinheitsstufe „purissimum" sind mengenmäßig weniger Verunreinigungen enthalten. Die Konzentrationen der einzelnen Beimischungen sind niedriger. Zur Überprüfung muss man daher genauere Messmethoden anwenden. Dabei findet man Beimengungen, die bei Verwendung gröberer Messmethoden nicht erfasst werden.

A36.1

a) Gemische kann man in homogene und heterogene Gemische einteilen.

b)

Gemischtyp	Gemisch	Gemischtyp	Gemisch
Gemenge	Blumenerde	Nebel	Deo-Spray
Suspension	Weizenbier	Schaum	Seifenblasen
Rauch	Grillrauch	Legierung	Edelstahl
Schaum	Schaumstoff	Lösung	Essig
Emulsion	Majonäse	Gasgemisch	Atemluft

A36.2

Rauch und Nebel sind Aerosole. Nebel ist ein Gemisch aus Flüssigkeitströpfchen und Luft; Rauch ist ein Gemisch aus festen Partikeln und Luft.

A36.3

Beides sind Gemische von gasförmigen und flüssigen Bestandteilen. Bei einem Nebel ist die Flüssigkeit fein in einem gasförmigen Stoff verteilt. Die gasförmige Komponente überwiegt. Bei einem Schaum ist ein gasförmiger Stoff in einer Flüssigkeit verteilt. Dabei überwiegt die flüssige Komponente.

A36.4

links: Rauch, Mitte: Lösung, rechts: Gasgemisch

A36.5

vgl. Schülerband, S. 37

A36.6

Gemisch	Gemischtyp	Gemisch	Gemischtyp
Wolken	Nebel	Bimsstein	Schaum
Schwamm	Schaum	Hautcreme	Suspension
Salatsauce	Emulsion	Schlagsahne	Schaum
Majonäse	Emulsion	Waschpulver	Gemenge
Haarspray	Aerosol	Butter	Emulsion
Champagner	Lösung	Autoabgase	Gasgemisch
Stahl	Legierung		

A38.1

750 er Gold = 750 mg in 1000 mg

$$\frac{750 \text{ mg}}{1000 \text{ mg}} = \frac{x}{50 \text{ g}}$$

Die Brosche enthält 37,5 g Gold.

A38.2

Nein, ein Ring aus 585er Gold enthält weniger Gold als ein doppelt so schweres Schmuckstück aus 333er Gold:
585 g < 2 · 333 g

A38.3

Aveiro (Portugal, Atlantik), Siracusa (Sizilien, Mittelmeer), Kara-Bogas (Turkmenistan, Kaspisches Meer)

A38.4

Siedesalz gewinnt man durch Eindampfen von Salzlösung (Sole) aus unterirdischen Salzlagerstätten.

A38.5

a) Smog bildet sich, wenn sich Schadstoffe aus Industrie, Haushalten und Verkehr anreichern, weil ein Austausch mit höheren Luftschichten durch eine Inversionswetterlage verhindert wird. Bei diesen Wetterbedingungen liegt eine warme Luftschicht in größerer Höhe über kälteren Schichten und verhindert so das Abziehen der belasteten bodennahen Luft.

b) Bei Smog-Alarm werden Maßnahmen ergriffen, um den Schadstoffausstoß zu beschränken: Verkehrsverbote, Betriebsbeschränkungen für Kraftwerke.

A39.1

Verfahren	Vorteile	Nachteile
Verdunstung	preiswert durch Verwendung von Sonnenenergie	hoher Flächenbedarf, geringe Produktion
Destillation	Erzeugung großer Mengen von Trinkwasser	hoher Energiebedarf (fossile Brennstoffe)
Membranfiltration	transportable Anlagen	nur zur Entsalzung von salzarmem Wasser

A39.2

Beim Destillationsverfahren wird Unterdruck verwendet, da unter diesen Bedingungen das Wasser bereits bei einer niedrigeren Temperatur siedet.
Beim Membranverfahren arbeitet man mit erhöhtem Druck, um das Wasser schneller durch die Poren der Membran zu drücken.

V42.1

a) Der Rückstand aus Arbeitsschritt 4 ist weiß bis gelblich gefärbt und riecht nach Kakao. Der Rückstand aus Arbeitsschritt 6 ist braun gefärbt und enthält noch Feuchtigkeit. Der Filterrückstand aus Arbeitsschritt 7 ist dunkelbraun gefärbt.

b), c) Je nach Art der Schokolade erhält man folgende Ergebnisse:
Fettanteil: 2,7 – 2,9 g in 10 g bzw. 27 – 29 %
Zuckeranteil: 4,7 – 4,9 g in 10 g bzw. 47 – 49 %
Kakaoanteil: 2,2 – 2,6 g in 10 g bzw. 22 – 26 %

d) Die Stoffe des Filterrückstandes sind unlöslich in Wasser und in Aceton.

V42.2

a) Das zerkleinerte Steinsalz löst sich größtenteils in Wasser. Dabei bleibt ein weißgrauer Rückstand übrig. Beim Eindampfen der Lösung erhält man weißes Kochsalz. Beim langsamen Verdunsten des Wassers bilden sich größere, würfelförmige Salzkristalle.

b) Als Trennverfahren wurden die Löslichkeit von Steinsalz in Wasser (Arbeitsschritt 3) sowie die niedrige Siedetemperatur von Wasser (Arbeitsschritt 5 und 6) genutzt.

c) Den Steinsalz-Anteil kann man durch Eindampfen des Filtrats und Auswiegen des Feststoffes bestimmen.
Den Anteil des Rückstandes aus Arbeitsschritt 6 kann man durch Auswiegen der Abdampfschale mit und ohne Rückstand bestimmen.

d) Das Kochsalz bildet Kristalle; es ist wasserlöslich.

V43.3

a) Beim Erhitzen des Cola-Getränkes entweicht ein Gas, das Kalkwasser trübt. Nach Zugabe der Aktivkohle entfärbt sich die Flüssigkeit. Beim Eindampfen der Flüssigkeit erhält man einen weißen Rückstand, der sich bei weiterem Erhitzen dunkel färbt.

b) Im Arbeitsschritt 3 wird gelöstes Kohlenstoffdioxid-Gas ausgetrieben.

c) *typische Messwerte:*
Zuckeranteil: 5,5 – 5,8 g in 50 ml bzw. 11 – 12 %

d) Beim Trennverfahren handelt es sich um eine Adsorption: Die Farbstoff-Teilchen werden an die Oberfläche der Aktivkohle gebunden und können dann zusammen mit der Aktivkohle durch Filtration abgetrennt werden.

e) Die Dichte des Cola-Getränks beträgt nach Entfernung des Kohlenstoffdioxids 1,045 g · ml^{-1}. Dies entspricht einem Zuckeranteil von etwa 12 %.

V43.4

Das Wasser steigt in dem Chromatografie-Papier nach oben und nimmt dabei die einzelnen Farbstoffe unterschiedlich weit mit. Schließlich zeigen sich auf dem Papierstreifen verschiedene Flecken in den Farbtönen rot, gelb und blaugrün.

V43.5

Über den Docht wird Wasser in das Filtrierpapier gesaugt. Dabei läuft das Wasser auch durch die aufgetragenen Farbstoffpunkte. Einzelne Komponenten des Farbstoffes werden dabei gelöst und unterschiedlich weit mitgenommen.

A44.1

Beim Kaffeekochen werden durch das Wasser Stoffe aus dem Kaffeepulver extrahiert. Dann wird das Gemisch aus gelöstem Extrakt und dem Rückstand des Kaffeepulvers durch Filtration getrennt.

A44.2

Bei der Herstellung von Schonkaffee werden magenreizende Stoffe entfernt. Im Gegensatz zu koffeinfreiem Kaffee ist Schonkaffee jedoch noch koffeinhaltig.

A44.3

Bei der Sprühtrocknung wird das Wasser durch Erhitzen mit Heißluft entfernt. Dadurch wird der gesamte Extrakt höheren Temperaturen ausgesetzt; leicht flüchtige Stoffe können dabei entweichen. Bei der Gefriertrocknung arbeitet man dagegen bei sehr niedrigen Temperaturen.

A44.4

Eis kann unter geeigneten Bedingungen sublimieren. Unter Sublimation versteht man den direkten Übergang vom festen in den gasförmigen Aggregatzustand. Die Sublimation wird durch verminderten Druck begünstigt.

A45.1

Kalt gepresstes Olivenöl ist ein Öl, das ausschließlich durch Pressen von Oliven gewonnen wird. Die Oliven dürfen dabei nicht erhitzt werden, denn dabei gehen Aromastoffe verloren.

A45.2

Die Blutreinigung durch eine künstliche Niere ist im Prinzip eine Filtration.

A45.3

a) Aussortieren, Abtrennen mit einem Gebläse (vergleichbar mit Sedimentation), Magnetscheiden, Schwimm/Sink-Verfahren, Herausschmelzen des Zinks (Trennung aufgrund der unterschiedlichen Schmelztemperatur).

b) Die Dichte der Salzlösung muss über der Dichte von Aluminium (ϱ (Aluminium) = 2,7 g · cm^{-3}) liegen. Aluminiumteile schwimmen dann auf der Salzlösung, Metalle wie (ϱ (Zink) = 7,1 g · cm^{-3}) sinken darin zu Boden.

A46.1

heterogenes Gemisch: In einem heterogenen Gemisch kann man die einzelnen Bestandteile erkennen.

homogenes Gemisch: In einem homogenen Gemisch kann man selbst mit einem Mikroskop die einzelnen Bestandteile nicht erkennen.

Reinstoff: Reinstoffe haben stets gleich bleibende Eigenschaften. Im Gegensatz dazu hängen die Eigenschaften von *Gemischen* von der Zusammensetzung ab.

Feststoffgemisch: heterogenes Gemisch zweier oder mehrerer fester Stoffe

Legierung: homogenes Gemisch zweier oder mehrerer Metalle

Lösung: homogenes Gemisch, bei dem ein fester, flüssiger oder gasförmiger Stoff in einer Flüssigkeit verteilt ist.

Emulsion: heterogenes Gemisch zweier oder mehrerer Flüssigkeiten

Suspension: heterogenes Gemisch, bei dem ein Feststoff in einer Flüssigkeit verteilt ist.

Rauch: heterogenes Gemisch, bei dem feine Feststoffpartikel in einem gasförmigen Stoff verteilt sind.

Nebel: heterogenes Gemisch, bei dem feine Flüssigkeitströpfchen in einem gasförmigen Stoff verteilt sind.

Aerosol: heterogenes Gemisch, bei dem feste und/oder flüssige Partikel in einem gasförmigen Stoff verteilt sind.

Schaum: heterogenes Gemisch, bei dem Gasblasen in einer Flüssigkeit verteilt sind.

Sedimentation: Trennverfahren für Suspensionen: Der suspendierte Feststoff setzt sich nach einer Weile am Boden der Flüssigkeit ab.

Filtration: Trennverfahren für Suspensionen: Wenn man die Suspension auf ein Filtrierpapier gibt, werden die Feststoffpartikel zurückgehalten, die Flüssigkeit läuft als Filtrat durch den Filter.

Extraktion: Trennverfahren, das auf der unterschiedlichen Löslichkeit der Bestandteile eines Gemischs beruht: Mit einem Lösungsmittel werden gezielt einzelne Komponenten aus einem Gemisch herausgelöst.

Adsorption: Trennverfahren, das darauf beruht, dass Teilchen eines Gases oder eines gelösten Stoffes an die Oberfläche eines Feststoffes angelagert werden. Der Feststoff muss dazu eine große poröse Oberfläche besitzen. Ein häufig verwendetes Adsorptionsmittel ist Aktivkohle.

Destillation: Trennverfahren, um eine Flüssigkeit aus einer Lösung abzutrennen. Die Trennung beruht auf der unterschiedlichen Siedetemperatur der Lösungsbestandteile.

Chromatografie: Verfahren zur Trennung kleinster Portionen eines Gemischs. Sie beruht auf der unterschiedlichen Adsorbierbarkeit der Mischungsbestandteile an einem Feststoff und der unterschiedlichen Löslichkeit in einer Flüssigkeit.

A46.2

Edelstahl, Backpulver, Marmelade, Kaffeepulver, Leitungswasser, Mineralwasser und Benzin sind Gemische.

A46.3

Suspension: Schlammwasser, Orangensaft
Emulsion: Sonnenmilch, Majonäse
Legierung: Messing, Bronze
Lösung: Meerwasser, Blutplasma

A46.4

a)

Gemisch	Gemischtyp	Gemisch	Gemischtyp
Beton	Feststoff-gemisch	Ketchup	Suspension
Body-Lotion	Emulsion	Styropor	Schaum
Apfelsaft	Lösung	Hausmüll	Feststoff-gemisch
Sekt	Lösung	Schlagsahne	Schaum
Tinte	Lösung		

b) vgl. Schülerband, S. 37

A46.5

a) Das Gemisch wird in Wasser gerührt. Dabei löst sich das Kochsalz. Die erhaltene Suspension wird filtriert. Das Kohlepulver bleibt auf dem Filter zurück. Aus dem Filtrat wird das Wasser verdampft und man erhält Kochsalz.

b) Alkohol und Wasser werden nacheinander abdestilliert. Der Farbstoff bleibt zurück.

c) Die Eisenspäne werden durch einen Magneten abgetrennt. Der Sand wird abfiltriert. Das Wasser wird verdampft. Das Salz bleibt zurück.

A46.6

Zucker löst sich in Wasser. Man erhält eine Lösung.
Mehl wird beim Rühren im Wasser suspendiert. Man erhält eine Suspension.
Öl wird durch Rühren emulgiert. Man erhält eine Emulsion, die sich aber sehr schnell von alleine wieder trennt.
Essig löst sich in Wasser. Man erhält eine Lösung.
Grieß wird im Wasser suspendiert. Man erhält eine Suspension, die sich aber durch Sedimentation relativ schnell wieder trennt.

A46.7

Das Gemisch wird in Wasser gegeben. In Wasser schwimmen Polypropen und Polyethen auf und können abgeschöpft werden. Das Restgemisch wird in Kochsalz-Lösung gegeben: Polystyrol schwimmt auf und kann abgeschöpft werden. Das Restgemisch wird in Fixiersalz-Lösung gegeben: Gummi schwimmt auf und kann abgetrennt werden. Polyvinylchlorid sinkt auf den Boden und kann abfiltriert werden.

A46.8

Wasser kann abdestilliert werden. Das Verfahren ist energieaufwändig. Der Farbstoff kann durch die Hitze verändert werden.
Der Farbstoff kann auch mit Aktivkohle absorbiert werden und durch Filtration abgetrennt werden. In diesem Verfahren wird ein zusätzlicher Stoff benötigt. Wenn man den Farbstoff zurückgewinnen will, muss man ihn nochmals von der Aktivkohle trennen.

A46.9

a), b) Fein verteilter Schwefel bildet mit Wasser eine Suspension. Das Gemisch kann durch Filtration getrennt werden.

A46.10

Luft kann durch Abkühlen verflüssigt werden und durch Destillation aufgetrennt werden.

A46.11

An der Nordseeküste gibt es weniger Sonnenscheinstunden als am Mittelmeer; außerdem ist die Intensität der Sonneneinstrahlung wesentlich geringer.

A46.12

Durch die längere Extraktionszeit werden mehr Bitterstoffe herausgelöst.

A46.13

Das Gold/Sand-Wasser-Gemisch wird auf einen flachen Teller gegeben und mit der Hand geschwenkt. Das Sand/Wasser-Gemisch schwappt über den Tellerrand, die Goldkörner bleiben wegen ihrer hohen Dichte in der Tellermitte zurück.

A46.14

a) Außen an Automotoren befinden sich immer kleine Restmengen Öl. Sie gelangen beim Waschen in das Abwasser. Da schon kleine Mengen Öl große Mengen Wasser verschmutzen können, muss das Öl abgetrennt werden.

b) Das Öl setzt sich im Ölabscheider auf dem Wasser ab. Das ölfreie Wasser wird wegen seiner höheren Dichte am Boden des Ölabscheiders entnommen.

A46.15

Die einzelnen Kunststoffe setzten sich unterschiedlich schnell ab. Die Sedimentation erfolgt umso schneller je größer die Dichte ist. Die leichteren Kunststoffe schwimmen oben auf.

A46.16

Medikamente, die man vor Gebrauch schütteln muss, sind Emulsionen oder Suspensionen Sie haben sich nach längerem Stehen entmischt.

4 Chemische Reaktionen

V49.1

a) Beim Erhitzen schmilzt der Schwefel und verdampft schließlich. Das heiße Kupferblech glüht auf, sobald der Schwefeldampf mit ihm in Kontakt kommt. Dabei entsteht ein blauschwarzes Reaktionsprodukt.

b) Das Reaktionsprodukt unterscheidet sich von den Ausgangsstoffen Kupfer und Schwefel durch seine Farbe. Außerdem ist es hart und spröde.

c) Ein neuer Stoff mit neuen Eigenschaften ist entstanden. Außerdem findet beim Aufglühen ein Energieumsatz statt.

d) Die Freisetzung von Energie erkennt man am Aufglühen während der Reaktion.

V49.2

a) Zunächst bildet sich violetter Ioddampf. Wenn das erhitzte Kupferblech mit dem Dampf in Kontakt kommt, beobachtet man eine Entfärbung des Dampfes. Gleichzeitig bildet sich ein weißer Feststoff.

b) Das Reaktionsprodukt hat eine andere Farbe als die Ausgangsstoffe. Außerdem ist es hart und spröde.

c) Der Name Kupferiodid weist darauf hin, dass sich der Stoff aus Kupfer und Iod gebildet hat.

A51.1

Chemische Reaktionen erkennt man daran, dass neue Stoffe entstehen. Außerdem findet dabei stets ein Energieumsatz statt.

A51.2

- Bildung von Kupfersulfid
- Bildung von Kupferiodid
- Anzünden eines Streichholzes
- Auflösen einer Brausetablette

A51.3

a) Das Reaktionsprodukt hat andere charakteristische Eigenschaften als die Ausgangsstoffe.

b) Beim Erhitzen schmilzt der Schwefel und verdampft schließlich. Das heiße Kupferblech glüht auf, sobald der Schwefeldampf mit ihm in Kontakt kommt. Dabei entsteht ein blauschwarzes Reaktionsprodukt.

A51.4

a) Bei exothermen chemischen Reaktionen wird Energie abgegeben, bei endothermen Reaktionen wird Energie aufgenommen.

b)
exotherm: Bildung von Kupfersulfat-Hydrat aus Kupfersulfat und Wasser; Verbrennen von Holz

endotherm: Bildung von Kupfersulfat und Wasser aus Kupfersulfat-Hydrat; Grillen von Fleisch

A51.5

Kupfersulfat + Wasser → Kupfersulfat-Hydrat; exotherm

A51.6

chemische Reaktionen: **b), d)**

A51.7

Kupferglanz wird an der Luft erhitzt. Dabei bildet sich Kupferstein, ein Gemisch aus Kupferoxid und Kupfersulfid. Bläst man bei etwa 900 °C Sauerstoff in dieses Gemisch, so erhält man Rohkupfer, das anschließend noch gereinigt wird.

A53.1

Kupfer + Schwefel → Kupfersulfid; exotherm

Zink + Schwefel → Zinksulfid; exotherm

Die Reaktion von Zink mit Schwefel ist stärker exotherm als die Reaktion von Kupfer mit Schwefel.

A53.2

Unter Aktivierungsenergie versteht man die Energie, die man benötigt, um eine chemische Reaktion in Gang zu setzen.

A53.3

Ein Katalysator ist ein Stoff, der die Aktivierungsenergie einer chemischen Reaktion herabsetzt.

A53.4

Wasserstoffperoxid → Wasser + Sauerstoff; exotherm

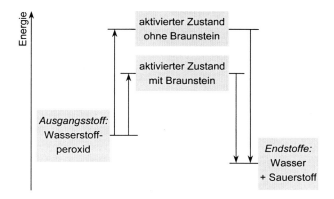

A53.5

Die chemische Energie von Kohle und Luft (Sauerstoff) wird in Wärmeenergie umgewandelt. Damit wird Wasser erhitzt und verdampft. Der heiße Wasserdampf (Wärmeenergie) treibt einen Generator an, der dadurch wie ein Dynamo am Fahrrad in eine Drehbewegung versetzt wird (Bewegungsenergie). Der Generator selbst wandelt die Bewegungsenergie in elektrische Energie um.

A53.6

Für das Anzünden eines Streichholzes benötigt man Aktivierungsenergie.

A53.7

Die Aktivierungsenergie für die Verbrennungsvorgänge im Motor eines Autos liefert die Autobatterie im Form eines Zündfunkens.

A53.8

Die bei der exothermen Reaktion der Nährstoffe mit Sauerstoff frei werdende Energie wird zum Teil in Wärmeenergie und zum Teil in Bewegungsenergie umgewandelt. Ein weiterer Teil wird als chemische Energie in Form von Fett oder anderen Reservestoffen gespeichert.

A55.1

Reinstoffe teilt man in Elemente (z. B. Eisen, Kupfer) und Verbindungen (z. B. Kupfersulfid, Kupferiodid) ein.

A55.2

Elemente sind Reinstoffe, die man nicht weiter zerlegen kann. Verbindungen lassen sich dagegen in die Elemente zerlegen, aus denen sie aufgebaut sind.

A55.3

Als Synthese bezeichnet man die Herstellung einer Verbindung aus den jeweiligen Elementen. Unter Analyse versteht man die Zerlegung einer Verbindung.

A55.4

gasförmige Elemente: Wasserstoff, Helium, Stickstoff, Sauerstoff, Fluor, Neon, Chlor, Argon, Krypton, Xenon, Radon

A57.1

– Jedes Element besteht aus kleinsten, nicht weiter teilbaren Teilchen, den Atomen.
– Die Atome eines Elements haben alle die gleiche Größe und die gleiche Masse. Die Atome unterschiedlicher Elemente unterscheiden sich in ihrer Masse und ihrer Größe. Damit gibt es genauso viele Atomarten, wie es Elemente gibt.
– Atome sind unzerstörbar. Sie können durch chemische Vorgänge weder vernichtet noch erzeugt werden.
– Bei chemischen Reaktionen werden die Atome der Ausgangsstoffe neu angeordnet und in bestimmten Anzahlverhältnissen miteinander verknüpft.

A57.2

In dem bisher verwendeten Teilchenmodell besitzt jeder Stoff eigene Teilchen. Damit existieren ebenso viele Teilchenarten, wie es Stoffe gibt. Im Atommodell wird die Anzahl der kleinsten Teilchen reduziert. Es gibt nur noch so viele kleinste Teilchen, wie es Elemente gibt. Die Teilchen von Verbindungen sind danach aus mehreren Atomen unterschiedlicher Elemente aufgebaut.

A57.3

Ar (Argon), He (Helium), Ne (Neon), P (Phosphor), Quecksilber (Hg), Sn (Zinn)

A57.4

Bor (B), Barium (Ba), Beryllium (Be), Bismut (Bi), Brom (Br), Cadmium (Cd), Cer (Ce), Cobalt (Co), Chrom (Cr)

A57.5

Kupfersulfid ist eine Verbindung, deren kleinste Teilchen sowohl Kupfer-Atome als auch Schwefel-Atome enthalten. Bei der Zerlegung von Kupfersulfid werden die Kupfer-Atome und die Schwefel-Atome voneinander getrennt, und sie lagern sich wieder mit ihresgleichen zusammen.

A58.1

Für die Angabe von Atommassen benutzt man eine eigene Einheit, weil die sonst verwendeten Masseneinheiten viel zu groß sind. Die atomare Masseneinheit ist 1 u.

A58.2

1 u $\approx$ m (Wasserstoff-Atom)
1 u = 1,66 $\cdot$ 10^{-24} g

A58.3

m (Schwefel-Atom) = 1 u = 5,33 $\cdot$ 10^{-23} g

A58.4

m (Sauerstoff-Atom)
= 0,000 000 000 000 000 000 000 0265 g = 26,5 $\cdot$ 10^{-24} g

$$m \text{ (Sauerstoff-Atom)} = \frac{26,5 \cdot 10^{-24} \text{g}}{1,66 \cdot 10^{-24} \text{ g} \cdot \text{u}^{-1}} = 16 \text{ u}$$

A60.1

Gesetz von der Erhaltung der Masse: Bei chemischen Reaktionen ist die Summe der Massen der Ausgangsstoffe gleich der Summe der Massen der Endstoffe.

Gesetz der konstanten Massenverhältnisse: Die Massen der Ausgangsstoffe einer chemischen Reaktion stehen stets in einem bestimmten Verhältnis zueinander. Dieses Verhältnis findet sich bei Synthesereaktionen in der gebildeten Verbindung (Endstoff) wieder.

A60.2

Die Masse der Produkte einer chemischen Reaktion ist genauso groß wie die Masse der Ausgangsstoffe, weil keines der beteiligten Atome zerstört wird. Die Atome werden lediglich umgruppiert.

A60.3

Bei einer chemischen Reaktion werden die Atome umgruppiert. Sie lösen sich aus dem Atomverband der jeweiligen Ausgangsstoffe und bilden dann in einer neuen Anordnung die Endstoffe.

A60.4

Bei der Umwandlung eines Elementes in ein anderes müsste eine Atomart in eine andere umgewandelt werden. Bei einer chemischen Reaktion bleiben jedoch die Atome der jeweiligen Elemente erhalten.

V61.1

a) Das Ergebnis der Wägung vor der Reaktion und das Ergebnis der Wägung nach der Reaktion stimmen überein.

c) Die Masse der Endstoffe ist gleich der Masse der Ausgangsstoffe.

d) Der Luftballon verschließt das Reagenzglas, sodass keine Stoffe hinzutreten und keine Stoffe entweichen können.

Hinweis: Ein Gummistopfen, der den gleichen Zweck erfüllen könnte, würde wegfliegen, wenn sich die im Reagenzglas befindliche Luft beim Erwärmen ausdehnt.

V61.2

a)–d) siehe Tabelle

e) Kupfer und Schwefel reagieren miteinander im Massenverhältnis 4 : 1.

f) Wenn das Kupfer nicht vollständig reagiert hat, sieht das Produkt teilweise noch kupferfarben aus.
Wenn es vollständig reagiert hat, lässt sich das spröde Reaktionsprodukt zerbröseln.

g) Wenn Schwefel am Kupfersulfid hängt, wird das Ergebnis verfälscht; der Massenanteil an Schwefel ist dann zu hoch.
Das Produkt sieht an einigen Stellen glänzend aus. Überschüssigen Schwefel erkennt man auch an seiner Farbe.

A63.1

Mg: Magnesium
H: Wasserstoff
C: Kohlenstoff
Pb: Blei
Ge: Germanium
Au: Gold

A63.2

N: Nitrogenium (lat.: Stickstoff)
O: Oxygenium (lat.: Sauerstoff)
Sb: Stibium (lat.: Antimon)

A63.3

a) *Salzartige Stoffe* sind kristalline Feststoffe. Die Salzkristalle bestehen aus einem gitterartigen Atomverband aus sehr vielen Atomen.
Molekülverbindungen sind Gase, Flüssigkeiten und leicht flüchtige Feststoffe. Im Gegensatz zu salzartigen Stoffen sind sie aus Molekülen aufgebaut. Moleküle sind kleinste Teilchen, die aus einer bestimmten, kleinen Anzahl von Atomen bestehen.

b) Verhältnisformeln geben das Atomanzahlverhältnis in einem Atomverband an. Molekülformeln machen zusätzlich eine Aussage über die genaue Anzahl der Atome in einem Molekül.

A63.4

Zunächst muss man das Massenverhältnis bestimmen, in dem die beiden Elemente miteinander reagieren und in der Verbindung enthalten sind. Danach kann man aus dem Massenverhältnis mit Hilfe der Atommassen das Atomanzahlverhältnis errechnen. Die Verhältnisformel gibt dann die Symbole der beteiligten Elemente und – als kleine, tief gestellte Zahlen – das Atomanzahlverhältnis an.

A63.5

Massenverhältnis: $\dfrac{m\,(\text{Kupfer})}{m\,(\text{Iod})} = \dfrac{1\,g}{2\,g}$

Anzahl N der Kupfer-Atome:

$N\,(\text{Cu-Atome}) = \dfrac{m\,(\text{Kupfer})}{m\,(\text{Cu-Atom})} = \dfrac{1\,g}{63,5\,u} = \dfrac{1 \cdot 6 \cdot 10^{23}\,u}{63,5\,u} = 0,95 \cdot 10^{22}$

Anzahl N der Iod-Atome:

$N\,(\text{I-Atome}) = \dfrac{m\,(\text{Iod})}{m\,(\text{I-Atom})} = \dfrac{2\,g}{127\,u} = \dfrac{2 \cdot 6 \cdot 10^{23}\,u}{127\,u} = 0,95 \cdot 10^{22}$

Atomanzahlverhältnis: $\dfrac{N\,(\text{Cu-Atome})}{N\,(\text{I-Atome})} = \dfrac{0,95 \cdot 10^{22}}{0,95 \cdot 10^{22}} = \dfrac{1}{1}$

Verhältnisformel: CuI

A63.6

Verhältnisformel: FeS

Atomanzahlverhältnis: $\dfrac{N\,(\text{Fe-Atome})}{N\,(\text{S-Atome})} = \dfrac{1}{1}$

Masse Eisen:
$m\,(\text{Eisen}) = m\,(\text{Fe-Atom}) \cdot N\,(\text{Fe-Atome}) = 56\,u \cdot 1 = 56\,u$

Masse Schwefel:
$m\,(\text{Schwefel}) = m\,(\text{S-Atom}) \cdot N\,(\text{S-Atome}) = 32\,u \cdot 1 = 32\,u$

Massenverhältnis: $\dfrac{m\,(\text{Eisen})}{m\,(\text{Schwefel})} = \dfrac{56\,u}{32\,u} = \dfrac{7}{4}$

A63.7

In Verhältnisformeln dürfen nur ganze Zahlen vorkommen. Daher ist die Verhältnisformel $C_1H_{2,5}$ falsch; die richtige Verhältnisformel lautet C_2H_5.

A63.8

Bei der Formel $C_6H_{12}O_6$ muss es sich um eine Molekülformel handeln. Die entsprechende Verhältnisformel wäre CH_2O.

A63.9

a) Das Anzahlverhältnis N(Mg):N(O) ist 1:1, die Verhältnisformel demnach MgO.

b) Jedes Atom ist von 6 Atomen des anderen Elements umgeben.

A64.1

Ein Reaktionsschema beschreibt eine Reaktion mit den Namen der Ausgangsstoffe und Produkte.
Eine Reaktionsgleichung beschreibt eine Reaktion mit den Formeln der beteiligten Stoffe.

A64.2

$2\,CuI\,(s) \rightarrow 2\,Cu\,(s) + I_2\,(g)$; endotherm

A64.3

$2\,Al\,(s) + 3\,I_2\,(g) \rightarrow 2\,AlI_3\,(s)$

A64.4

$2\,Cu\,(s) + S\,(s) \rightarrow Cu_2S\,(s)$

A64.5

Auf der linken und auf der rechten Seite einer Reaktionsgleichung müssen immer gleiche Atomanzahlen stehen. Kennt man die Formel eines beteiligten Stoffes nicht, kann man die Faktoren vor den Formeln nicht korrekt angeben.

A64.6

$6\,CO_2\,(aq) + 6\,H_2O\,(l) \rightarrow C_6H_{12}O_6\,(aq) + 6\,O_2\,(g)$; endotherm

A65.1

3. Einrichten auf der Seite der Ausgangsstoffe (Al-Atome):

$2\,Al + u\,O_2 \rightarrow u\,Al_2O_3$

4. Einrichten auf der Seite der Endstoffe:

$2\,Al + u\,O_2 \rightarrow 1\,Al_2O_3$

5. Korrektur:
Die Reaktionsgleichung kann so nicht aufgestellt werden, da Sauerstoff aus zweiatomigen Molekülen besteht. Man muss daher zuerst die Zahl der Aluminium-Atome auf beiden Seiten verdoppeln.

$4\,Al + u\,O_2 \rightarrow 2\,Al_2O_3$

6. Einrichten auf der Seite der Ausgangsstoffe (O-Atome):

$4\,Al + 3\,O_2 \rightarrow 2\,Al_2O_3$

A65.2

Eine Veränderung der kleinen tief gestellten Zahlen in einer Formel bedeutet eine Abwandlung des Atomanzahlverhältnisses. Das Atomanzahlverhältnis ist jedoch charakteristisch für eine Verbindung; es darf daher nicht verändert werden.

A66.1

chemische Reaktion: Vorgang, bei dem neue Stoffe mit charakteristischen Eigenschaften entstehen. Gleichzeitig findet ein Energieumsatz statt.

Reaktionsschema: Beschreibung einer chemischen Reaktion mit Hilfe von Stoffbezeichnungen. Als Symbole enthält es Plus-Zeichen (gelesen als „und") und einen Reaktionspfeil (gelesen als „reagiert/reagieren zu").
Beispiel: Eisen + Schwefel → Eisensulfid

Reaktionsgleichung: Beschreibung einer chemischen Reaktion mit Hilfe von Formeln. Als Symbole enthält es Plus-Zeichen (gelesen als „und") und einen Reaktionspfeil (gelesen als „reagiert/reagieren zu").
Beispiel: Fe + S → FeS

Bei *exothermen* Reaktionen wird Wärme abgegeben.
Bei *endothermen* Reaktionen wird Wärme aufgenommen.

Aktivierungsenergie: Energie, die man aufwenden muss, um eine exotherme Reaktion in Gang zu bringen.

Katalysator: Stoff, der die Aktivierungsenergie einer Reaktion herabsetzt.

Elemente: Reinstoffe, die man nicht weiter zerlegen kann.
Verbindungen: Stoffe, die sich in die Elemente zerlegen lassen, aus denen sie aufgebaut sind.

Synthese: Herstellung einer Verbindung aus den jeweiligen Elementen.

Analyse: Zerlegung einer Verbindung.

Gesetz von der Erhaltung der Masse: Bei chemischen Reaktionen ist die Masse der Endstoffe gleich der Masse der Ausgangsstoffe.

konstantes Massenverhältnis: Verbindungen enthalten die Elemente in einem bestimmten Massenverhältnis. Erklärung: In der Verbindung liegen die Element-atome in einem bestimmten Anzahlverhältnis vor. Durch die unterschiedlichen Atommassen der beiden Elemente ergibt sich ein festgelegtes Massenverhältnis.

Atom: kleinster, unteilbarer Baustein der Materie. Jedes Element ist aus einer eigenen Art von Atomen aufgebaut.

atomare Masseneinheit: dient der Angabe von Atommassen. Es gelten folgende Beziehungen:

$1 \text{ u} \approx m \text{ (H-Atom)}$
$1 \text{ u} = 1{,}66 \cdot 10^{-24} \text{ g}$

Elementsymbole: dienen der Darstellung chemischer Elemente. Ein Elementsymbol wird vom ersten und gegebenenfalls einem weiteren Buchstaben des deutschen oder lateinischen Namens des Elementes gebildet.

Molekül: Teilchen, das aus einer bestimmten, kleinen Anzahl von Atomen besteht.

Molekülformel: enthält die Elementsymbole der an einem Molekül beteiligten Elemente und als kleine tief gestellte Zahlen die genaue Anzahl der jeweiligen Atome im Molekül. Dabei wird die Zahl „1" nicht geschrieben.

Verhältnisformel: enthält die Elementsymbole der an der salzartigen Verbindung beteiligten Elemente und als kleine tief gestellte Zahlen das Atomanzahlverhältnis der Verbindung. Dabei wird die Zahl „1" nicht geschrieben.

A66.2

chemische Reaktionen: **b), d), f)** und **g)**

A66.3

a) Cu, Fe, Zn, S, I, Al, O, Ag, Au

b) Wasserstoff, Kohlenstoff, Calcium, Stickstoff, Chlor

A66.4

Bei der Formel C_6H_6 handelt es sich um eine Molekülformel. Die zugehörige Verhältnisformel lautet CH.

A66.5

Das Atommodell von DALTON macht folgende Aussagen:
- Jedes Element besteht aus kleinsten, nicht weiter teilbaren Teilchen, den Atomen.
- Die Atome eines Elements haben alle die gleiche Größe und die gleiche Masse. Die Atome unterschiedlicher Elemente unterscheiden sich in ihrer Masse und ihrer Größe. Damit gibt es genauso viele Atomarten, wie es Elemente gibt.
- Atome sind unzerstörbar. Sie können durch chemische Vorgänge weder vernichtet noch erzeugt werden.
- Bei chemischen Reaktionen werden die Atome der Ausgangsstoffe neu angeordnet und in bestimmten Anzahlverhältnissen miteinander verknüpft.

A66.6

a) $1 \text{ g} = 6 \cdot 10^{23} \text{ u}$
$1 \text{ u} = 1{,}66 \cdot 10^{-24} \text{ g}$

b) $m \text{ (Fe-Atom)} = 56 \text{ u} = 56 \cdot 1{,}66 \cdot 10^{-24} \text{ g} = 9{,}3 \cdot 10^{-23} \text{ g}$

A66.7

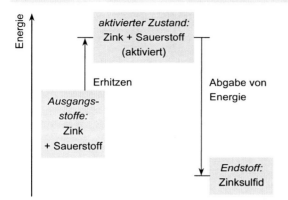

A66.8

Massenverhältnis: $\dfrac{m \text{ (Zink)}}{m \text{ (Schwefel)}} = \dfrac{2{,}03 \text{ g}}{1 \text{ g}}$

Anzahl N der Zink-Atome:

$N \text{ (Zn-Atome)} = \dfrac{m \text{ (Zink)}}{m \text{ (Zn-Atom)}} = \dfrac{2{,}03 \text{ g}}{65{,}4 \text{ u}} = \dfrac{2{,}03 \cdot 6 \cdot 10^{23} \text{ u}}{65{,}4 \text{ u}}$

$= 1{,}86 \cdot 10^{22}$

Anzahl N der Schwefel-Atome:

$N \text{ (S-Atome)} = \dfrac{m \text{ (Schwefel)}}{m \text{ (S-Atom)}} = \dfrac{1 \text{ g}}{32 \text{ u}} = \dfrac{1 \cdot 6 \cdot 10^{23} \text{ u}}{32 \text{ u}}$

$= 1{,}88 \cdot 10^{22}$

Atomanzahlverhältnis: $\dfrac{m \text{ (Zn-Atome)}}{m \text{ (S-Atome)}} = \dfrac{1{,}86 \cdot 10^{22}}{1{,}88 \cdot 10^{22}} \approx \dfrac{1}{1}$

Verhältnisformel: ZnS

A66.9

Verhältnisformel: MgS

Atomanzahlverhältnis: $\dfrac{N \text{ (Mg-Atome)}}{N \text{ (S-Atome)}} = \dfrac{1}{1}$

Masse Magnesium:
$m \text{ (Magnesium)} = m \text{ (Mg-Atom)} \cdot N \text{ (Mg-Atome)}$
$= 24 \text{ u} \cdot 1 = 24 \text{ u}$

Masse Schwefel:
$m \text{ (Schwefel)} = m \text{ (S-Atom)} \cdot N \text{ (S-Atome)}$
$= 32 \text{ u} \cdot 1 = 32 \text{ u}$

Massenverhältnis: $\dfrac{m \text{ (Magnesium)}}{m \text{ (Schwefel)}} = \dfrac{24 \text{ u}}{32 \text{ u}} = \dfrac{3}{4}$

A66.10

a) $C \text{ (s)} + O_2 \text{ (g)} \rightarrow CO_2 \text{ (g)}$; exotherm

b) $2 \, H_2O_2 \text{ (aq)} \rightarrow 2 \, H_2O \text{ (l)} + O_2 \text{ (g)}$; exotherm

A66.11

Die Atome eines Elements können unterschiedlich zueinander angeordnet sein. Das führt zu einem Stoff mit unterschiedlicher Struktur und unterschiedlichen Eigenschaften.

A66.12

Traubenzucker (s) + Sauerstoff (g) →
        Wasser (l) + Kohlenstoffdioxid (aq); exotherm

$C_6H_{12}O_6 \text{ (aq)} + 6 \, O_2 \text{ (aq)} \rightarrow 6 \, H_2O \text{ (l)} + 6 \, CO_2 \text{ (aq)}$; exotherm

A66.13

Enzyme setzen die Aktivierungsenergie von chemischen Reaktionen unseres Stoffwechsels herab und beschleunigen dadurch diese Reaktionen.

A66.14

Zinksulfid (s) + Sauerstoff (g) → Zinkoxid (s) + Schwefeldioxid (g)
$2 \, ZnS \text{ (s)} + 3 \, O_2 \text{ (g)} \rightarrow 2 \, ZnO \text{ (s)} + 2 \, SO_2 \text{ (g)}$

Zinkoxid (s) + Kohlenstoff (s) → Zink (l) + Kohlenstoffdioxid (g)
$2 \, ZnO \text{ (s)} + C \text{ (s)} \rightarrow 2 \, Zn \text{ (l)} + CO_2 \text{ (g)}$

A66.15

Kupfer kann man nicht durch eine chemische Reaktion in Gold umwandeln, denn beide Stoffe sind Elemente. Kupfer besteht aus Kupfer-Atomen, Gold aus Gold-Atomen. Bei chemischen Reaktionen bleiben die Atome der jeweiligen Elemente stets erhalten.

A66.16

Für chemische Reaktionen gilt das Gesetz von der Erhaltung der Masse. Das Abbrennen einer Kerze ist eine chemische Reaktion. Also gilt auch hierfür diese Gesetzmäßigkeit. Bei einer experimentellen Überprüfung muss man beachten, dass mit dem Ausgangsstoff Sauerstoff und mit dem Reaktionsprodukt Kohlenstoffdioxid gasförmige Stoffe beteiligt sind, die man wägetechnisch mit erfassen muss.

5 Luft: Chemie der Verbrennung

A69.1

Unter dem Becherglas steht nur ein begrenztes Luftvolumen zur Verfügung. Wenn diese Luft verbraucht ist, kann keine Verbrennung mehr stattfinden. Die Kerze erlischt.

A69.2

Holzkohle lässt sich nicht mit einem Streichholz entzünden, weil die Zündtemperatur zu hoch ist. Diese kann mit einem Streichholz nicht erreicht werden.

A69.3

Man bringt einen brennenden Stoff, beispielsweise einen brennenden Holzstab, in das Gas. Brennt er weiter, ist Luft enthalten. Anderenfalls erlischt er.

A69.4

Um ein Lagerfeuer vorzubereiten, benötigt man Streichholz, Papier, kleinere Holzscheite und schließlich größere Stücke Brennholz. Mit dem Streichholz kann man das Papier entzünden, das brennende Papier liefert die Zündtemperatur für die kleinen Holzscheite und diese ermöglichen schließlich die Entzündung des eigentlichen Brennholzes.

A69.5

Verwendungsmöglichkeiten für die Verbrennungswärme sind z. B. Heizung von Wohnungen, Zubereitung von Speisen, Gewinnung von Metallen aus Erzen, Brennen von Ton, Schmieden und Schweißen.

A70.1

78,08 % Stickstoff
20,95 % Sauerstoff
0,93 % Argon
0,035 % Kohlenstoffdioxid

A70.2

Sauerstoff ist nicht brennbar, unterhält aber die Verbrennung. Er reagiert sehr leicht mit vielen Metallen und Nichtmetallen.
Stickstoff erstickt die Verbrennung; er ist äußerst reaktionsträge.

A70.3

Verwendung von Sauerstoff: Beatmungsgeräte in der Medizin, bei der Feuerwehr, im Weltall, beim Tauchen; zum Schweißen und Schneiden.

Verwendung von Stickstoff: Ausgangsstoff für die Herstellung von Mineraldüngern, als Kältemittel in der Lebensmitteltechnik.

A70.4

Als Edelgase bezeichnet man die Elemente Helium, Neon, Argon, Krypton, Xenon und Radon. Sie gehen kaum Reaktionen ein.

A70.5

Bei der Reaktion von Eisen mit Luft ist der Sauerstoff der eigentliche Reaktionspartner des Metalls. Daher bleibt in jedem Fall der Stickstoff zurück. Sein Volumen beträgt – entsprechend seinem Anteil in der Luft – rund $\frac{4}{5}$ des ursprünglichen Luftvolumens.

A70.6

Durch die Aktivitäten des Menschen gelangen Gase wie Kohlenstoffdioxid (CO_2), Ozon (O_3), Schwefeldioxid (SO_2), Stickstoffoxide (NO_x), Methan (CH_4) und Ammoniak (NH_3) in die Luft.

A71.1

In der Lufthülle der Erde befinden sich Teilchen von Sauerstoff, Stickstoff, Ozon, Edelgasen, Wasserdampf und Kohlenstoffdioxid.

A71.2

In 6000 m Höhe herrscht ein Luftdruck von etwa 500 hPa.

A71.3

Die höchsten Temperaturen findet man direkt an der Erdoberfläche. In der Troposphäre nimmt die Temperatur stetig ab und erreicht in 10 km Höhe etwa −50 °C. In der Stratosphäre steigt sie dann bis 50 km Höhe auf ungefähr −10 °C an und nimmt dann wieder ab. In 70 km Höhe beträgt die Temperatur dann etwa −60 °C. Die niedrigsten Temperaturen werden in der Ionosphäre in 80–90 km Höhe erreicht (ungefähr −70 °C). Danach steigt die Temperatur wieder an.

A71.4

Im Flugzeug herrscht ein Luftdruck wie in 2200 m Höhe. Er ist also geringer, als wir es gewohnt sind. Damit steht weniger Sauerstoff für die Atmung zur Verfügung. Um dieses Defizit auszugleichen, wird die Luft im Flugzeug mit Sauerstoff angereichert.

A72.1

a) Eine solche Reaktion bezeichnet man als Oxidation.

b) Sauerstoff + Schwefel → Schwefeldioxid; exotherm

$S\ (s) + O_2\ (g) \rightarrow SO_2\ (g)$; exotherm

A72.2

Kohlenstoff + Sauerstoff → Kohlenstoffmonooxid; exotherm

$2\ C\ (s) + O_2\ (g) \rightarrow 2\ CO\ (g)$; exotherm

A72.3

Zum Nachweis von Sauerstoff taucht man einen glimmenden Holzspan in das zu untersuchende Gas. Der Span flammt auf, wenn es sich bei dem Gas um Sauerstoff handelt.

A72.4

a) Kupfer + Sauerstoff → Kupferoxid; exotherm

$2\ Cu\ (s) + O_2\ (g) \rightarrow 2\ CuO\ (s)$; exotherm

b) Die Energie, die man zuführen muss, um die exotherme Reaktion in Gang zu bringen, heißt Aktivierungsenergie.

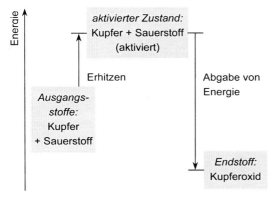

A73.1

Man leitet das Gas in Kalkwasser ein. Wenn es sich um Kohlenstoffdioxid handelt, bildet sich eine weißliche Trübung.

A73.2

Mit Kalkwasser lässt sich nachweisen, dass ausgeatmete Luft wesentlich mehr Kohlenstoffdioxid enthält als frische Luft. Bei den Stoffwechselvorgängen im Körper finden Reaktionen statt, bei denen kohlenstoffhaltige Verbindungen und Sauerstoff zu Kohlenstoffdioxid und Wasser reagieren.

A73.3

Bei der Oxidation des Eisens in den Reagenzgläsern wird Sauerstoff verbraucht. Das Luftvolumen nimmt ab, Wasser steigt nach oben. Nach einem Tag ist im Falle der trockenen Eisenwolle noch keine erkennbare Oxidation erfolgt. Im Gegensatz dazu ist die mit Wasser angefeuchtete, insbesondere aber die mit Essigsäure angefeuchtete Eisenwolle schon deutlich oxidiert. Das Volumen der Luft kann sich höchstens um den Anteil des Sauerstoffs, also um $\frac{1}{5}$ verringern.

A73.4

$C_6H_{12}O_6\ (s) + 6\ O_2\ (g) \rightarrow 6\ CO_2\ (g) + 6\ H_2O\ (l)$; exotherm

A73.5

Möglichkeiten des Rostschutzes: Überzüge aus Farbe, Kunststoffen, Zink, Zinn oder Chrom; Verwendung weniger korrosionsanfälliger Materialien wie Edelstählen oder Kunststoffen.

V74.1

a) Bei der Reaktion entsteht ein Gas, das das Wasser aus den Reagenzgläsern verdrängt.
Im ersten Reagenzglas flammt der glimmende Span auf.
Die Holzkohle im zweiten Reagenzglas brennt unter Funkensprühen heftig weiter. Das Kalkwasser trübt sich.

b) Sauerstoff wird in einem mit Wasser gefüllten Reagenzglas aufgefangen. Das Sauerstoff-Gas, steigt in dem Reagenzglas nach oben und verdrängt das Wasser.

c) Der Sauerstoff der Luft genügt, um die Reaktion beim Glimmen eines Holzspans aufrecht zu erhalten. Liegt reiner Sauerstoff (oder Sauerstoff in einem deutlich höheren Anteil als in Luft) vor, so verläuft die Reaktion wesentlich heftiger: Der glimmende Holzspan flammt auf.

d) Kalkwasser dient zum Nachweis von Kohlenstoffdioxid-Gas, das sich beim Verbrennen der Holzkohle gebildet hat.

e) Braunstein wirkt als Katalysator: Er setzt die Aktivierungsenergie herab und beschleunigt so die Reaktion.

V74.2

a) Außen kann man eine Farbänderung von kupferfarbig-rotbraun zu schwarz beobachten. Im Inneren des Kupferbriefes bleibt die Farbe unverändert.

b) Außenseite: Kupfer hat mit Sauerstoff zu Kupferoxid reagiert. Im Inneren des Kupferbriefes läuft die Reaktion nicht ab, da hier kein Sauerstoff hinzutreten kann.

c) Der schwarze Belag lässt sich abschaben. Darunter tritt eine rote Farbe auf.

d) $2\,Cu\,(s) + O_2\,(g) \rightarrow 2\,CuO\,(s)$; exotherm

V74.3

a) Bei der Reaktion tritt eine Farbänderung von kupferfarbig über rotbraun zu schwarz auf. Man beobachtet eine Massenzunahme.

b) Die Masse nimmt zu, weil sich das Kupfer bei der Reaktion mit Sauerstoff aus der Luft verbindet.

c) $2\,Cu\,(s) + O_2\,(g) \rightarrow 2\,CuO\,(s)$; exotherm

V75.4

a) Schwefel brennt mit blauer Flamme. Das Verbrennungsprodukt bildet einen Nebel. Beim Schütteln löst sich das Gas; im Reagenzglas entsteht deshalb ein Unterdruck.

Hinweis: Die Nebelbildung weist auf Schwefeltrioxid als Nebenprodukt hin.

b) $S\,(s) + O_2\,(g) \rightarrow SO_2\,(g)$; exotherm

V75.5

a) Bei der Reaktion bilden sich brennbare Gase, man spricht von Holzgas. Außerdem entstehen Teer und Holzkohle. Aus der Flamme scheiden sich Ruß und Wasser ab. Die entstandene Holzkohle lässt sich entzünden.

b) Im Reagenzglas befindet sich nur eine begrenzte Menge an Sauerstoff. Wenn der Sauerstoff verbraucht ist, kann keine weitere Verbrennung stattfinden; das Holz zersetzt sich beim Erhitzen; es verkohlt.

V75.6

a), b) Die Kerzenflamme ist innen am Docht dunkler und außen hell.

c) Die Flamme brennt eine Weile weiter, beginnt dann zu flackern und erlischt schließlich. Hebt man das Becherglas an, sodass frische, sauerstoffhaltige Luft einströmen kann, „erholt" sich die Flamme und brennt für eine Weile weiter. Der Qualm lässt sich entzünden.

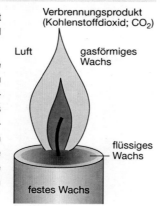

Verbrennungsprodukt (Kohlenstoffdioxid; CO_2)

Luft

gasförmiges Wachs

flüssiges Wachs

festes Wachs

d) Die im Kolbenprober aufgefangenen Verbrennungsgase trüben das Kalkwasser. Bei der Verbrennung von Kerzenwachs muss also Kohlenstoffdioxid entstanden sein.
Der Beschlag im Glasrohr färbt weißes Kupfersulfat blau. Daher muss Wasser entstanden sein.
Bei der Verbrennung von Kerzenwachs entstehen also Kohlenstoffdioxid und Wasser. Bei der Reaktion handelt es sich um eine Oxidation.

e) Paraffin (g) + Sauerstoff (g) →
Kohlenstoffdioxid (g) + Wasser (l); exotherm

f) Aus den Verbrennungsprodukten lässt sich schließen, dass Paraffin eine Verbindung aus den Elementen Kohlenstoff und Wasserstoff ist. Paraffin ist somit eine Kohlenwasserstoff-Verbindung.

A76.1

Aus 26 Atomen (8 C-Atome und 18 H-Atome).

A76.2

a) $CH_4(g) + 2\,O_2(g) \rightarrow CO_2(g) + 2\,H_2O(g)$; exotherm
$2\,C_8H_{18}(g) + 25\,O_2(g) \rightarrow 16\,CO_2(g) + 18\,H_2O(g)$; exotherm

b) Nachweis von Wasser: Methan beziehungsweise Octan werden verbrannt und die Verbrennungsgase über der Flamme mit einem dickwandigen Glaszylinder aufgefangen. Der entstandene Beschlag färbt blaues Cobaltchlorid-Papier rosa.
Nachweis von Kohlenstoffdioxid: Die Verbrennungsgase werden mit einem Glaszylinder aufgefangenen, dann gibt man Calciumhydroxid-Lösung zu und schüttelt um. Eine weiße Trübung zeigt Kohlenstoffdioxid an.

A76.3

Kohle, Erdöl und Erdgas sind fossile Energieträger, die in geologischen Zeiträumen aus den pflanzlichen Organismen (Bäume, Sträucher, Plankton) von Sümpfen entstanden: Nach dem Absterben bildete sich aus dem organischen Material ein Faulschlamm, der durch Sand und Ton abgedeckt wurde, sodass keine Luft hinzu treten konnte. Diese Schichten wurden durch Bewegungen der Erdkruste in die Tiefe verlagert. Dort bildeten sich unter hohem Druck und hohen Temperaturen schließlich Kohle, Erdöl und Erdgas durch eine Reihe von chemischen Reaktionen.

A76.4

Siehe A269.4

A76. 5

Kohle: Bei Untertagebau kann das Gelände über den ausgebeuteten Stollen absacken, beim Übertagebau wird die Landschaft zerstört.

Erdöl: Erdölfelder können in Brand geraten, Rohöl kann auslaufen. Bei der Förderung im Meer kann Erdöl direkt oder durch ein Leck in der Pipeline auslaufen.
Erdgas: Erdgas kann bei der Förderung in Brand geraten.

A79.1

Kohlenstoffmonooxid und Kohlenstoffdioxid sind farblose, geruchlose Gase; beide sind Oxide des Elementes Kohlenstoff. Kohlenstoffmonooxid entsteht bei der Verbrennung von Kohlenstoff oder kohlenstoffhaltigen Verbindungen, wenn nicht genügend Sauerstoff hinzutreten kann. Kohlenstoffmonooxid besitzt ungefähr die gleiche Dichte wie Luft; es ist brennbar. Es ist ein sehr giftiger Stoff.
Kohlenstoffdioxid ist schwerer als Luft; es ist nicht brennbar. In Wasser ist Kohlenstoffdioxid gut löslich. Festes Kohlenstoffdioxid (Trockeneis, Kohlensäureschnee) sublimiert bei −78 °C.

A79.2

(Normaler) Luftsauerstoff bzw. Ozon sind Modifikationen des Elementes Sauerstoff; sie bestehen aus Teilchen, die aus zwei bzw. drei Sauerstoff-Atomen aufgebaut sind.
Luftsauerstoff ist ein farbloses, geruchloses Gas; es reagiert mit fast allen Stoffen zu Oxiden; Sauerstoff ist lebensnotwendig für fast alle Lebewesen.
Ozon ist ein giftiges, tiefblaues Gas mit charakteristischem Geruch; es ist noch reaktionsfähiger als Sauerstoff.

A79.3

Unter Smog versteht man ein gesundheitsschädliches Gemisch aus Nebel und Luftschadstoffen wie Schwefeldioxid, das sich vor allem über Großstädten und industriellen Ballungsgebieten bildet (Wintersmog). Beim Sommersmog sind Stickstoffoxide und Ozon die wichtigsten Schadstoffe.

A79.4

Gaswarngeräte in langen Tunneln und in Tiefgaragen warnen vor erhöhter Kohlenstoffmonooxid-Konzentration. Da ein erhöhter Kohlenstoffmonooxid-Gehalt in der Luft gesundheitsschädlich wirkt, muss frische Luft zugeführt werden.

A79.5

Saurer Regen gelangt in das Erdreich und setzt dort giftig wirkende Teilchen frei. Bodenorganismen und das Wurzelwerk der Bäume werden geschädigt. Dadurch kommt es zu Störungen der Wasser- und der Nährsalzaufnahme. Die Bäume werden dadurch anfälliger für weitere Umweltschadstoffe wie Ozon, Schwermetalle oder Pflanzenschutzmittel und empfindlicher gegenüber klimatischen Verhältnissen (Trockenheit, Frost) und Parasiten. Auf diese Weise sind in deutschen Wäldern mehr als 20 % der Bäume geschädigt.

A79.6

Auto-Abgaskatalysatoren überführen Gase wie Kohlenstoffmonooxid und Stickstoffoxide in unschädliche Stoffe (Kohlenstoffdioxid, Stickstoff, Wasser).

A79.7

Heizungsanlagen funktionieren nur einwandfrei, wenn sie optimal eingestellt sind. Sind Brennstoffversorgung und Luftzufuhr nicht richtig aufeinander abgestimmt, so wird der Heizwert des Brennstoffs nicht optimal genutzt und das Abgas enthält schädliche Nebenprodukte wie Kohlenstoffmonooxid. Durch eine regelmäßige Kontrolle der Zusammensetzung und der Temperatur der Abgase werden Fehleinstellungen der Heizungsanlage festgestellt.

A79.8

Der TÜV ist für die technische Überwachung von Anlagen und Kraftfahrzeugen verantwortlich. Damit dient er der Erhöhung der Sicherheit; er hilft Unfälle zu vermeiden und Umweltbelastungen zu minimieren.

A82.1

Bedingungen, die zur Entstehung eines Brandes führen:
Ein ausreichend zerteilter *brennbarer Stoff* wird in Gegenwart von *Sauerstoff* auf seine *Zündtemperatur* erhitzt.

Möglichkeiten, einen Brand zu löschen:
- brennbare Stoffe entfernen, um dem Feuer die Nahrung zu entziehen;
- den Zutritt von Sauerstoff mit Sand oder mit einer Löschdecke unterbinden;
- brennende und brennbare Stoffe abkühlen, bis die Zündtemperatur unterschritten ist.

A82.2

Im Druckbehälter des *Kohlenstoffdioxidschnee-Löschers* befindet sich flüssiges Kohlenstoffdioxid. Nach dem Öffnen der Schneebrause strömt das Löschmittel aus, verdampft teilweise und kühlt sich dabei schlagartig ab, sodass es erstarrt. So entsteht Kohlenstoffdioxidschnee mit einer Temperatur von unter −78 °C, der den Brandherd stark abkühlt. Durch Sublimation bildet sich Kohlenstoffdioxid-Gas, das den Brand abdeckt und so die Sauerstoffzufuhr unterbindet.

Ein *Nasslöscher* enthält Wasser als Löschmittel. Nach dem Auslösen öffnet sich im Inneren eine Patrone mit komprimiertem Kohlenstoffdioxid-Gas, das das Wasser durch eine Düse austreibt.

Ein *Schaumlöscher* enthält ein Schaummittel: Durch chemische Reaktion zwischen Aluminiumhydrogensulfat und Natriumhydrogencarbonat (Natron) entsteht Kohlenstoffdioxid, das das Löschmittel aufschäumt. Der zähe Schaum überzieht den Brandherd, kühlt ihn ab und hält den Sauerstoff fern.

Trockenlöscher enthalten als Löschpulver Natriumhydrogencarbonat (Natron). In der Hitze gibt es in einer endothermen Reaktion Kohlenstoffdioxid ab, das sich über den Brandherd legt und das Feuer erstickt.

A82.3

Durch die bei dem Austreten des Löschmittels entstehenden tiefen Temperaturen können Erfrierungen auftreten. Außerdem behindert das entstehende Kohlenstoffdioxid die Atmung.
Brände an Menschen löscht man mit Wasser oder mit einer Löschdecke.

A82.4

In Chemieräumen findet man als Brandbekämpfungsmittel Löschdecken, Sand und Feuerlöscher.

V83.1

a) Durch das Verschließen mit dem Deckel wird der Brand gelöscht. Bleibt der Deckel jedoch zu kurz auf dem Tiegel, entzündet sich das noch heiße Paraffin beim Öffnen des Deckels erneut. Durch das Abkühlen des Tiegels mit Wasser wird der Brand gelöscht. Durch den Sand wird der Brand ebenfalls gelöscht.

b) Durch das Auflegen des Deckels wird die Sauerstoffzufuhr unterbunden. Das Kühlen mit Wasser bewirkt, dass die Temperatur unter die Zündtemperatur absinkt. Durch den Sand wird ebenfalls die Sauerstoffzufuhr unterbrochen.

V83.2

a) Im Becherglas bildet sich ein Gas; das Spülmittel wird aufgeschäumt. Der Schaum gelangt auf den Span bzw. in die Porzellanschale mit brennenden Heptan und löscht dort den Brand.

b) Der Schaum legt sich über den brennenden Stoff und erstickt den Brand, weil kein Sauerstoff mehr hinzu treten kann. Das Löschmittel kann auch brennendes Benzin abdecken und auf die gleiche Weise löschen.

V83.3

a) In beiden Fällen entsteht ein Gas, das den brennenden Stoff löscht.

b) Bei dem entstehenden Gas handelt es sich um Kohlenstoffdioxid. Es ist nicht brennbar und schwerer als Luft. Es legt sich über den Brandherd, unterbindet die Sauerstoffzufuhr und löscht so den Brand.

c) Trockenlöscher eignen sich besonders für Autobrände und Brände an elektrischen Anlagen.

A84.1

Zusammensetzung der Luft: 78 % Stickstoff; 21 % Sauerstoff; knapp 1 % sonstige Gase

Sauerstoff: farbloses, geruchloses und geschmackloses Gas;
Dichte: $1{,}33 \text{ g} \cdot \text{l}^{-1}$ (bei 20 °C und 1013 hPa);
Siedetemperatur: −183 °C;
reagiert mit fast allen Elementen zu den jeweiligen Oxiden.
Verwendung: als Atemgas; zum Schweißen und Schneiden; beim Raketenantrieb.
Nachweis: Glimmspanprobe.

Stickstoff: farbloses, geruchloses und geschmackloses Gas;
Dichte: $1{,}16 \text{ g} \cdot \text{l}^{-1}$ (bei 20 °C und 1013 hPa);
Siedetemperatur: −196 °C;
erstickt Flammen; ist chemisch sehr reaktionsträge.
Verwendung: als Kältemittel, zur Herstellung von Ammoniak für stickstoffhaltige Mineraldünger.

Oxidation: Reaktion eines Stoffes mit Sauerstoff

Oxid: Verbindung eines Elementes mit Sauerstoff; Reaktionsprodukt einer Oxidation.

Organische Stoffe: Stoffe, die von Organismen produziert werden, beispielsweise Kohlenwasserstoffe. Heute allgemein Kohlenstoff-Verbindungen.

fossile Brennstoffe: Brennstoffe, die vor mehreren Millionen Jahren unter Luftabschluss und hohem Druck aus abgestorbenen Lebewesen entstanden sind: Kohle, Erdöl und Erdgas.

Kohlenwasserstoffe: Verbindungen aus den Elementen Kohlenstoff und Wasserstoff

Luftschadstoffe: Luftschadstoffe besitzen Eigenschaften, die schädlich für Menschen, Tiere und/oder Pflanzen sind. Dazu gehören besonders Schwefeldioxid, Stickstoffoxide, Kohlenstoffmonooxid und Ozon.

Brandentstehung: Damit ein Brand entstehen kann, muss ein Brennstoff vorhanden sein, der hinreichend zerteilt ist. Die Zündtemperatur muss erreicht werden und es muss genügend Luft (Sauerstoff) zur Verfügung stehen.

Brandbekämpfung: Ein Feuer lässt sich löschen, wenn man die Luftzufuhr unterbindet und die Brennstoffe unter die Zündtemperatur abkühlt oder aus dem Bereich des Feuers entfernt.
Bei kleineren Bränden verwendet man Sand, Wasser, eine Feuerlöschdecke oder einen Feuerlöscher.

A84.2

a), c) Alle Stoffe gehören zu den Oxiden. Bei den ersten drei handelt es sich um Nichtmetalloxide, bei den letzten beiden um Metalloxide.

b)

$C + O_2 \rightarrow CO_2$; exotherm

$2\,C + O_2 \rightarrow 2\,CO$; exotherm

$S + O_2 \rightarrow SO_2$; exotherm

$2\,Cu + O_2 \rightarrow 2\,CuO$; exotherm

$4\,Fe + 3\,O_2 \rightarrow 2\,Fe_2O_3$; exotherm

A84.3

Ein glimmender Holzspan flammt nur auf, wenn der Sauerstoff-Anteil in einem Gasgemisch größer ist als in der Luft.

$O_2 = 21\%$

A84.4

a) Calcium nimmt aus der Luft Sauerstoff auf, dabei entsteht Calciumoxid. Zu der Masse des Calciums kommt also die Masse des Sauerstoffs, der mit dem Metall reagiert, hinzu. Dadurch wird das Reaktionsprodukt schwerer als der Ausgangsstoff Calcium.

b) $2\,Ca + O_2 \rightarrow 2\,CaO$; exotherm

c) Bei der Reaktion handelt es sich um eine Oxidation.

A84.5

Bei der Verbrennung entsteht aus Schwefel-Verbindungen Schwefeldioxid. Dieses giftige Gas ist ein Luftschadstoff. Wenn die Schwefel-Verbindungen entfernt werden, kann dieser Schadstoff erst gar nicht gebildet werden.

A84.6

Kohlenstoffdioxid (CO_2) und Wasser (H_2O).

A84.7

Kerzenwachs besteht aus organischen Stoffen (Kohlenwasserstoffen). Im Inneren der heißen Flamme zerfallen diese teilweise in die Elemente, bevor sie mit Sauerstoff reagieren können. Der entstandene Kohlenstoff setzt sich an der kalten Porzellanschale ab. Diese Rußbildung ist ein Nachweis auf Kohlenstoff-Verbindungen.

A84.8

a) Durch die Reibung erwärmt sich das Streichholz. Diese Reibungswärme liefert die Aktivierungsenergie für eine Oxidation, bei der Kaliumchlorat den Sauerstoff zur Verfügung stellt. Der Zündholzkopf entzündet sich.

b) Paraffin hat eine geringere Zündtemperatur als Holz. Durch den brennenden Zündholzkopf wird also zunächst das Paraffin entzündet.

A84.9

Die Glaskolben von Glühlampen enthalten ein Schutzgas (meist Argon), das nicht mit dem Material der Glühwendel reagiert.
Die unbeschädigte Glühlampe leuchtet ganz normal. Die Glühlampe mit dem Loch im Glaskolben leuchtet dagegen hell auf. Dabei reagiert das Metall der Glühwendel mit dem Sauerstoff der eingedrungenen Luft; es verbrennt.

A84.10

a) Magnesium verbrennt mit einer sehr hellen Flamme, die ausreichend Licht für die Fotografie liefert.

b) Viele Metallpulver sind leicht entzündlich, da ihr Zerteilungsgrad sehr hoch ist.

A84.11

a) Bei normaler Temperaturverteilung nimmt die Temperatur nach oben hin ab und damit die Dichte zu. Die untere, wärmere Luft mit der geringeren Dichte kann nach oben steigen.
Bei einer Inversionslage nimmt die Temperatur nach oben zu. Die oberflächennahe Luft ist kälter und hat eine größere Dichte. Ein Gasaustausch mit höheren Luftschichten ist daher nicht möglich.

b) Durch Reduzierung der Menge der Abgase lassen sich die Auswirkung einer Inversionswetterlage reduzieren. Konkret könnte das durch ein Fahrverbot für Kraftfahrzeuge erreicht werden.

A84.12

a) Durch die Wärme des Ofens könnte die Zündtemperatur der Stoffe erreicht werden und ein Brand ausbrechen.

b) Bügeleisen sind sehr heiß. Werden sie auf einer brennbaren Unterlage abgestellt, kann diese durch die hohe Temperatur in Brand geraten.

c) Benzin und Lösungsmittel von Farben verdampfen schon bei Raumtemperatur und haben eine geringe Zündtemperatur. Beim Rauchen oder bei Umgang mit offenem Feuer entzünden sie sich sehr leicht.

6 Vom Erz zum Metall – Redoxreaktionen

Wichtige Eigenschaften der Metalle sind: metallischer Glanz, gute elektrische Leitfähigkeit und gute Wärmeleitfähigkeit, plastische Verformbarkeit.

Metall	Schmelztemperatur in °C	Siedetemperatur in °C
Magnesium	650	1105
Aluminium	660	2300
Zinn	232	2400
Kupfer	1083	2350
Silber	962	2212
Gold	1063	2700
Quecksilber	−39	357

Verwendungsmöglichkeiten von Kupfer:
Elektroindustrie (Kabel, Leiterplatten), Braukessel, Lötkolben, Heizschlangen, Kühlschlangen, Dachbedeckungen, Statuen, Patronenhülsen, Münzen, Apparaturen in der chemischen Industrie (Essigherstellung, Spiritusherstellung, Zuckergewinnung), Kunstgewerbe, Herstellung von Legierungen.

Aluminium ist ein Leichtmetall mit einer Dichte von $2{,}70 \text{ g} \cdot \text{cm}^{-3}$, Blei ist ein Schwermetall mit einer Dichte von $11{,}3 \text{ g} \cdot \text{cm}^{-3}$.

unedle Metalle: Natrium, Kalium, Calcium, Aluminium, Magnesium, Eisen, Zink, Zinn, Chrom, Nickel, Mangan

edle Metalle: Gold, Quecksilber, Platin, Silber

a) $Zn \text{ (s)} + Ag_2O \text{ (s)} \rightarrow ZnO \text{ (s)} + 2\, Ag \text{ (s)}$

b) Zink ist das Reduktionsmittel; es wird oxidiert. Silberoxid ist das Oxidationsmittel; es wird reduziert.

Magnesium wirkt gegenüber Zinkoxid als Reduktionsmittel. Es ist unedler als Zink. Vergleicht man Zink und Eisen, so ist Zink das unedlere Metall. Eisen kann daher Zinkoxid nicht reduzieren.

a) Das Gemisch aus Kupferoxid und Holzkohle glüht beim Erhitzen auf. Nach der Reaktion erkennt man eine Rotbraun-Färbung des Gemischs.

b) Kupferoxid (s) + Kohlenstoff (s) →
Kupfer (s) + Kohlenstoffdioxid (g); exotherm

$2\, CuO \text{ (s)} + C \text{ (s)} \rightarrow 2\, Cu \text{ (s)} + CO_2 \text{ (g)}$; exotherm

c) Kohlenstoffdioxid kann mit Kalkwasser nachgewiesen werden. Man beobachtet eine weißliche Trübung der Lösung.

a) Bei beiden Experimenten kommt es zum Aufglühen des Reaktionsgemisches. Danach ist eine Rotbraun-Färbung des Gemischs erkennbar.

b) Eisen ist ein unedles Metall, es entreißt dem edleren Metall Kupfer den Sauerstoff. Dabei handelt es sich um eine exotherme Reaktion. Das Reaktionsprodukt Kupfer ist auf Grund seiner rotbraunen Farbe identifizierbar. Bei dieser Reaktion wirkt Eisen als Reduktionsmittel, Kupferoxid reagiert als Oxidationsmittel.

c) $Fe \text{ (s)} + CuO \text{ (s)} \rightarrow FeO \text{ (s)} + Cu \text{ (s)}$; exotherm

d) Zink + Kupferoxid → Zinkoxid + Kupfer

e) Zinkoxid und Kupfer können nicht in einer Redoxreaktion miteinander reagieren. Kupfer als edleres Metall kann dem Zinkoxid – dem Oxid des unedleren Metalls – nicht den Sauerstoff entreißen.

a) Das schwarze Kupferoxid glüht beim Erhitzen im Erdgasstrom auf. Nach der Reaktion ist eine Rotbraun-Färbung zu beobachten.

b) $4\, CuO \text{ (s)} + CH_4 \text{ (g)} \rightarrow 4\, Cu \text{ (s)} + 2\, H_2O \text{ (g)} + CO_2 \text{ (g)}$

a) Magnesium (s) + Kohlenstoffdioxid (g) →
Magnesiumoxid (s) + Kohlenstoff (s)

$2\, Mg \text{ (s)} + CO_2 \text{ (g)} \rightarrow 2\, MgO \text{ (s)} + C \text{ (s)}$

b) Magnesiumoxid ist ein weißer Feststoff, Kohlenstoff ist schwarz.

c) $Mg\ (s) + H_2O\ (l) \rightarrow MgO\ (s) + H_2\ (g)$

Magnesium ist bei dieser Reaktion das Reduktionsmittel, Wasser reagiert als Oxidationsmittel.

A91.1

Erze sind Mineralien mit hohem Metallgehalt.

A91.2

Kupfer wird aus Kupfererzen gewonnen. Oxidische Erze werden mit Kohlenstoff reduziert. Sulfidische Erze werden zuerst geröstet, dabei bildet sich Kupferoxid, das anschließend zu Kupfer reduziert wird.

A91.3

a)
Zinkoxid (s) + Kohlenstoff (s) → Zink (s) + Kohlenstoffdioxid (g)

$2\ ZnO\ (s) + C\ (s) \rightarrow 2\ Zn\ (s) + CO_2\ (g)$

b) Kohlenstoff wirkt bei dieser Reaktion als Reduktionsmittel, Zinkoxid ist das Oxidationsmittel.

c) Als Reduktionsmittel könnten Metalle eingesetzt werden, die unedler als Zink sind, beispielsweise Magnesium oder Aluminium.

A91.4

Die Darstellung zeigt die Anlieferung des Metalls durch drei unter Aufsicht stehende Arbeiter (rechts unten). Zwei Männer halten Blasebälge in Gang, und ein weiterer schürt das Feuer (links oben). Weiterhin sind Schmelztiegel und Holzkohlehaufen zu erkennen. Mit einer einfachen, aus zwei Ruten bestehenden Vorrichtung heben zwei Männer den Tiegel gussbereiter Schmelze aus dem Feuer (links unten). In der Bildmitte wird der Gießvorgang dargestellt.

A93.1

Das eigentliche Reduktionsmittel ist Kohlenstoffmonooxid. Es entsteht bei der Verbrennung von Koks.

A93.2

Das Roheisen ist schwerer als die Schlacke, somit sammelt es sich unter der Schlacke an. Nur wenig oberhalb dieser Schmelze wird Frischluft eingeblasen. Die oben schwimmende Schlackeschicht hält die Frischluft vom flüssigen Roheisen fern und verhindert damit dessen Oxidation.

A93.3

$Fe_3O_4\ (s) + 4\ CO\ (g) \rightarrow 3\ Fe\ (s) + 4\ CO_2\ (g)$

A93.4

Die brennbaren Bestandteile des Gichtgases sind Kohlenstoffmonooxid und Wasserstoff:

$2\ CO\ (g) + O_2\ (g) \rightarrow 2\ CO_2\ (g)$

$2\ H_2\ (g) + O_2\ (g) \rightarrow 2\ H_2O\ (g)$

A93.5

Physikalische Vorgänge im Hochofen sind das Vorwärmen der festen Ausgangsstoffe, das Schmelzen sowie die Trennung von Roheisen und Schlacke auf Grund ihrer unterschiedlichen Dichte.
Chemische Reaktionen sind die Oxidation von Koks zu Kohlenstoffmonooxid, die Reduktion der Eisenoxide und der Zerfall von Kohlenstoffmonooxid in Kohlenstoff und Kohlenstoffdioxid.

A93.6

Die von unten nach oben strömenden heißen Gase geben ihre Energie an die sich von oben nach unten bewegenden kalten Feststoffe ab. Es kommt zu einem ständigen Wärmeaustausch. Außerdem laufen neben den exothermen Reaktionen auch energieverbrauchende Vorgänge wie das Schmelzen von Feststoffen ab.

A93.7

Die eingeblasene Heißluft sowie die Verbrennungsgase strömen im Hochofen von unten nach oben. Die Feststoffe Koks, Eisenerz und Kalkstein (Zuschläge) bewegen sich dagegen von oben nach unten. Die beiden Stoffströme laufen also in entgegengesetzte Richtung.

A93.8

Eisenhütten befinden sich in Deutschland im Ruhrgebiet und am Niederrhein, im Saarland, bei Hamburg und in Eisenhüttenstadt.
Standortfaktoren für den Aufbau einer Eisenhütte sind das Vorhandensein der Rohstoffe Eisenerz und Koks, die Verfügbarkeit von Arbeitskräften sowie günstige Transportwege und Absatzmärkte.

A98.1

Oxidation: Reaktion von Metallen und Nichtmetallen mit Sauerstoff

Reduktion: Entzug von Sauerstoff aus einem Oxid

Oxidationsmittel: Stoff, der an andere Stoffe Sauerstoff abgibt.

Reduktionsmittel: Stoff, der von einem anderen Stoff Sauerstoff aufnimmt.

Redoxreaktion: chemische Reaktion, bei der Oxidation und Reduktion gleichzeitig ablaufen.

unedles Metall: lässt sich leicht oxidieren, es ist ein gutes Reduktionsmittel.

edles Metall: lässt sich nicht oder nur sehr schwer oxidieren, es ist ein schlechtes Reduktionsmittel.

Redoxreihe der Metalle: Anordnung der Metalle nach ihrer Reduktionswirkung. Auf der linken Seite stehen die unedlen Metalle, also die guten Reduktionsmittel. Nach rechts nimmt die Reduktionswirkung der Metalle ab und der Edelmetallcharakter zu.

Hochofen: kontinuierlich arbeitender Schachtofen zur Gewinnung von Roheisen aus Eisenerzen.

Roheisen: Eisen, das bis zu 5 % Kohlenstoff und weitere Begleitstoffe wie Mangan, Silicium, Phosphor und Schwefel enthält. Roheisen ist hart und brüchig.

Stahl: Eisen-Legierung, die weniger als 2,1 % Kohlenstoff enthält. Stahl wird zumeist mit anderen Metallen versetzt, um bestimmte Werkstoffeigenschaften zu erreichen (z. B. Chrom, Nickel).

Legierung: Gemisch von zwei oder mehr Metallen. Eine Legierung hat günstigere Werkstoffeigenschaften als das reine Metall.

A98.2

a) PbO_2 (s) + C (s) → Pb (l) + CO_2 (g)

b) Bei der Reaktion wird Kohlenstoff zu Kohlenstoffdioxid oxidiert, Bleioxid wird zu Blei reduziert. Dabei gibt das Bleioxid Sauerstoff an den Kohlenstoff ab. Bei dieser Reaktion laufen also eine Oxidation und eine Reduktion nebeneinander ab. Eine solche Reaktion bezeichnet man als Redoxreaktion.

c) Kohlenstoff ist das Reduktionsmittel, Bleioxid ist das Oxidationsmittel.

A98.3

$3 Fe_3O_4$ (s) + 8 Al (s) → 9 Fe (l) + $4 Al_2O_3$ (l)

A98.4

Ein Gemisch aus Siliciumdioxid und Aluminium kann zur Reaktion gebracht werden. Das Reduktionsmittel Aluminium entzieht dem Siliciumdioxid den Sauerstoff und es entstehen Silicium und Aluminiumoxid.

4 Al (s) + $3 SiO_2$ (s) → $2 Al_2O_3$ (s) + 3 Si (s)

A98.5

Werden zwei oder mehrere Metalle im geschmolzenen Zustand miteinander vermischt, so entstehen Legierungen. Diese besitzen günstigere Werkstoffeigenschaften als die reinen Metalle. Sie sind oft deutlich härter oder korrosionsbeständiger.

A98.6

a) Der Sauerstoff bindet aus dem Roheisen Kohlenstoff, Phosphor, Silicium, Schwefel und andere Begleitstoffe wie Mangan. Diese Elemente werden dabei zu jeweiligen Oxiden umgesetzt.

C + O_2 → CO_2

Si + O_2 → SiO_2

S + O_2 → SO_2

4 P + $5 O_2$ → $2 P_2O_5$

Mn + O_2 → MnO_2

b) Die Oxidationsreaktionen verlaufen exotherm. Dadurch wird Wärme frei, sodass die Temperatur in der Schmelze steigt.

A98.7

Messing ist eine Legierung von Kupfer und Zink. Die Dichte der Legierung ist deutlich geringer als die Dichte von Gold.

A98.8

Die Zahl 333 bedeutet, dass 1 g dieses Ringes 333 mg Gold enthält. Ein Ring aus 5 g dieses Materials enthält 1,665 g reines Gold.

A98.9

Kupfer kann man von den drei übrigen Metallen durch seine rote Farbe unterscheiden. Aluminium, Blei und Zink sind dagegen silberfarben, wenn auch in unterschiedlichen Nuancen. Um sie sicher zu unterscheiden, sollte man ihre Dichte bestimmen. Blei hat die größte Dichte der drei Metalle (11,4 g $\cdot$ cm^{-3}), Aluminium die niedrigste (2,7 g $\cdot$ cm^{-3}). Die Dichte von Zink liegt bei 7,2 g $\cdot$ cm^{-3}.

A98.10

Diese Münzen sind magnetisch. Sie bestehen zum größten Teil aus Eisen bzw. Stahl und sind nur mit einer dünnen Kupferauflage überzogen.

A98.11

In der Schmelze zersetzt sich Kaliumnitrat unter Bildung von Sauerstoff. Die hinzugegebenen Aktivkohle-Stückchen verbrennen bei der relativ hohen Temperatur in Anwesenheit reinen Sauerstoffs unter intensivem Aufglühen.

A98.12

a) $2\ HgO(s) \rightarrow 2\ Hg(l) + O_2(g)$; endotherm

b) Quecksilber ist ein edles Metall und hat nur eine geringe Reduktionswirkung, d.h. es lässt sich nur schwer oxidieren. Entsprechend gibt das Oxid relativ leicht den Sauerstoff wieder ab. Unedle Metalle dagegen sind starke Reduktionsmittel, lassen sich leicht oxidieren und geben den Sauerstoff nur schwer wieder ab.

A98.13

Die genannten Geräte müssen die Wärme gut leiten. Metalle sind gute Wärmeleiter und erfüllen somit diese Aufgabe.

A98.14

Die Edelmetalle kamen in der Natur rein (gediegen) vor. Unedle Metalle treten nur in Form von Erzen auf. Die rein in der Natur gefundenen Edelmetalle konnten bereits zu Zeiten genutzt werden, als man noch nicht in der Lage war, Metalle aus Erzen zu gewinnen.

A98.15

Ohrstecker aus Edelmetallen sind chemisch sehr beständig. Damit wird das Risiko gering gehalten, dass durch die Aufnahme von Metallen oder ihren Reaktionsprodukten im Körper Allergien oder andere gesundheitliche Beeinträchtigungen auftreten können.

A98.16

Aluminium und Titan sind deutlich leichter als Stahl. Durch Verwendung dieser Metalle wird das Fahrrad leichter.

A98.17

Die Aluminiumfolie reflektiert die Wärme in das Zimmer. Sie verhindert damit Wärmeverluste durch das Mauerwerk.

A98.18

Flüsse dienen oft als Transportwege für die Anlieferung der Rohstoffe und die Verschickung der Produkte. Außerdem liefern sie das für den Hochofenbetrieb nötige Kühlwasser.

7 Wasser – Der Stoff Nummer Eins

A101.1

Das Wasser in Meeren, Flüssen und Seen verdunstet, bildet Wolken und gelangt als Regen, Schnee und Hagel wieder auf Meer und Land. Die Niederschläge, die auf das Land fallen, versickern teilweise, bilden Grundwasser und fließen letztlich über Bäche und Flüsse wieder ins Meer zurück.

A101.2

Wasser wird zu verschiedenen Zwecken benutzt, es bleibt, wenn auch verunreinigt, mengenmäßig erhalten.

A101.3

$$1345 \text{ Mio km}^3 = 1345 \cdot 10^{18} \text{ l}$$
$$= 1\,345\,000\,000\,000\,000\,000\,000 \text{ l}$$

$(1 \text{ km}^3 = 10^9 \text{ m}^3 = 10^{12} \text{ l})$

A101.4

Süßwasser findet sich in Seen, Flüssen, Gletschern, in den Polkappen, als Grundwasser und als Wasserdampf.
Von 1345 Mio km^3 sind 39,3 Mio km^3 Süßwasser. Das entspricht 2,9 %.

A103.1

a) Trinkwasser kann aus Grundwasser, aus Oberflächenwasser (insbesondere aus Stauseen) und aus Uferfiltrat gewonnen werden.

b) Trinkwasser aus Grundwasser wird zur Trinkwassergewinnung durch Filtration von den Trübstoffen befreit. Trinkwasser aus Oberflächenwasser muss nach der Filtration noch weiter behandelt werden. Zunächst leitet man Ozon ein, um Krankheitserreger abzutöten. Dann werden weitere Schmutzstoffe an Aktivkohle adsorbiert. Schließlich wird das gereinigte Oberflächenwasser oftmals noch gechlort.

A103.2

Eine Überwachung kann durch kontinuierlich arbeitende Messstationen mit biologisch-chemischen Untersuchungsmethoden erfolgen.

A103.4

Durch die Verwendung von Regenwasser oder durch den Einbau von Wasser-Spartasten kann der Trinkwassergebrauch für die Toilettenspülung vermindert werden.

Hinweis: Der Einsatz von Regenwasser setzt die Zustimmung durch den zuständigen Versorger/Entsorger (Stadtwerke) voraus.

A104.1

Eine mechanische Reinigung erfolgt durch Rechen, Ölabscheider, Sandfang und Vorklärbecken. In Belebungsbecken erfolgt die biologisch-chemische Reinigung durch den Einsatz von Mikroorganismen und Fällungschemikalien. Aus dem Belebtschlamm werden Faulgas und Klärschlamm gewonnen.

A104.2

Bei der mechanischen Trennung werden die Trennverfahren Filtration und Sedimentation angewendet.

A104.3

Bei Ausfall einer Kläranlage müsste stark verschmutztes Abwasser direkt in Bäche und Flüsse eingeleitet werden. Aufgrund des starken Sauerstoffverbrauchs für die Oxidation der Schmutzstoffe würde der Gehalt an gelöstem Sauerstoff im Wasser absinken; Fische und andere Wasserorganismen wären gefährdet.

A105.1

Über die Mischkanalisation wird auch Regenwasser (von Straßen und anderen versiegelten Flächen wie Dächern, Einfahrten und Höfen) in die Kläranlage geleitet. Damit erhöht sich die Abwassermenge bei Regenwetter erheblich. Die Reinigungswirkung verschlechtert sich dabei, da das Abwasser jetzt rascher durch die Kläranlage geschleust werden muss. Eine gleich gute Abwasserreinigung führt bei einer Mischkanalisation zu erhöhten Betriebskosten.

A105.2

a) Im Faulturm einer Kläranlage wird der Schlamm aus dem Nachklärbecken unter Luftabschluss von Bakterien zersetzt. Dabei entstehen brennbare Faulgase (hauptsächlich Methan). Diese Gase können in einem angeschlossenen Kraftwerk zur Wärmegewinnung oder zur Erzeugung von Strom verwendet werden.

b) Energieerzeugung pro Tag · 100 / Energieverbrauch pro Tag = Anteil an Energie, der durch eigene Energieerzeugung gedeckt wird

38180 kWh · 100 / 70700 kWh = 54 %

A105.3

Eine Schadeinheit kostet 35 €. Die Abwasserabgabe betrug insgesamt 3,4 Millionen Euro. Dividiert man die Abwasserabgabe durch die Kosten für eine Schadeinheit, so erhält man die Anzahl der Schadeinheiten:

3400000 € / 35 € pro Schadeinheit = 97143 Schadeinheiten

A105.4

Die Reinigung von Abwasser ist wesentlich kostspieliger als die Aufbereitung von Trinkwasser.

A106.1

Wasser hat in flüssiger Form eine höhere Dichte als in fester Form (Eis) und flüssiges Wasser besitzt bei 4 °C ein Dichte-Maximum. Wenn Wasser eine „normale" Flüssigkeit wäre, müsste die größte Dichte bei 0 °C (Gefriertemperatur) erreicht werden.

A106.2

Wasser von 4 °C besitzt die größte Dichte.

A106.3

Die Meere besitzen eine höhere Wärmespeicherfähigkeit als das Festland: Bei Sonneneinstrahlung erwärmt sich das Wasser daher nicht so stark und die Luft über dem Wasser bleibt kühler. In der Nacht kühlt sich die Wasseroberfläche weniger stark ab als das Festland. Die Luft über dem Wasser wird daher in der Nacht aufgewärmt.

A106.4

a) Der Trockenvorgang entzieht dem Körper viel Wärme. Dadurch kann insbesondere die Blase unterkühlt werden.

b) Um Wasser zu verdampfen, wird Wärme benötigt. Die Wärme, die zum Verdunsten notwendig ist, wird dem Körper entzogen. Dabei entsteht ein Kältegefühl: die Verdunstungskälte.

A106.5

Das Handtuch wird nass um die Getränkeflasche gewickelt. Wenn das Wasser verdampft, wird der Getränkeflasche Wärme entzogen; das Getränk bleibt kühl.

A107.1

Das Wasser würde zur Seite gedrückt. Der Schlittschuh käme immer mit neuem Eis in Kontakt und würde nicht gleiten.

A107.2

Beim Gefrieren dehnt sich Wasser aus und sprengt die Flasche.

A107.3

a) Bei einer Abkühlung von 20 °C auf 4 °C sinkt das Volumen von 1000 ml auf 998 ml.

b) Bei einer Abkühlung von 20 °C auf 0 °C (Eis) steigt das Volumen von 1000 ml auf 1087 ml.

A107.4

Ein Kilogramm Eis hat ein Volumen von 1087 ml.

A107.5

Wärmeträger: Wärmflasche, warmes Duschwasser
Wärmespeicher: Vorratsbehälter der Heizung, heißer Tee in einer Thermosflasche

A107.6

Der Wasserspiegel wölbt sich zunächst nach oben: Das durch die Münzen verdrängte Wasser wird aufgrund der Oberflächenspannung zusammengehalten. Weitere Münzen bringen dann das Wasser zum Überfließen, da die Oberflächenspannung nur eine begrenzte Menge zusammenhalten kann.

A108.1

Der Massenanteil beschreibt das Verhältnis der Masse des gelösten Stoffes zur Masse der Lösung. Bei der Berechnung des Massenanteils kürzt sich deshalb die Einheit der Masse heraus. Meist gibt man den Massenanteil in % an; dazu wird der eigentliche Zahlenwert mit 100 multipliziert.
Die Massenkonzentration gibt das Verhältnis zwischen der Masse des gelösten Stoffes und dem Volumen der Lösung wieder. Sie wird deshalb in der Einheit g/l angegeben.

A108.2

a) $w\,(\text{Kochsalz}) = \dfrac{m\,(\text{Kochsalz})}{m\,(\text{Kochsalz}) + m\,(\text{Wasser})} \cdot 100\,\%$

$= \dfrac{9\,\text{g}}{9\,\text{g} + 150\,\text{g}} \cdot 100\,\% \approx 5{,}66\,\%$

b) $V\,(\text{Wasser}) = 1000\,\text{ml}$

$\varrho\,(\text{Wasser, 20 °C}) \approx 1\,\text{g} \cdot \text{ml}^{-1}$

$m\,(\text{Wasser}) = \varrho\,(\text{Wasser}) \cdot V\,(\text{Wasser}) \approx 1000\,\text{g}$

$w\,(\text{Kochsalz}) = \dfrac{9\,\text{g}}{9\,\text{g} + 1000\,\text{g}} \cdot 100\,\% \approx 0{,}9\,\%$

A108.3

m (Kalkstein)= L (Kalkstein) · m (Wasser)

$$= \frac{0{,}002\,g}{100\,g\,Wasser} \cdot 250\,g$$

$$= 0{,}005\,g = 5\,mg$$

A108.4

m (Sauerstoff) = V (Lösung) · β (Sauerstoff)

$$= 75\,l \cdot 9\,mg \cdot l^{-1} = 675\,mg$$

A108.5

m (Meerwasser) = ϱ (Meerwasser) · V (Meerwasser)

$$= 1{,}025\,g \cdot ml^{-1} \cdot 1000\,ml = 1025\,g$$

m (Salz) = w (Meerwasser) · m (Meerwasser)

$$= 0{,}035 \cdot 1025\,g = 35{,}9\,g$$

V109.1

a)

Natriumchlorid: Der vierte Zusatz löst sich nur teilweise; in 100 ml lösen sich ≈ 35 g.

Kaliumnitrat: 3 g lösen sich (je nach erreichter Endtemperatur) nahezu vollständig; in 100 ml Wasser lösen sich ≈ 30 g.

Kaliumaluminiumsulfat: 1 g (der als Hydrat vorliegenden Substanz) löst sich vollständig; in 100 ml lösen sich ≈ 10 g.

Kupfersulfat-Hydrat: 3 g lösen sich nahezu vollständig; in 100 g lösen sich ≈ 30 g.

Im Falle von Kaliumnitrat, Kaliumaluminiumsulfat und Kupfersulfat lässt sich bei 50 °C wesentlich mehr lösen.

b) Die ermittelten Werte entsprechen im Falle von Natriumchlorid und Kaliumnitrat den Löslichkeitskurven. Der für Kaliumaluminiumsulfat aus dem Kurvenverlauf abzuschätzende Wert (≈ 6 g) ist niedriger als der aus dem Experiment ermittelte Wert.

Ursache: Die Kurve bezieht sich auf das wasserfreie Salz, bei dem Laborreagenz handelt es sich jedoch um ein Hydrat: $KAl(SO_4)_2 \cdot 12\,H_2O$

V109.2

a) Nach dem Schütteln beträgt das Gasvolumen etwa 42 ml. Beim Herausziehen des Kolbens bilden sich Gasbläschen in der Lösung, vor allem an der Glaswand.

b) Bei erhöhtem Druck löst sich mehr Kohlenstoffdioxid als bei normalem Druck, bei erniedrigtem Druck weniger.

c) Einer Löslichkeit von 18 ml Gas in 20 ml Wasser entsprechen 900 ml in einem Liter. Die Masse des in einem Liter gelösten Gases beträgt damit:
$0{,}9\,l \cdot 1{,}84\,g \cdot l^{-1} = 1{,}66\,g$

A109.1

a) m (Kaliumnitrat) = 200 g

b)

m (Sauerstoff) = 10 · 70 mg = 700 mg

m (Sauerstoff aus der Luft) = 10 · 14 mg = 140 mg

A109.2

m (Rohrzucker) = 0,2 · 205 g = 41 g

m (Kochsalz) = 0,2 · 35 g = 7 g

A110.1

Ein Indikator zeigt durch eine Farbe an, ob eine saure oder eine alkalische Lösung vorliegt.

A110.2

Man erkennt am pH-Wert, ob eine Lösung neutral, sauer oder alkalisch ist. Neutrale Lösungen haben den pH-Wert 7. Bei sauren Lösungen ist der pH-Wert kleiner als 7, bei alkalischen ist er größer als 7.

A110.3

Kaffee ist schwach sauer, Seewasser ist schwach alkalisch.

A110.4

Oxide von Metallen bilden mit Wasser alkalische Lösungen, Oxide von Nichtmetallen bilden mit Wasser saure Lösungen.

V111.1

a) Die Universalindikator-Lösung ergibt in Leitungswasser eine grüne Färbung. Bei Zugabe von Phosphorpentoxid hört man ein zischendes Geräusch (exotherme Reaktion); die Lösung färbt sich rot. Mit Magnesiumoxid und mit Calciumoxid färbt sich die Lösung blau. Beim Einblasen von Luft färbt sich die Lösung gelb.

b) Die ausgeatmete Luft enthält Kohlenstoffdioxid (Volumenanteil ≈ 4 %).

V111.2

Gibt man die Proben in Leitungswasser, so ergeben sich folgende Farben:

Probe	Farbe
Kochsalz	grün
Essig	gelb
Zitronensaft	gelb
Rhabarbersaft	gelb
Buttermilch	gelb
Waschpulver	blau
Haushaltsreiniger	gelb, grün oder blau (je nach Produkt)
Entkalker	gelb
Jogurt	gelb
Sauerkraut	gelb
Natron	blau
Abflussreiniger	blau

V111.3

Die Essigsäure enthaltende Probe wird durch Bromthymolblau gelb gefärbt. Beim Zutropfen von Kalkwasser zeigt sich an der Eintropfstelle eine blaue Färbung, die beim Umschütteln wieder verschwindet. Bei weiterer Zugabe von Kalkwasser bleibt die Mischung schließlich blau. Sie reagiert alkalisch. Die Säure ist also vollständig „neutralisiert" worden und ein kleiner Überschuss an Kalkwasser macht die Lösung alkalisch.

Kalkwasser wird durch Bromthymolblau blau gefärbt. Beim Zutropfen von Essigsäure zeigt sich an der Eintropfstelle eine gelbe Färbung, die beim Umschütteln wieder verschwindet. Bei weiterer Zugabe von Essigsäure bleibt die Mischung schließlich gelb. Sie reagiert sauer. Das Kalkwasser ist also vollständig „neutralisiert" worden und ein kleiner Überschuss an Essigsäure macht die Lösung sauer.

V111.4

Probe	Indikator-färbung	Test mit Calciumchlorid-Lösung
Kernseife	blau	weiße Trübung, kein Schaum
hautneutrale Seife	gelb	bleibt klar, schäumt
Feinseife	blau	weiße Trübung, kein Schaum

Hinweis: Falls zu viel Kernseife bzw. Feinseife eingesetzt wird, kann sich beim Schütteln mit Calciumchlorid-Lösung Schaum bilden. Charakteristisch bleibt aber die Fällung von Kalkseifen.

A112.1

Wasser bildet sich durch die Reaktion von Wasserstoff und Sauerstoff. Dementsprechend lässt sich Wasser auch in Wasserstoff und Sauerstoff zerlegen. Bei diesen Stoffen handelt es sich um Elemente.

A112.2

$Mg (s) + H_2O (g) \rightarrow MgO (s) + H_2 (g)$; exotherm

$3 Fe (s) + 4 H_2O (g) \rightarrow Fe_3O_4 (s) + 4 H_2 (g)$; exotherm

A112.3

Man versucht die Verbindung in Elemente zu zerlegen und aus den Elementen die Verbindung wieder herzustellen.

A112.4

Die Verbrennung von Wasserstoff mit Sauerstoff verläuft stark exotherm; es wird also viel Wärme frei. Das Reaktionsprodukt (Wasser) ist unproblematisch für die Umwelt

A113.1

Für die Verbrennung der Kerze wird Sauerstoff benötigt; in einer reinen Wasserstoff-Atmosphäre erlischt deshalb die Kerzenflamme.

A113.2

$2 Al (s) + 3 H_2O (g) \rightarrow Al_2O_3 (s) + 3 H_2 (g)$; exotherm

A113.3

Bei der Reaktion von Wasserstoff mit Kupferoxid wird Wasserstoff oxidiert, Kupferoxid wird reduziert.
Wasserstoff ist das Reduktionsmittel.

A113.4

Wasserstoff wird mit verschiedenen Metalloxiden und Wasser wird mit verschiedenen Metallen erhitzt. Reagiert Wasserstoff mit dem Metalloxid, so steht Wasserstoff vor dem betreffenden Metall in der Redoxreihe der Metalle. Reagiert ein Metall mit Wasser, so steht es vor dem Wasserstoff.

A114.1

Durch die Reaktion von Zink mit Salzsäure bildet sich Wasserstoff. Aufgrund des ansteigenden Flüssigkeitsspiegels steht das Wasserstoffgas unter einem leichten Überdruck. Öffnet man das Ventil, so strömt der Wasserstoff gegen fein verteiltes Platin, das als Katalysator wirkt. Die exotherme Reaktion mit dem Luftsauerstoff lässt die Temperatur an der Katalysatoroberfläche rasch ansteigen, sodass nach kurzer Zeit die Zündtemperatur für Wasserstoff erreicht wird.

A114.2

In der Hülle der „Hindenburg" war reiner Wasserstoff, der beim Austritt rasch verbrannte. Nur ein *Gemisch* mit Sauerstoff (bzw. Luft) hätte explodieren können.

A114.3

a) Helium (ebenfalls leichter als Luft)

b) Im Heißluftballon hat die heiße Luft eine geringere Dichte als die Außenluft. Deshalb steigt der Ballon auf.

A114.4

m (Wasserstoff) $= \varrho$ (Wasserstoff) $\cdot V$ (Wasserstoff)
$$= 71 \text{ g} \cdot \text{l}^{-1} \cdot 1\,500\,000 \text{ l}$$
$$= 106\,500\,000 \text{ g} = 1{,}065 \cdot 10^5 \text{ kg}$$

m (Benzin) $= 780 \text{ g} \cdot \text{l}^{-1} \cdot 1\,500\,000 \text{ l}$
$$= 1\,170\,000\,000 \text{ g} = 11{,}7 \cdot 10^5 \text{ kg}$$

A115.1

Wasserstoff kann durch die (elektrolytische) Zerlegung von Wasser oder durch die (thermolytische) Zerlegung von Erdgas oder Erdöl gewonnen werden.
Wasserstoff kann in Druckbehältern als Gas, bei −240 °C als Flüssigkeit und in Metalllegierungen gespeichert werden.
Aus Wasserstoff kann durch Verbrennung thermische Energie und durch Oxidation in Brennstoffzellen elektrische Energie gewonnen werden.

A115.2

Vorteile: geringeres Gewicht, höhere Geschwindigkeit, saubere Verbrennung

Nachteile: großes Tankvolumen, höhere Treibstoffkosten wegen höherer Produktionskosten

A116.1

Kreislauf des Wassers: Das Wasser in Meeren, Flüssen und Seen verdunstet, bildet Wolken und gelangt als Regen, Schnee und Hagel wieder auf Meer und Land. Die Niederschläge, die auf das Land fallen, versickern teilweise, bilden Grundwasser und fließen über Bäche und Flüsse wieder ins Meer zurück.

Trinkwassergewinnung: Trinkwasser kann aus Grundwasser, aus Oberflächenwasser und aus Uferfiltrat gewonnen werden.
Trinkwasser aus Grundwasser wird durch Filtration von den Trübstoffen befreit. Trinkwasser aus Oberflächenwasser muss nach der Filtration noch weiter behandelt werden: Zunächst leitet man Ozon ein, um Krankheitserreger abzutöten. Dann werden weitere Schmutzstoffe an Aktivkohle adsorbiert. Schließlich wird das gereinigte Oberflächenwasser oftmals noch gechlort.

Abwasserreinigung: Eine mechanische Reinigung des Abwassers erfolgt durch Rechen, Ölabscheider, Sandfang und Vorklärbecken. In Belebungsbecken erfolgt die biologisch-chemische Reinigung durch den Einsatz von Mikroorganismen und Fällungschemikalien. Aus dem Belebtschlamm werden Faulgas und Klärschlamm gewonnen.

Dichte-Anomalien des Wassers: Eis hat eine geringere Dichte als flüssiges Wasser, da die Wasser-Teilchen im Eis eine Gitterstruktur mit Hohlräumen bilden und dadurch weniger dicht gepackt sind. Daher schwimmt Eis an der Wasseroberfläche.
Flüssiges Wasser besitzt bei 4 °C seine größte Dichte. Oberhalb von 4 °C nimmt die Dichte bei Erwärmung ab.

Löslichkeit: gibt an, wie viel Gramm einer Substanz sich bei einer bestimmten Temperatur maximal in 100 g Wasser lösen lassen.

Massenanteil, Massenkonzentration: Gehaltsangaben für Lösungen. Der Massenanteil w gibt die Masse des gelösten Stoffes bezogen auf die Masse der Lösung an (Einheit: %).
Die Massenkonzentration β gibt die Masse des gelösten Stoffes bezogen auf das Volumen der Lösung an (Einheit: $\text{mg} \cdot \text{l}^{-1}$ bzw. $\text{g} \cdot \text{l}^{-1}$)

saure und alkalische Lösungen: Lösungen sind *sauer,* wenn sie sich gegenüber einem Indikatorfarbstoff ähnlich verhalten wie Essig. Saure Lösungen bilden sich beispielsweise durch die Reaktion von Nichtmetalloxiden (Schwefeldioxid, Stickstoffdioxid, Kohlenstoffdioxid) mit Wasser.
Lösungen sind *alkalisch,* wenn sie sich gegenüber einem Indikator ähnlich verhalten wie Kalkwasser. Alkalische Lösungen bilden sich beispielsweise durch die Reaktion von Metalloxiden (Magnesiumoxid, Calciumoxid) mit Wasser.

pH-Wert: gibt an, wie stark sauer oder alkalisch eine Lösung ist.
saure Lösung: pH-Wert kleiner als 7
neutrale Lösung: pH-Wert = 7
alkalische Lösung: pH-Wert größer als 7

Indikator: Farbstoff, der durch sein Farbe anzeigt, ob eine saure, eine neutrale oder eine alkalische Lösung vorliegt.

Wasserstoff: farbloses, geruchloses Gas mit sehr geringer Dichte, brennbar, mit Sauerstoff explosiv; aus zweiatomigen Molekülen aufgebaut; H_2; Verwendung: als Brennstoff und als Reduktionsmittel.

Knallgasprobe: Bei Reaktionen mit Wasserstoff muss geprüft werden, ob die Apparatur frei von Sauerstoff ist, da es sonst zu einer Explosion kommen könnte. Dazu fängt man eine Gasprobe auf und entzündet sie. Brennt sie ruhig ab, ist die Knallgasprobe also negativ, kann man gefahrlos erhitzen.

A116.2

Nach einer Filtration durch Sandschichten wird Ozon eingeleitet, um Krankheitserreger abzutöten. Dann werden weitere Schmutzstoffe an Aktivkohle adsorbiert. Zum Schluss wird das Wasser oftmals noch gechlort, damit es auch im Leitungsnetz keimfrei bleibt.

A116.3

mit Hilfe eines Universalindikators oder eines pH-Mess-gerätes

A116.4

Wasserstoffoxid

A116.5

Einsatz in Verbrennungsmotoren sowie Erzeugung von elektrischer Energie in Brennstoffzellen

A116.6

a) WO_3 (s) + 3 H_2 (g) → W (s) + 3 H_2O (g); exotherm

b) Zn (s) + H_2O (g) → ZnO (s) + H_2 (g); exotherm

A116.7

a) Es ist kein Sauerstoff mehr enthalten.

b) Es ist noch Sauerstoff enthalten.

A116.8

Durch Einleiten von Sauerstoff wird die Verbrennung geför-dert, die Flamme wird größer. Einleiten von Stickstoff oder Kohlenstoffdioxid lässt die Kerze erlöschen, da der Zutritt von Luftsauerstoff verhindert wird. Wasserstoff bringt die Kerzenflamme ebenfalls zum Erlöschen, gleichzeitig kann sich aber der Wasserstoff entzünden.

A116.9

Durch den Druck schmilzt das Eis unmittelbar unterhalb der Drahtschlinge, der Draht sinkt in den Eisblock ein und da-rüber erstarrt das Wasser wieder zu Eis.

A116.10

$$w \text{ (Zucker)} = \frac{m \text{ (Zucker)}}{m \text{ (Zucker)} + m \text{ (Wasser)}} \cdot 100\%$$

$$= \frac{80\,g}{80\,g + 1000\,g} \cdot 100\% = 7{,}4\%$$

A116.11

Wasser dringt in Risse ein, gefriert im Winter, dehnt sich dabei aus und lässt den Straßenbelag aufplatzen.

A116.12

Bis zu 2 Milliarden Liter Trinkwasser könnten unbrauchbar werden, falls sich das Heizöl gleichmäßig verteilt.

A116.13

Man verwendet einen Trichter und einen engen Standzylin-der, um das Gas aufzufangen. Nachdem sich das Wasser genügend abgekühlt hat, ver-schließt man den Zylinder mit dem Daumen, wendet es um und prüft das aufgefangene Gas mit einem glimmenden Holzspan.
Hinweis: Die aus dem Wasser ausgetriebene Luft enthält etwa 30 % Sauerstoff.

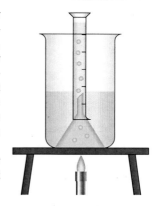

A116.15

Die Wirkstoffe der Tablette neutralisieren einen Teil der Magensäure.

A116.16

Der Wasserverbrauch sinkt inzwischen wieder. Trotzdem steigen die Wasserkosten weiter an, wobei die Abwasser-kosten rascher ansteigen als die Frischwasserkosten.

8 Stoffmengen und Teilchenzahlen

A119.1

a) Da 2 ml Wasserstoff mit 1 ml Sauerstoff zu Wasser reagieren, bleiben 2 ml Sauerstoff übrig.

b) Man fügt 4 ml Wasserstoff hinzu und zündet. Das Gemisch setzt sich vollständig zu Wasser um.

A119.2

a) Die Verhältnisformel von Kupferchlorid lautet $CuCl_2$.

b) Die Verhältnisformel von Aluminiumchlorid lautet $AlCl_3$.

A121.1

Eine Stoffportion, die die Stoffmenge $n = 1$ mol enthält, besteht aus $6 \cdot 10^{23}$ Teilchen.

A121.2

Die molare Masse ist der Quotient aus der Masse m und der Stoffmenge n einer Stoffportion:

$$M = \frac{m}{n}$$

Man benötigt die molare Masse M, um die Masse m oder die Stoffmenge n einer Stoffportion zu berechnen.

A121.3

Die AVOGADRO-Konstante N_A gibt an, wie viele Teilchen in einem Mol eines Stoffes enthalten sind:
$$N_A = 6 \cdot 10^{23} \text{ mol}^{-1}$$

A121.4

a) $M(Au) = 196{,}7 \text{ g} \cdot \text{mol}^{-1}$
$M(Zn) = 65{,}37 \text{ g} \cdot \text{mol}^{-1}$
$M(Cr) = 52 \text{ g} \cdot \text{mol}^{-1}$

b) $M(C_2H_6O) = (2 \cdot 12 + 6 \cdot 1 + 1 \cdot 16) \text{ g} \cdot \text{mol}^{-1} = 46 \text{ g} \cdot \text{mol}^{-1}$

A121.5

Gegeben: m (Kohlenstoffdioxid) = 25 g

$M(CO_2) = 44 \text{ g} \cdot \text{mol}^{-1}$

$$n \text{ (Kohlenstoffdioxid)} = \frac{m \text{ (Kohlenstoffdioxid)}}{M(CO_2)}$$

$$= \frac{25 \text{ g}}{44 \text{ g} \cdot \text{mol}^{-1}} = 0{,}57 \text{ mol}$$

$N(CO_2\text{-Moleküle}) = N_A \cdot n \text{ (Kohlenstoffdioxid)}$
$$= 6 \cdot 10^{23} \text{ mol}^{-1} \cdot 0{,}57 \text{ mol} = 3{,}4 \cdot 10^{23}$$

A121.6

Gegeben: n (NaCl) = 1,5 mmol = 0,0015 mol

M (NaCl) = 58,5 g $\cdot$ mol^{-1}

m (Natriumchlorid) = n (NaCl) $\cdot$ M (NaCl)
$$= 0{,}0015 \text{ mol} \cdot 58{,}5 \text{ g} \cdot \text{mol}^{-1} = 0{,}088 \text{ g}$$

A121.7

a) $Fe\,(s) + S\,(s) \rightarrow FeS\,(s)$

b) *Gegeben:* m (Eisen) = 14 g

M (Fe) = 55,9 g $\cdot$ mol^{-1}

$$n \text{ (Fe)} = \frac{m \text{ (Eisen)}}{M \text{ (Fe)}} = \frac{14 \text{ g}}{55{,}9 \text{ g} \cdot \text{mol}^{-1}} = 0{,}25 \text{ mol}$$

Da das Stoffmengenverhältnis zwischen Schwefel und Eisen 1:1 ist, beträgt die Stoffmenge der benötigten Schwefel-Atome ebenfalls 0,25 mol.

c) m (Schwefel) = M (S) $\cdot$ n (Schwefel)
$$= 32 \text{ g} \cdot \text{mol}^{-1} \cdot 0{,}25 \text{ mol} = 8 \text{ g}$$

Man benötigt 8 g Schwefel.

A122.1

Aus der Grafik entnimmt man den Wert:
V_m (100 °C, 1013 hPa) = 30,3 l $\cdot$ mol^{-1}

A122.2

Da Teilchen immer in ganzzahligen Verhältnissen miteinander reagieren und für gasförmige Stoffe das Gesetz von AVOGADRO gilt, müssen bei der Reaktion von Gasen ganzzahlige Volumenverhältnisse auftreten.

Hinweis: Die Volumenverhältnisse sind dabei gleich den Teilchenanzahlverhältnissen.

A122.3

Gegeben: V (Sauerstoff) = 10 l

V_m (80 °C, 1013 hPa) = 29,0 l $\cdot$ mol^{-1}

$$V_m = \frac{V \text{ (Sauerstoff)}}{n(O_2)}$$

$$n(O_2) = \frac{V \text{ (Sauerstoff)}}{V_m} = \frac{10 \text{ l}}{29 \text{ l} \cdot \text{mol}^{-1}} = 0{,}34 \text{ mol}$$

In 10 l Sauerstoff ist bei 80 °C und normalem Luftdruck die Stoffmenge $n(O_2)$ = 0,34 mol enthalten.

A122.4

b) Das Gas wird *flüssig*, ehe sein molares Volumen $0 \, l \cdot mol^{-1}$ beträgt. Dann aber gilt der dargestellte Zusammenhang zwischen molarem Volumen und Temperatur nicht mehr.

A123.1

a) $\varrho = \dfrac{m}{V} = \dfrac{M}{V_m}$

$M \, (\text{Helium}) = \varrho \cdot V_m = 0{,}17 \, g \cdot l^{-1} \cdot 24 \, l \cdot mol^{-1} = 4 \, g \cdot mol^{-1}$

Der Wert der molaren Masse entspricht dem Zahlenwert der Atommasse des Heliums. Demnach besteht Helium aus Atomen, nicht aus Molekülen.

A123.2

Bei 20 °C kondensiert der Wasserdampf erst, wenn pro Liter Luft mehr als 23 g Wasserdampf vorhanden sind.

Rechenbeispiel

Experimenteller Hinweis: Es muss auf Temperaturkonstanz geachtet werden. Eine Temperaturerhöhung um 1 K führt bei einem Gasvolumen von 5 Litern bereits zu einer Volumenzunahme um 17 ml:

$$\frac{V \, (294 \, K)}{V \, (293 \, K)} = \frac{294 \, K}{293 \, K}$$

$$V \, (294 \, K) = 5000 \, ml \cdot \frac{294}{293} = 5017 \, ml$$

$$\Delta V = 17 \, ml$$

Damit die Temperatur nahezu konstant bleibt, sollte die elektrische Energie in etwa der Verdampfungswärme entsprechen. *Beispiel:*

$$E_{el} = I \cdot U \cdot t = 5 \, V \cdot 5 \, A \cdot 40 \, s = 1 \, kJ$$

$$\Delta H_V = n \, (H_2O) \cdot \Delta_m H_V = 0{,}02 \, mol \cdot 44 \, kJ \cdot mol^{-1} = 0{,}88 \, kJ$$

A125.1

Gegeben: $m \, (\text{Silbersulfid}) = 150 \, g$

$2 \, Ag \, (s) + S \, (s) \rightarrow Ag_2S$

$M \, (Ag_2S) = 248 \, g \cdot mol^{-1}; \quad M \, (S) = 32 \, g \cdot mol^{-1}$

$n \, (Ag_2S) : n \, (S) = 1 : 1 \Rightarrow n \, (Ag_2S) = n \, (S)$

$$\frac{m \, (\text{Silbersulfid})}{M \, (Ag_2S)} = \frac{m \, (\text{Schwefel})}{M \, (S)}$$

$$m \, (\text{Schwefel}) = \frac{m \, (\text{Silbersulfid})}{M \, (Ag_2S)} \cdot M \, (S)$$

$$= \frac{150 \, g}{248 \, g \cdot mol^{-1}} \cdot 32 \, g \cdot mol^{-1} = 19{,}4 \, g$$

Um 150 g Silbersulfid herzustellen, werden 19,4 g Schwefel benötigt.

A125.2

Gegeben: $m \, (\text{Aluminiumoxid}) = 100 \, g$

$4 \, Al \, (s) + 3 \, O_2 \, (g) \rightarrow 2 \, Al_2O_3 \, (s)$

$M \, (Al_2O_3) = 102 \, g \cdot mol^{-1}; \quad M \, (Al) = 27 \, g \cdot mol^{-1}$

$n \, (Al_2O_3) : n \, (Al) = 1 : 2 \Rightarrow 2 \cdot n \, (Al_2O_3) = n \, (Al)$

$$2 \cdot \frac{m \, (\text{Aluminiumoxid})}{M \, (Al_2O_3)} = \frac{m \, (\text{Aluminium})}{M \, (Al)}$$

$$m \, (\text{Aluminium}) = \frac{2 \cdot m \, (\text{Aluminiumoxid}) \cdot M \, (Al)}{M \, (Al_2O_3)} = \frac{2 \cdot 100 \, g \cdot 27 \, g \cdot mol^{-1}}{102 \, g \cdot mol^{-1}}$$

$$= 52{,}9 \, g$$

Man benötigt 52,9 g Aluminium, um 100 g Aluminiumoxid herzustellen.

A125.3

a) *Gegeben:* $m \, (\text{Kohlenstoff}) = 10 \, g$

$2 \, Mg \, (s) + CO_2 \, (g) \rightarrow 2 \, MgO \, (s) + C \, (s)$

$M \, (CO_2) = 44 \, g \cdot mol^{-1}; \quad M \, (C) = 12 \, g \cdot mol^{-1}$

$n \, (CO_2) : n \, (C) = 1 : 1 \Rightarrow n \, (CO_2) = n \, (C)$

$$\frac{m \, (\text{Kohlenstoffdioxid})}{M \, (CO_2)} = \frac{m \, (\text{Kohlenstoff})}{M \, (C)}$$

$$m \, (\text{Kohlenstoffdioxid}) = \frac{m \, (\text{Kohlenstoff}) \cdot M \, (CO_2)}{M \, (C)}$$

$$= \frac{10 \, g}{12 \, g \cdot mol^{-1}} \cdot 44 \, g \cdot mol^{-1} = 36{,}7 \, g$$

Es werden 36,7 g Kohlenstoffdioxid benötigt, um 10 g Kohlenstoff zu erhalten.

b) *Gegeben:* $m \, (\text{Kohlenstoffdioxid}) = 36{,}7 \, g$

$$n \, (CO_2) = \frac{m \, (\text{Kohlenstoffdioxid})}{M \, (CO_2)} = \frac{V \, (\text{Kohlenstoffdioxid})}{V_m}$$

$$V \, (\text{Kohlenstoffdioxid}) = \frac{m \, (\text{Kohlenstoffdioxid})}{M \, (CO_2)} \cdot V_m$$

$$= \frac{36{,}7 \, g}{44 \, g \cdot mol^{-1}} \cdot 24 \, l \cdot mol^{-1} = 20 \, l$$

36,7 g Kohlenstoffdioxid-Gas nehmen bei 20 °C und normalem Luftdruck ein Volumen von 20 l ein.

A125.4

a) *Gegeben:*

m (Wasserstoffperoxid-Lösung, 10%ig) = 120 g

$\Rightarrow m$ (Wasserstoffperoxid) = 12 g

$2\ H_2O_2\ (l) \rightarrow 2\ H_2O\ (l) + O_2\ (g)$

$M\ (H_2O_2) = 34\ g \cdot mol^{-1}$; $M\ (O_2) = 32\ g \cdot mol^{-1}$

$n\ (H_2O_2) : n\ (O_2) = 2 : 1 \Rightarrow n\ (H_2O_2) = 2 \cdot n\ (O_2)$

$$\frac{m\ (\text{Wasserstoffperoxid})}{M\ (H_2O_2)} = 2 \cdot \frac{V\ (\text{Sauerstoff})}{V_m}$$

$$V\ (\text{Sauerstoff}) = \frac{1}{2} \cdot \frac{m\ (\text{Wasserstoffperoxid})}{M\ (H_2O_2)} \cdot V_m$$

$$= \frac{1}{2} \cdot \frac{12\ g}{34\ g \cdot mol^{-1}} \cdot 24\ l \cdot mol^{-1} = 4{,}2\ l$$

Man erhält bei der Reaktion 4,2 l Sauerstoff.

b) $n\ (H_2O_2) : n\ (H_2O) = 1 : 1 \Rightarrow n\ (H_2O_2) = n\ (H_2O)$

$$\frac{m\ (\text{Wasserstoffperoxid})}{M\ (H_2O_2)} = \frac{m\ (\text{Wasser})}{M\ (H_2O)}$$

$$m\ (\text{Wasser}) = \frac{m\ (\text{Wasserstoffperoxid}) \cdot M\ (H_2O)}{M\ (H_2O_2)} = \frac{12\ g \cdot 18\ g \cdot mol^{-1}}{34\ g \cdot mol^{-1}} = 6{,}4\ g$$

Bei der Reaktion entstehen 6,4 g Wasser.

A125.5

Gegeben: m (Eisen) = 10 g

$8\ Al\ (s) + 3\ Fe_3O_4\ (s) \rightarrow 4\ Al_2O_3\ (s) + 9\ Fe\ (s)$

$M\ (Al) = 27\ g \cdot mol^{-1}$; $M\ (Fe) = 55{,}9\ g \cdot mol^{-1}$

$n\ (Al) : n\ (Fe) = 8 : 9 \Rightarrow 9 \cdot n\ (Al) = 8 \cdot n\ (Fe)$

$$9 \cdot \frac{m\ (\text{Aluminium})}{M\ (Al)} = 8 \cdot \frac{m\ (\text{Eisen})}{M\ (Fe)}$$

$$m\ (\text{Aluminium}) = \frac{8 \cdot m\ (\text{Eisen}) \cdot M\ (Al)}{9 \cdot M\ (Fe)} = \frac{8 \cdot 10\ g \cdot 27\ g \cdot mol^{-1}}{9 \cdot 55{,}9\ g \cdot mol^{-1}} = 4{,}3\ g$$

Man benötigt 4,3 g Aluminium, um im Thermit-Verfahren 10 g Eisen herzustellen.

A125.6

a) In der Reaktionsgleichung ist:

z = 6, da in einem Molekül Traubenzucker ($C_6H_{12}O_6$) sechs Kohlenstoff-Atome enthalten sind.

y = 6, da aus zwölf H-Atomen sechs Wasser-Moleküle gebildet werden können.

x = 12, da auf der rechten Seite 18 O-Atome vorhanden sind, wovon sechs aus dem Traubenzucker-Molekül stammen.

b) *Gegeben:* m (Traubenzucker) = 5 g

$C_6H_{12}O_6\ (s) + 12\ CuO\ (s) \rightarrow 12\ Cu\ (s) + 6\ H_2O\ (l) + 6\ CO_2\ (g)$

$M\ (C_6H_{12}O_6) = 180\ g \cdot mol^{-1}$; $M\ (CuO) = 79{,}5\ g \cdot mol^{-1}$

$n\ (CuO) : n\ (C_6H_{12}O_6) = 12 : 1 \Rightarrow n\ (CuO) = 12 \cdot n\ (C_6H_{12}O_6)$

$$\frac{m\ (\text{Kupferoxid})}{M\ (CuO)} = 12 \cdot \frac{m\ (\text{Traubenzucker})}{M\ (C_6H_{12}O_6)}$$

$$m\ (\text{Kupferoxid}) = \frac{12 \cdot m\ (\text{Traubenzucker}) \cdot M\ (CuO)}{M\ (C_6H_{12}O_6)}$$

$$= \frac{12 \cdot 5\ g \cdot 79{,}5\ g \cdot mol^{-1}}{180\ g \cdot mol^{-1}} = 26{,}5\ g$$

Man benötigt 26,5 g Kupferoxid (CuO), um 5 g Traubenzucker umzusetzen.

c) $n\ (H_2O) : n\ (C_6H_{12}O_6) = 6 : 1 \Rightarrow n\ (H_2O) = 6 \cdot n\ (C_6H_{12}O_6)$

$$\frac{m\ (\text{Wasser})}{M\ (H_2O)} = 6 \cdot \frac{m\ (\text{Traubenzucker})}{M\ (C_6H_{12}O_6)}$$

$$m\ (\text{Wasser}) = \frac{6 \cdot m\ (\text{Traubenzucker}) \cdot M\ (H_2O)}{M\ (C_6H_{12}O_6)} = \frac{6 \cdot 5\ g \cdot 18\ g \cdot mol^{-1}}{180\ g \cdot mol^{-1}} = 3\ g$$

Bei der Oxidation von 5 g Traubenzucker erhält man 3 g Wasser.

d) $n\ (CO_2) : n\ (C_6H_{12}O_6) = 6 : 1 \Rightarrow n\ (CO_2) = 6 \cdot n\ (C_6H_{12}O_6)$

$$\frac{V\ (\text{Kohlenstoffdioxid})}{V_m} = 6 \cdot \frac{m\ (\text{Traubenzucker})}{M\ (C_6H_{12}O_6)}$$

$$V\ (\text{Kohlenstoffdioxid}) = \frac{6 \cdot m\ (\text{Traubenzucker}) \cdot V_m}{M\ (C_6H_{12}O_6)}$$

$$= \frac{6 \cdot 5\ g \cdot 24\ l \cdot mol^{-1}}{180\ g \cdot mol^{-1}} = 4\ l$$

Bei der Oxidation von 5 g Traubenzucker bilden sich bei 20 °C und normalem Druck 4 l Kohlenstoffdioxid-Gas.

A125.7

a) Kupferoxid (s) + Wasserstoff (g) $\rightarrow$ Kupfer (s) + Wasser (l)

$2\ CuO\ (s) + H_2\ (g) \rightarrow Cu\ (s) + H_2O\ (l)$

b) *Gegeben:* m (Kupferoxid) = 3,2 g

$M\ (CuO) = 79{,}5\ g \cdot mol^{-1}$; $M\ (H_2) = 2\ g \cdot mol^{-1}$

$n\ (H_2) : n\ (CuO) = 1 : 2 \Rightarrow 2 \cdot n\ (H_2) : n\ (CuO)$

$$2 \cdot \frac{V\ (\text{Wasserstoff})}{V_m} = \frac{m\ (\text{Kupferoxid})}{M\ (CuO)}$$

$$V\ (\text{Wasserstoff}) = \frac{m\ (\text{Kupferoxid}) \cdot V_m}{2 \cdot M\ (CuO)} = \frac{3{,}2\ g \cdot 24\ l \cdot mol^{-1}}{2 \cdot 79{,}5\ g \cdot mol^{-1}} = 0{,}48\ l$$

Um 3,2 g Kupferoxid zu reduzieren, benötigt man ein Wasserstoff-Volumen von 0,48 l (20 °C, 1013 hPa).

A125.8

Gegeben: m (Eisen) = 1 kg = 1000 g

3 Fe (s) + 2 O_2 (g) → Fe_3O_4 (s)

M (Fe) = 55,9 g · mol^{-1}; M (O_2) = 32 g · mol^{-1}

Anteil des Sauerstoffs in der Luft: 21 %

n (Fe) : n (O_2) = 3 : 2 $\Rightarrow$ 2 · n (Fe) = 3 · n (O_2)

$$3 \cdot \frac{V \text{ (Sauerstoff)}}{V_m} = 2 \cdot \frac{m \text{ (Eisen)}}{M \text{ (Fe)}}$$

$$V \text{ (Sauerstoff)} = \frac{2 \cdot m \text{ (Eisen)} \cdot V_m}{3 \cdot M \text{ (Fe)}} = \frac{2 \cdot 1000 \text{ g} \cdot 24 \text{ l} \cdot \text{mol}^{-1}}{3 \cdot 55{,}9 \text{ g} \cdot \text{mol}^{-1}} = 286{,}2 \text{ l}$$

Da der Sauerstoffanteil in der Luft aber nur 21 % beträgt, werden insgesamt

$$V \text{ (Luft)} = \frac{286{,}2 \text{ l} \cdot 100}{21} = 1363 \text{ l} \approx 1{,}36 \text{ m}^3 \text{ Luft benötigt.}$$

A126.1

Verhältnisformel: Eine Verhältnisformel gibt das Atomanzahlverhältnis in einer chemischen Verbindung an.

Molekülformel: Eine Molekülformel gibt an, wie viele Atome der einzelnen Elemente am Aufbau eines Moleküls beteiligt sind.

Stoffmenge, Mol: Die Stoffmenge n ist eine Basisgröße. Die Einheit der Stoffmenge ist 1 mol. Eine Stoffportion hat die Stoffmenge 1 mol, wenn sie 6 · 10^{23} Teilchen enthält.

AVOGADRO-Konstante: Die AVOGADRO-Konstante N_A ist der Proportionalitätsfaktor zwischen der Stoffmenge n und der Teilchenanzahl N in einer Stoffportion:
$N = N_A \cdot n$
$N_A = 6 \cdot 10^{23} \text{ mol}^{-1}$

molare Masse: Die molare Masse M ist der Proportionalitätsfaktor zwischen der Masse m und der Stoffmenge n einer Stoffportion:
$m = M \cdot n$
Die Einheit der molaren Masse ist g · mol^{-1}. Ihr Zahlenwert stimmt mit dem Zahlenwert der jeweiligen Teilchenmasse überein.

molares Volumen: Die molare Volumen V_m ist der Proportionalitätsfaktor zwischen dem Volumen V und der Stoffmenge n einer Stoffportion:
$V = V_m \cdot n$
Das molare Volumen Gase beträgt bei 20 °C und 1013 hPa 24 mol · l^{-1}.

AVOGADROsches Gesetz: Gasförmige Stoffe enthalten bei gleichem Volumen, gleicher Temperatur und gleichem Druck gleich viele Teilchen.

Stöchiometrie: Bereich der Chemie, der sich mit Berechnungen von Stoffmengen, Massen und Volumen beschäftigt.

A126.2

a) In 2 mol Sauerstoff sind 2 · 6 · 10^{23} Sauerstoff-Moleküle enthalten.

b) 2 mol Sauerstoff enthalten 4 · 6 · 10^{23} Sauerstoff-Atome. Jedes Sauerstoff-Molekül enthält zwei Sauerstoff-Atome. Deshalb ist in einer Sauerstoff-Portion die Anzahl der Sauerstoff-Atome doppelt so groß wie die Anzahl der Sauerstoff-Moleküle.

A126.3

a) n (Au) = $\dfrac{N \text{ (Au-Atome)}}{N_A}$

$= \dfrac{3 \cdot 10^{18}}{6 \cdot 10^{23} \text{ mol}^{-1}} = 5{,}1 \cdot 10^{-6}$ mol

b) *Gegeben:* m (Gold) = 1 mg; m (Au-Atom) = 197 u

N (Au-Atome) = $\dfrac{m \text{ (Gold)}}{m \text{ (Au-Atom)}}$

$= \dfrac{0{,}001 \text{ g}}{197 \text{ u}} = \dfrac{0{,}001 \cdot 6 \cdot 10^{23} \text{ u}}{197 \text{ u}} = 3 \cdot 10^{18}$

c) $t = \dfrac{3 \cdot 10^{18}}{10^6}$ s = 3 · 10^{12} s = 3,5 · 10^7 d ≈ 99 000 a

Das Zählen würde fast 100 000 Jahre dauern.

A126.4

2 CO (g) + O_2 (g) → 2 CO_2 (g)

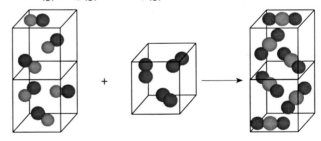

A126.5

Die Benennung soll darauf hinweisen, dass nicht nur das Massenverhältnis bei der Bildung einer Verbindung konstant ist, sondern auch das Anzahlverhältnis der beteiligten Atomarten.

A126.6

a) Die Elemente der unteren Geraden sind einatomige Gase. Die Elementen der obere Geraden bilden Moleküle, die aus zwei Atomen bestehen.

b) Das Element Sauerstoff steht auf der oberen Geraden dort, wo auf der x-Achse die Atommasse 16 u zu finden ist.

c) Die *Dichte* eines Gases ergibt sich aus der *Anzahl* und der *Masse* der Teilchen, die sich in einem bestimmten Volumen befinden. Das AVOGADROsche Gesetz besagt, dass alle gasförmigen Stoffe bei gleichem Volumen, gleichem Druck und gleicher Temperatur gleich viele Teilchen enthalten. Da also die Anzahl der Gasteilchen bei gleichem Volumen bei allen Gasen dieselbe ist, besteht eine direkte Proportionalität zwischen der Masse der Teilchen und der Dichte von Gasen.

d) Gruppe der Edelgase: Helium (He), Neon (Ne), Argon (Ar), Krypton (Kr), Xenon (Xe), Radon (Rn)

A126.7

a) *Gegeben:* m (N-Atom) = 14 u; m (N$_2$-Molekül) = 28 u

M (N$_2$) = 28 g $\cdot$ mol^{-1}; V_m (20 °C, 1013 hPa) = 24 l $\cdot$ mol^{-1}

$$\varrho \text{ (Stickstoff)} = \frac{m \text{ (Stickstoff)}}{V \text{ (Stickstoff)}} = \frac{M \text{ (N}_2)}{V_m} = \frac{28 \text{ g} \cdot \text{mol}^{-1}}{24 \text{ l} \cdot \text{mol}^{-1}} = 1,17 \text{ g} \cdot \text{l}^{-1}$$

b) Bei der Verhältnisformel HCN kommen für die Verbindung die Molekülformeln HCN, H$_2$C$_2$N$_2$, H$_3$C$_3$N$_3$ usw. in Frage. Da die molare Masse proportional zur Dichte ist, muss die molare Masse in der gleichen Größenordnung liegen wie die von N$_2$ (M = 28 g $\cdot$ mol^{-1}). Daher muss die Molekülformel HCN (M = 27 g $\cdot$ mol^{-1}) lauten.

A126.8

a) CH$_4$ (g) + 2 O$_2$ (g) $\rightarrow$ CO$_2$ (g) + 2 H$_2$O (g); exotherm

b) Die Gase stehen im Volumenverhältnis:
V (CH$_4$) : V (O$_2$) = 1 : 2
V (CH$_4$) : V (CO$_2$) = 1 : 1
V (CH$_4$) : V (H$_2$O) = 1 : 2

A126.9

Für das Rotgold CuAu muss das Massenverhältnis mit dem Atommassenverhältnis zwischen Kupfer (63,55 u) und Gold (196,97 u) übereinstimmen:

$$\frac{m \text{ (Kupfer)}}{m \text{ (Gold)}} = \frac{63,55 \text{ u}}{196,97 \text{ u}} = \frac{1}{3,1}$$

In 4,1 g Rotgold CuAu sind also 3,1 g Gold enthalten. Entsprechend sind in 100 g Rotgold CuAu 75,6 g Gold enthalten bzw. 24,4 g Kupfer.

Für Rotgold Cu$_3$Au gilt:

$$\frac{m \text{ (Kupfer)}}{m \text{ (Gold)}} = \frac{3 \cdot 63,55 \text{ u}}{196,67 \text{ u}} = \frac{1}{1,03}$$

In 2,03 g Rotgold Cu$_3$Au sind also 1,03 g Gold enthalten. Entsprechend sind in 100 g Rotgold Cu$_3$Au 50,7 g Gold enthalten bzw. 49,3 g Kupfer.

A126.10

Gegeben: m (Quecksilber) = 1 t = 10^6 g

Ag$_3$Hg (s) $\rightarrow$ 3 Ag (s) + Hg (l)

M (Hg) = 200,6 g $\cdot$ mol^{-1}; M (Ag) = 107,9 g $\cdot$ mol^{-1}

n (Ag) : n (Hg) = 3 : 1 $\Rightarrow$ n (Ag) = 3 $\cdot$ n (Hg)

$$\frac{m \text{ (Silber)}}{M \text{ (Ag)}} = 3 \cdot \frac{m \text{ (Quecksilber)}}{M \text{ (Hg)}}$$

$$m \text{ (Silber)} = \frac{3 \cdot m \text{ (Quecksilber)} \cdot M \text{ (Ag)}}{M \text{ (Hg)}} = \frac{3 \cdot 10^6 \text{ g} \cdot 107,9 \text{ g} \cdot \text{mol}^{-1}}{200,6 \text{ g} \cdot \text{mol}^{-1}}$$

$$= 1614 \text{ kg} \approx 1,6 \text{ t}$$

Man kann mit einer Tonne Quecksilber etwa 1,6 Tonnen Silber aus dem Erz lösen.

9 Chemische Verwandtschaften

A129.1

Das Metall Natrium ist besonders weich, es hat eine geringe Dichte und schmilzt bereits bei 98 °C.

A129.2

Da salziges Wasser eine Natrium-Verbindung (Kochsalz) enthält, leuchtet eine Flamme gelb auf, wenn man Salzwasser hinein spritzt.

A129.3

Mit den Suchbegriffen Natron und Gebrauch erhält man zahlreiche Seiten mit Informationen über Natron als Backpulver, Nahrungsmittelzusatz, Geruchsbinder, Reinigungsmittel oder zur Schädlingsbekämpfung.

A130.1

Beobachtung	Erklärung
Bildung von Bläschen	Es entsteht ein Gas.
Das Natriumstück schmilzt.	Es wird Energie frei.
Rauch steigt auf. Die Kugel wird durchsichtig.	Ein neuer Stoff entsteht.

A130.2

Es entsteht Wasserstoff, den man mit der Knallgasprobe nachweisen kann.

A130.3

Das Natriumstück schmilzt.

A130.4

Natriumhydroxid ist ein fester Reinstoff, Natronlauge ist eine Lösung von Natriumhydroxid in Wasser.

A130.5

Bei beiden Reaktionen wird bei gleicher Masse des Natriumstücks gleich viel Energie frei gesetzt. Die Reaktion auf dem feuchten Papier verläuft heftiger, da die entstehende Wärme nicht so schnell abgeführt werden kann.

A130.6

Natriumhydroxid ist hygroskopisch; es nimmt aus der Luft Wasser auf, sodass die Plätzchen zerfließen.

A130.7

Da man brennendes Natrium nicht mit Wasser löschen kann, sollte der Brandherd mit Sand abgedeckt werden.

A131.1

Bei längerer Einwirkung greift Natronlauge auch Glas an.

A131.2

$2 \text{ NaOH (aq)} + \text{CO}_2 \text{ (g)} \rightarrow \text{Na}_2\text{CO}_3 \text{ (s)} + \text{H}_2\text{O (g)}$
Natronlauge   Kohlenstoffdioxid   Soda

A132.1

mit steigender Atommasse:
Lithium, Natrium, Kalium, Rubidium, Caesium

A132.2

$2 \text{ Li (s)} + 2 \text{ H}_2\text{O (l)} \rightarrow 2 \text{ LiOH (aq)} + \text{H}_2 \text{ (g); exotherm}$
Lithium   Lithiumhydroxid

A132.3

Die Atommasse und die Reaktionsfähigkeit steigen; die Schmelztemperatur und die Härte nehmen ab.

A132.4

Lithium reagiert als Feststoff mit Wasser; Natrium und Kalium liegen bei der Reaktion aufgrund der starken Wärmeentwicklung geschmolzen vor.

A133.1

$\text{Mg (s)} + 2 \text{ H}_2\text{O (l)} \rightarrow \text{Mg(OH)}_2 \text{ (aq)} + \text{H}_2 \text{ (g); exotherm}$
Magnesium   Magnesiumhydroxid

A133.2

Barium ist den Alkalimetallen in der Härte und Reaktionsfähigkeit besonders ähnlich.

A133.3

Stoffmenge an Calcium:

m (Calcium) = 250 mg; M (Ca) = 40 g · mol^{-1}

n (Ca) = $\dfrac{m \text{ (Calcium)}}{M \text{ (Ca)}}$ = $\dfrac{0{,}25 \text{ g}}{40 \text{ g} \cdot \text{mol}^{-1}}$ = 6,25 mmol

Stoffmenge an Wasserstoff-Molekülen:
Nach der Reaktionsgleichung sind die Stoffmengen von Wasserstoff und Calcium gleich:

Ca + 2 H$_2$O → Ca(OH)$_2$ + H$_2$

n (H$_2$) = 6,25 mmol

Volumen an Wasserstoff:

V_m (Wasserstoff; 20 °C) = 24 l · mol^{-1}

V (Wasserstoff) = n (H$_2$) · V_m (Wasserstoff)

$\qquad$ = 0,006 25 mol · 24 l · mol^{-1} = 0,15 l

Ergebnis: Bei der Reaktion entstehen 0,15 l Wasserstoff.

A133.4

Eine Lösung von Calciumhydroxid in Wasser ist alkalisch. Eine Aufschlämmung von Calciumhydroxid ist somit ein ätzendes Gemisch.

A134.1

Die Spektrallinien folgender Elemente sind zu erkennen: Natrium, Calcium und Strontium.

V135.1

Lithium: rot
Natrium: gelb
Kalium: violett
Strontium: rot
Barium: grün

Erst durch das Cobaltglas ist das Leuchten der Kaliumflamme gut zu erkennen.

V135.2

Beim blanken Magnesiumstreifen in warmem Wasser ist die Färbung von Phenolphthalein sehr ausgeprägt. Sowohl der blanke Magnesiumstreifen in kaltem Wasser als auch der ungereinigte Streifen in warmem Wasser ergeben nur eine schwache Färbung. Beim ungereinigten Streifen in kaltem Wasser ist kaum eine Färbung des Phenolphthaleins festzustellen.

A135.1

a)
Stoffmenge an Barium:

m (Barium) = 275 mg; M (Ba) = 137,3 g · mol^{-1}

n (Ba) = $\dfrac{m \text{ (Barium)}}{M \text{ (Ba)}}$ = $\dfrac{0{,}275 \text{ g}}{137{,}3 \text{ g} \cdot \text{mol}^{-1}}$ = 0,002 mol

Stoffmenge an Wasserstoff-Molekülen:

V (Wasserstoff) = 48 ml; V_m (Wasserstoff) = 24 l · mol^{-1}

n (H$_2$) = $\dfrac{V \text{ (Wasserstoff)}}{V_m \text{ (Wasserstoff)}}$ = $\dfrac{0{,}048 \text{ l}}{24 \text{ l} \cdot \text{mol}^{-1}}$ = 0,002 mol

Stoffmenge an Wasserstoff-Atomen:

n (H) = 2 · n (H$_2$) = 0,004 mol

b)
Barium + Wasser → Bariumhydroxid + Wasserstoff

Ba + 2 H$_2$O → Ba(OH)$_2$ + H$_2$

A136.1 oben

Farbe:	grüngelbes Gas
Geruch:	stechend
Löslichkeit in Wasser:	mäßig
Löslichkeit in Benzin:	gut
Atommasse:	35,5 u
Schmelztemperatur:	−101 °C
Siedetemperatur:	−34 °C
Dichte bei 20 °C:	2,95 g · l^{-1}
Reaktion mit Sauerstoff:	nicht brennbar
Reaktion mit Wasserstoff:	explosionsartig
Reaktion mit Metallen:	sehr heftig
weitere Eigenschaften:	giftig; desinfizierend; bleichend

A136.2 oben

Eine Portion Chlor mit der Stoffmenge 1 mol hat die Masse 71 g und das Volumen 24 l.

ϱ (Chlor) = $\dfrac{m \text{ (Chlor)}}{V \text{ (Chlor)}}$ = $\dfrac{71 \text{ g}}{24 \text{ l}}$ = 2,96 g · l^{-1}

A136.3 oben

w (Cl) = $\dfrac{m \text{ (Cl-Atom)}}{m \text{ (C}_2\text{H}_3\text{Cl-Molekül)}}$ = $\dfrac{35{,}5 \text{ u}}{62{,}5 \text{ u}}$ · 100 % = 56,8 %

A136.4 oben

a) Durch die Chlorung bleibt das Wasser längere Zeit keimfrei.

b) Im Freibad gibt es einen regeren Luftaustausch, die chlorhaltige Luft wird vom Wind verweht. Daneben kann aber auch die Temperatur eine Rolle spielen: Hallenbäder haben oft wärmeres Wasser, sodass eine stärkere Chlorung nötig ist. Zudem verdampft bei höherer Temperatur mehr Chlor; der Anteil an Chlor in der Luft ist deshalb größer.

A136.1 unten

Als Ersatz für Chlor kommen als Bleichmittel Sauerstoff, Chlordioxid oder Ozon in Frage.

A137.1

a) $2\,Na + Cl_2 \rightarrow 2\,NaCl$
Das Element Chlor hat die Molekülformel Cl_2. Deshalb müssen auf der rechten Seite der Reaktionsgleichung $2\,NaCl$ eingesetzt werden, um die Anzahl der Chlor-Atome auszugleichen. Daher müssen auch 2 Na-Atome für die Reaktion zur Verfügung gestellt werden.

b) $2\,Na + Cl_2 \rightarrow 2\,NaCl$
Hier müssen nur die Atomanzahlen ausgeglichen werden, da alle Formeln richtig sind.

A137.2

Eisen + Chlor $\rightarrow$ Eisenchlorid

$2\,Fe + 3\,Cl_2 \rightarrow 2\,FeCl_3$

A137.3

Masse an Aluminium:
m (Aluminium) = m (Reagenzglas mit Aluminium)
$\qquad\qquad\qquad\qquad\qquad - m$ (Reagenzglas)
$\qquad = 16{,}93\,g - 16{,}00\,g = 0{,}93\,g$

Masse an Chlor:
m (Chlor) = m (Reagenzglas mit Aluminiumchlorid)
$\qquad\qquad\qquad - m$ (Reagenzglas mit Aluminium)
$\qquad = 20{,}60\,g - 16{,}93\,g = 3{,}67\,g$

Stoffmenge an Aluminium-Atomen in 0,93 g Aluminium:

$$n\,(Al) = \frac{m\,(Aluminium)}{M\,(Al)} = \frac{0{,}93\,g}{27\,g\cdot mol^{-1}} = 0{,}034\,mol$$

Stoffmenge an Chlor-Atomen in 3,67 g Chlor:

$$n\,(Cl) = \frac{m\,(Chlor)}{M\,(Cl)} = \frac{3{,}67\,g}{35{,}5\,g\cdot mol^{-1}} = 0{,}103\,mol$$

Atomanzahlverhältnis und Verhältnisformel:

$$\frac{N\,(Al)}{N\,(Cl)} = \frac{n\,(Al)}{n\,(Cl)} = \frac{0{,}034\,mol}{0{,}103\,mol} \approx \frac{1}{3}$$

Die Verhältnisformel von Aluminiumchlorid ist $AlCl_3$.

A137.4

Die einfachste Methode zur Salzgewinnung in küstennahen Gebieten besteht in der Verdampfung von Salzwasser. Diese Methode ist jedoch teuer. Im Binnenland wird Steinsalz aus unterirdischen Lagerstätten durch Bergbau gewonnen. Auch nahezu ausgetrocknete salzhaltige Gewässer nutzt man zur Salzgewinnung.

A138.1

Iod ist weniger reaktionsfähig als Chlor.

A138.2

Kaliumfluorid

A138.3

$2\,Fe + 3\,Br_2 \rightarrow 2\,FeBr_3$

A138.4

Metall	+	Nichtmetall	→	Salz
Natrium	+	Brom	→	Natriumbromid
Natrium	+	Schwefel	→	Natriumsulfid
Natrium	+	Sauerstoff	→	Natriumoxid
Eisen	+	Brom	→	Eisenbromid
Eisen	+	Schwefel	→	Eisensulfid
Eisen	+	Sauerstoff	→	Eisenoxid
Aluminium	+	Brom	→	Aluminiumbromid
Aluminium	+	Schwefel	→	Aluminiumsulfid
Aluminium	+	Sauerstoff	→	Aluminiumoxid

A138.5

Beispiele: Bad Reichenhall, Hallstatt, Hallstein, Hellweg, Halle

A139.1

Chloropren, Chloroform, Polyvinylchlorid und Natriumchlorid sind Beispiele für Stoffe, deren Namen sich vom Element Chlor ableiten.
Die Begriffe Chlorophyll, Chloroplasten und Chlorophyten weisen dagegen nur auf die grüne Farbe hin.

A139.2

Zu wenig Iodid in der Nahrung führt zu Stoffwechselstörungen, zu Müdigkeit und Übergewicht. Auch die Bildung eines Kropfes wird durch Iodidmangel verursacht.
Fluorid härtet Knochen und Zahnschmelz und dient der Kariesvorsorge.

A139.3

Seefisch und Nahrungsmittel mit Meersalz enthalten höhere Iodid-Konzentrationen. Doch meist muss Iodid wie Fluorid künstlich der Nahrung zugesetzt werden.

A140.1

Bei Feststoffen (engl. *solid*) wird das Kürzel (s) verwandt. Flüssigkeiten (engl. *liquid*) erhalten das Kürzel (l). Gasförmige Stoffe (engl. *gaseous*) werden mit dem Kürzel (g) gekennzeichnet. In Wasser gelöste Stoffe (engl. *aqueous*) bezeichnet man mit (aq).

A140.2

Hier ist der Massenanteil an Chlorwasserstoff angegeben: In 100 g Salzsäure sind 7 g Chlorwasserstoff enthalten.

A140.3

Salzsäure wurde früher aus Schwefelsäure und Kochsalz hergestellt, indem man das entstehende Chlorwasserstoff-Gas in Wasser löste.

A140.4

Salzsäure wird vorwiegend zur Reinigung von Metalloberflächen verwandt.

A140.5

Chlorwasserstoff ist hygroskopisch. Beim Ausströmen bildet er mit der Luftfeuchtigkeit kleine Salzsäure-Tröpfchen.

A140.6

Die Salzsäure mit der höheren Konzentration hat auch eine höhere Dichte. Daher kann man die beiden Lösungen durch eine Wägung unterscheiden.

A141.1

MgO (s) + 2 HCl (aq) $\rightarrow$ $MgCl_2$ (aq) + H_2O (l)

A142.1

H_2 (g) + F_2 (g) $\rightarrow$ 2 HF (g)

A142.2

Flusssäure kann sogar Glas auflösen.

A142.3

Bromwasserstoff ist ein gasförmiger Reinstoff; Bromwasserstoffsäure dagegen ist die wässerige Lösung von Bromwasserstoff.

V143.1

Folgende Stoffe ergeben bei der Reaktion mit Kupfer eine grüne Flammenfärbung, da sie Halogene oder Halogen-Verbindungen enthalten: Chlorwasser, Bromwasser, Iodtinktur, Magnesiumchlorid und PVC-Pulver.

V143.2

a)

Natriumchlorid-Lösung: farbloser Niederschlag
Natriumbromid-Lösung: gelblicher Niederschlag
Natriumiodid-Lösung: gelber Niederschlag
Leitungswasser: starke Trübung
Salzsäure: farbloser Niederschlag

b) Der Niederschlag ist bei Chloriden farblos, bei Iodiden dagegen gelb.

c) Bei der Natriumchlorid-Lösung entsteht viel mehr Niederschlag, sie enthält also mehr Chlorid als das Leitungswasser.

V143.3

a)

Gemisch	Farbe der Benzinschicht	farbiger Stoff
Natriumchlorid/Bromwasser	braunrot	Brom
Natriumchlorid/Iodlösung	violett	Iod
Natriumbromid/Chlorwasser	braunrot	Brom
Natriumbromid/Iodlösung	violett	Iod
Natriumiodid/Chlorwasser	violett	Iod
Natriumiodid/Bromwasser	violett	Iod

b), c)

Natriumbromid + Chlor $\rightarrow$ Brom + Natriumchlorid
2 NaBr + Cl_2 $\rightarrow$ Br_2 + 2 NaCl

Natriumiodid + Chlor $\rightarrow$ Iod + Natriumchlorid
2 NaI + Cl_2 $\rightarrow$ I_2 + 2 NaCl

Natriumiodid + Brom $\rightarrow$ Iod + Natriumbromid
2 NaI + Br_2 $\rightarrow$ I_2 + 2 NaBr

d) Die größte Reaktivität hat Chlor. Dann folgen Brom und Iod. Chlor kann als reaktivstes Element Brom und Iod aus ihren Verbindungen verdrängen. Ebenso kann Brom Iod aus einer Verbindung verdrängen.

A144.1

Helium ist im Erdgas enthalten. Es bleibt als Gas bei der Verflüssigung von Erdgas zurück.

A144.2

Die Restluft enthält noch Argon, das eine größere Dichte als Stickstoff aufweist.

A144.3

Die Edelgase sind farblose Gase und gehen kaum Reaktionen ein.

A144.4

Mit der Suchwort-Kombination Xenon und Edelgas erhält man Informationen zu Xenon in Scheinwerfern und als Narkosegas. Xenon wird als wärmeisolierendes Gas vorgestellt. Relativ neu sind die Informationen über Xenon beim Ionenantrieb für Raumfahrzeuge.

A144.5

Argon reagiert als Edelgas nicht mit dem Metall und schützt außerdem die Schweißstelle vor Sauerstoff und Luftfeuchtigkeit. Daneben ist die höhere Dichte vorteilhaft, da man so ein „Argonpolster" auf die Schweißstelle legen kann. Außerdem ist Argon ein preiswerteres Schutzgas als etwa Helium, da es zu etwa 0,9 % in der Luft enthalten ist.

A146.1

I   Alkalimetalle
II   Erdalkalimetalle
VII   Halogene
VIII Edelgase

A146.2

Die Elemente einer Familie stehen untereinander und bilden eine *Gruppe*. Sie sind mit steigender Atommasse von oben nach unten angeordnet.
Waagerecht werden die Elementfamilien nach den Atommassen des ersten Vertreters von links nach rechts nebeneinander angeordnet. Die einzelnen Zeilen bezeichnet man als *Perioden*.

A146.3

Die Metalle stehen links und im mittleren Bereich unten im Periodensystem, die Nichtmetalle rechts und im mittleren Bereich oben. Die Trennlinie verläuft diagonal von oben links nach unten rechts.

A146.4

Argon und Kalium ist das erste Elementpaar, bei dem das leichtere Element auf das schwerere folgt. Weitere Paare sind: Cobalt und Nickel sowie Tellur und Iod. Bei den Elementen der Actinium-Reihe gibt es weitere Beispiele.

A146.5

In den ersten beiden Gruppen sind nur Metalle zu finden. Die Elemente der Gruppen VII und VIII sind typische Nichtmetalle. Dadurch sind die Ähnlichkeiten auffälliger als beispielsweise in der Gruppe IV, in der oben das Nichtmetall Kohlenstoff und unten das Metall Blei steht.

A146.6

$$4\,Na\,(s) + O_2\,(g) \rightarrow 2\,Na_2O\,(s)$$

Als Verbindung eines Metalls mit einem Nichtmetall muss das Produkt ein salzartiger Stoff sein.

A148.1

Alkalimetalle: Elementfamilie mit besonders reaktionsfähigen Metallen; erste Gruppe des Periodensystems.

Erdalkalimetalle: Elementfamilie mit ähnlichen Eigenschaften wie die Alkalimetalle, aber weniger reaktionsfähig; zweite Gruppe des Periodensystems.

Hydroxid: Metallverbindung mit der allgemeinen Formel $Me(OH)_n$; die Alkalihydroxide lösen sich in Wasser und bilden dabei *Laugen*.

Halogene: Elementfamilie mit besonders reaktionsfähigen Nichtmetallen; siebte Gruppe des Periodensystems.

Salz: Verbindung aus Metall und Nichtmetall

Salzsäure: wichtigste Säure; Lösung von Chlorwasserstoff (HCl) in Wasser

Edelgase: Elementfamilie mit besonders reaktionsträgen Nichtmetallen; achte Gruppe des Periodensystems.

Elementfamilie: Elemente mit ähnlichen Eigenschaften; stehen im Periodensystem untereinander und bilden eine Gruppe; Beispiele: Alkalimetalle, Halogene, Edelgase.

Periodensystem der Elemente: tabellarische Anordnung der Elemente in Perioden und Gruppen

Periode und Gruppe: Perioden sind die Zeilen des Periodensystems, Gruppen die Spalten. Die Gruppen enthalten jeweils Elementfamilien; in der Periode sind die Elemente der einzelnen Elementfamilien nebeneinander gestellt.

Ordnungszahl: fortlaufende Nummer der Elemente im Periodensystem

A148.2

Die Elemente haben folgende Symbole:
Ar, H, Br, Na, Sr, S, Li

A148.3

Die Metalle stehen links und im mittleren Bereich unten im Periodensystem, die Nichtmetalle rechts und im mittleren Bereich oben. Die Trennlinie verläuft diagonal von oben links nach unten rechts.
Metalle: Li, Ca, Pb
Nichtmetalle: He, Cl, O, C

A148.4

Alkalimetalle: Lithium, Natrium, Kalium, Rubidium, Caesium
Erdalkalimetalle: Beryllium, Magnesium, Calcium, Strontium, Barium
Halogene: Fluor, Chlor, Brom, Iod
Edelgase: Helium, Neon, Argon, Krypton, Xenon

A148.5

Es entsteht ein salzartiger Stoff.

Kalium + Iod → Kaliumiodid

$2 \, K + I_2 \rightarrow 2 \, KI$

A148.6

Alkalimetalle und Halogene sind extrem reaktionsfähige Elemente. Selbst wenn sie in der Natur einmal elementar vorgekommen wären, hätten sie längst mit anderen Stoffen reagiert und so Verbindungen gebildet.

A148.7

a) Wasserstoff

b) Der Natriumtropfen bewegt sich auf dem Wasser. Dadurch wird er stärker gekühlt.

c) Es bildet sich Natriumhydroxid, das als Natronlauge den Indikator verfärbt.

A148.8

	Schätzung	Literaturwert
Ordnungszahl	40	38
Dichte in $g \cdot cm^{-3}$	2,6	2,6
Schmelztemperatur in °C	750	757
Atommasse in u	85	87,6

A148.9

Aus der Salzsäure entweicht Chlorwasserstoff. Dieses Gas ist hygroskopisch: Um die Gasmoleküle kondensiert die Luftfeuchtigkeit in Form kleiner Tröpfchen.

$HCl \, (aq) \rightarrow HCl \, (g)$

$HCl \, (g) \xrightarrow{\text{Wasserdampf}} HCl \, (aq)$

A148.10

Calcium reagiert mit Wasser unter Bildung von Wasserstoff. Wenn der Beton abbindet, bleiben die Gasbläschen als Poren in dem Feststoff erhalten.

A148.11

Folgende Elemente sind geeignet:

grün: Barium
rot: Lithium, Strontium, Calcium
violett: Kalium (Rubidium, Caesium)

A148.12

a)
Natriumbromid + Chlor → Brom + Natriumchlorid

$2 \, NaBr + Cl_2 \rightarrow Br_2 + 2 \, NaCl$

b) Chlor ist reaktionsfähiger als Brom; es verdrängt Brom aus seinen Verbindungen.

A148.13

Das Halogen reagiert mit dem Metallbeschlag am Glaskolben und bildet Wolframhalogenid, das bei der hohen Temperatur gasförmig ist. Gelangt das entstandene Wolframhalogenid an die heiße Glühwendel, zersetzt es sich wieder zu Wolfram und Halogen. Dadurch wird verhindert, dass der Wolframdraht immer dünner wird und schließlich zerreißt.

10 Atome und Ionen

A151.1

Man bringt eine Stoffprobe in einen Stromkreis mit einer Spannung von einigen Volt und stellt fest, ob ein im Stromkreis befindliches Lämpchen leuchtet oder ob ein Strommesser eine merkliche Stromstärke anzeigt.

A151.2

In metallischen Leitern transportieren Elektronen die elektrische Ladung. In Schmelzen und Lösungen von Salzen wird die Ladung durch Ionen transportiert.

A151.3

Lösungen oder Schmelzen, die den elektrischen Strom nicht leiten, enthalten keine Ionen.

A151.4

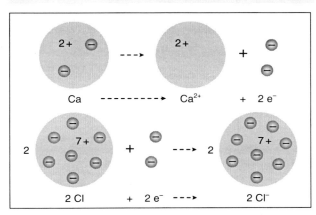

Hinweis: In diesem Kontext kann die tatsächliche Anzahl der Elektronen und positiven Ladungen eines Atoms noch nicht dargestellt werden, da die Ordnungszahl noch nicht als Kernladungszahl erklärbar ist.

A151.5

Kaliumbromid: $N(K^+) : n(Br^-)$ = 1 : 1
Calciumsulfid: $N(Ca^{2+}) : N(S^{2-})$ = 1 : 1
Magnesiumnitrid: $N(Mg^{2+}) : N(N^{3-})$ = 3 : 2
Aluminiumbromid: $N(Al^{3+}) : N(Br^-)$ = 1 : 3

A151.6

a) Metalle bilden positive geladene Ionen, Nichtmetalle negativ geladenen Ionen.

b) Natrium, Kalium, Calcium, Magnesium, Aluminium und Zink bilden positiv geladene Ionen.
Fluor, Chlor, Brom, Iod, Sauerstoff und Schwefel bilden negativ geladene Ionen.

A152.1

Positiv geladene Ionen bezeichnet man als Kationen, negativ geladene Ionen als Anionen.

A152.2

Die positiv geladene Elektrode heißt Anode, die negativ geladene Elektrode heißt Kathode.

A152.3

Kationen wandern zur Kathode, Anionen wandern zur Anode.

A152.4

Während einer Elektrolyse findet in der Lösung eine Ionenwanderung statt. An den Elektroden scheiden sich Stoffe ab. An der Anode geben dabei negativ geladene Teilchen Elektronen ab; an der Kathode nehmen positiv geladene Teilchen Elektronen auf.

A152.5

Elektrolyse einer NaCl-Schmelze:
Minuspol: $2\,Na^+ + 2\,e^- \rightarrow 2\,Na$
Pluspol: $2\,Cl^- \rightarrow Cl_2 + 2\,e^-$

Gesamtreaktion: $2\,Na^+ + 2\,Cl^- \rightarrow 2\,Na + Cl_2$

Elektrolyse einer $CaCl_2$-Schmelze:
Minuspol: $Ca^{2+} + 2\,e^- \rightarrow Ca$
Pluspol: $2\,Cl^- \rightarrow Cl_2 + 2\,e^-$

Gesamtreaktion: $Ca^{2+} + 2\,Cl^- \rightarrow Ca + Cl_2$

A152.6

Während der Elektrolyse werden für jedes Aluminium-Ion, das an der Kathode entladen wird, drei Chlorid-Ionen an der Anode entladen.

$$2\,Al^{3+} + 6\,Cl^- \xrightarrow{\text{Elektrolyse}} 2\,Al + 3\,Cl_2$$

A152.7

Die Bildung einer Ionenverbindung wie Natriumchlorid (NaCl) läuft bei entsprechender Temperatur freiwillig ab und liefert Energie (Wärme, Licht). Die umgekehrte Reaktion muss durch Energiezufuhr erzwungen werden.

A153.1 oben

Eine Mischung aus Salz und Eis besitzt eine Temperatur unter 0 °C. Man bezeichnet sie als Kältemischung.

A153.2 oben

Die Gefriertemperatur einer Lösung hängt davon ab, wie viele Teilchen in der Lösung mit einem bestimmten Volumen enthalten sind.

A153.3 oben

Bei Lösungen von Elektrolyten ist die Erniedrigung der Gefriertemperatur zweimal oder dreimal so groß wie bei Stoffen, die aus Molekülen aufgebaut sind. Elektrolyte bilden durch elektrolytische Dissoziation zweimal oder dreimal so viele Teilchen wie die gleiche Stoffmenge einer Molekülverbindung.

A153.4 oben

1 mol Aluminiumchlorid bildet in wässeriger Lösung 4 mol Ionen:

$$AlCl_3 \text{ (s)} \xrightarrow{\text{Wasser}} Al^{3+} \text{ (aq)} + 3\,Cl^- \text{ (aq)}$$

Die zu erwartende Gefriertemperatur liegt bei
$4 \cdot (-1,9\,°C) = -7,6\,°C$.

V153.1

a) An dem Graphit-Stab, der mit dem Minuspol verbunden ist, scheidet sich Zink ab. An dem anderen Graphit-Stab sinken braune Schlieren in der Lösung nach unten.

b) Am Minuspol nehmen Zink-Ionen je zwei Elektronen auf. Es entsteht metallisches Zink. Am Pluspol geben gleichzeitig Bromid-Ionen je ein Elektron ab. Es bilden sich Brom-Moleküle.

c)

Minuspol: $Zn^{2+} \text{ (aq)} + 2\,e^- \dashrightarrow Zn \text{ (s)}$
Pluspol: $2\,Br^- \text{ (aq)} \dashrightarrow Br_2 \text{ (aq)} + 2\,e^-$

Gesamtreaktion: $Zn^{2+} \text{ (aq)} + 2\,Br^- \text{ (aq)} \to Zn \text{ (s)} + Br_2 \text{ (aq)}$

V153.2

Ergebnisse (Idealwerte):
Erniedrigung der Gefriertemperatur in der Traubenzucker-Lösung: $\Delta\vartheta = -1,9\,°C$
Erniedrigung der Gefriertemperatur in der Natriumchlorid-Lösung: $\Delta\vartheta = -3,8\,°C$

Beide Lösungen besitzen die Konzentration $1\,mol \cdot l^{-1}$. Nur die Traubenzucker-Lösung zeigt den zu erwartenden Wert von $\Delta\vartheta = -1,9\,°C$. Für die Natriumchlorid-Lösung ist die Erniedrigung der Gefriertemperatur doppelt so hoch. Daraus ist zu schließen, dass beim Lösen von 1 mol Natriumchlorid 2 mol Teilchen entstehen: 1 mol Natrium-Ionen und 1 mol Chlorid-Ionen.

A154.1

Radioaktivität ist die Erscheinung, dass Elemente wie Uran ohne jede Einwirkung von außen Strahlen aussenden; dabei entstehen Atome anderer Elemente.
α-Strahlen werden zur Kathode abgelenkt, sie bestehen aus zweifach positiv geladenen Helium-Ionen (He^{2+}).
β-Strahlen werden zur Anode abgelenkt, es handelt sich um schnelle Elektronen.
γ-Strahlen sind elektrisch neutral, sie werden daher nicht abgelenkt.

A154.2

Beispiele: Altersbestimmung von historischen Funden oder Gesteinen, Durchleuchten von Gegenständen in der Metallindustrie, Diagnose und Behandlung in der Medizin

A155.1

RUTHERFORD entwickelte das Kern/Hülle-Modell: Danach hat ein Atom ein Massezentrum mit positiver Ladung, den Atomkern. Um den Atomkern bewegen sich die negativ geladenen, fast masselosen Elektronen. Sie bilden die Atomhülle (Elektronenhülle).

A155.2

Die meisten α-Teilchen gelangen ungehindert durch die Goldfolie, da sie weder von den Atomkernen abgelenkt werden, noch mit ihnen zusammenstoßen. Sie sind auf dem Schirm gegenüber der Lochblende zu sehen. Einige α-Teilchen werden durch Atomkerne von ihrer Bahn abgelenkt oder durch den Zusammenstoß mit Atomkernen zurückgeworfen.

A155.3

d (Atomkern) = 3 cm; er ist 10 000-mal kleiner als das Atom selbst.
d (Atom) = 10 000 · 3 cm = 30 000 cm = 300 m

A155.4

positiv geladene Ionen: Aus der Atomhülle wurden Elektronen abgegeben, daher überwiegt die Anzahl der positiven Ladungen im Kern die Anzahl der negativen Ladungen in der Hülle.

negativ geladene Ionen: In die Atomhülle wurden Elektronen aufgenommen, daher überwiegt die Anzahl der negativen Ladungen in der Hülle die Anzahl der positiven Ladungen im Kern.

A155.5

Das Kern/Hülle-Modell und der Streuversuch von RUTHER-FORD zeigen, dass das Atom aus kleineren Teilchen besteht, die im Atomkern bzw. in der Atomhülle angeordnet sind. Auch das Auftreten radioaktiver Strahlung weist auf die Teilbarkeit von Atomen hin. Der Name Atom wurde aber beibehalten, da er bereits zu einem festen Begriff in der Fachsprache geworden war.

A157.1

	Anzahl der Protonen	Anzahl der Neutronen	Ordnungszahl
^{1}H	1	0	1
^{2}H	1	1	1
^{3}H	1	2	1
^{12}C	6	6	6
^{13}C	6	7	6
^{14}C	6	8	6
^{16}O	8	8	8
^{23}Na	11	12	11
^{27}Al	13	14	13
^{31}P	15	16	15
^{32}S	16	16	16
^{40}Ca	20	20	20
^{127}I	53	74	53
^{137}Ba	56	81	56
^{235}U	92	143	92
^{238}U	92	146	92

A157.2

Wasserstoff besitzt mehrere Isotope. Ein Wasserstoff-Atom hat ein Proton und ein Elektron. Ein Deuterium-Atom hat ein Proton, ein Neutron und ein Elektron.
Ein Tritium-Atom hat ein Proton, zwei Neutronen und ein Elektron. Alle drei Atomarten gehören zum Element Wasserstoff, denn sie besitzen jeweils *ein* Proton.

A157.3

Magnesium:
$0{,}787 \cdot 24\ u + 0{,}101 \cdot 25\ u + 0{,}112 \cdot 26\ u = 24{,}325\ u$

Silicium:
$0{,}922 \cdot 28\ u + 0{,}047 \cdot 29\ u + 0{,}031 \cdot 30\ u = 28{,}109\ u$

Schwefel:
$0{,}95 \cdot 32\ u + 0{,}008 \cdot 33\ u + 0{,}042 \cdot 34\ u = 32{,}092\ u$

Diese Werte sind nur wenig größer als die Tabellenwerte.

Hinweis: Ursache für die Abweichung ist der *Massendefekt*, also die Umwandlung eines kleinen Anteils der Masse in Energie bei der Bildung von Atomen aus den Elementarteilchen.

A157.4

$_{52}$Te: 128 u
$_{53}$I: 127 u

Der Atomkern des Iods enthält mit 53 Protonen ein Proton mehr als der des Tellurs. Die Zahl der Protonen bestimmt die Ordnungszahl. Die größere Atommasse des Tellurs ergibt sich aus zwei zusätzlichen Neutronen.

A157.5

$m\,(D_2O) = 20\ u \Rightarrow M\,(D_2O) = 20\ g \cdot mol^{-1}$

A157.6

Nach DALTON sind Atome unteilbar; alle Atome eines Elements sind einander gleich, haben also auch die gleiche Masse. Die Bildung von Ionen, die Radioaktivität und das Auftreten von Isotopen konnten mit diesem Modell nicht erklärt werden, sie ließen sich aber mit Hilfe des Kern/Hülle-Modells beschreiben.

A157.7

Für den Nachweis von Protonen und Elektronen spielte ihre elektrische Ladung eine entscheidende Rolle. Für den Nachweis der ungeladenen Neutronen musste daher eine völlig neue Versuchsanordnung entwickelt werden.

A157.8

Durch kosmische Strahlung wird laufend das radioaktive Isotop ^{14}C gebildet. Es sendet β-Strahlen aus und hat eine Halbwertszeit von 5730 Jahren. Über die Photosynthese gelangt das Isotop in Pflanzen und mit der Nahrung auch in den Organismus von Tieren und Menschen. Während der gesamten Lebenszeit bleibt der ^{14}C-Anteil konstant. Wenn das Lebewesen gestorben ist, sinkt der Anteil des ^{14}C-Isotops durch den radioaktiven Zerfall. Über die Bestimmung des noch vorhandenen Rests des ^{14}C-Isotops lässt sich dann beispielsweise das Alter von Holz oder Knochen ermitteln.

A158.1

Um den Atomkern, der aus Protonen und Neutronen aufgebaut ist, kreisen die Elektronen in Elektronenschalen. Die Elektronenschalen bezeichnet man von innen nach außen mit den Buchstaben K, L, M, N, O, P, Q.
Man ordnet die Elemente nach steigender Protonenzahl und damit auch Elektronenzahl. Von Element zu Element nimmt die Zahl der Protonen und Elektronen im Atom um eins zu.
Die Schalen werden von innen nach außen mit Elektronen besetzt. Für die maximale Anzahl z der Elektronen, die eine Schale aufnehmen kann, gilt die Beziehung $z = 2 \cdot n^2$, wobei n die Nummer der Schale ist.

A158.2

Element	Verteilung der Elektronen		
	K	L	M
$_5$B	2	3	
$_6$C	2	4	
$_7$N	2	5	
$_8$O	2	6	
$_{12}$Mg	2	8	2
$_{13}$Al	2	8	3
$_{14}$Si	2	8	4
$_{15}$P	2	8	5
$_{16}$S	2	8	6

Die K-Schale ist in allen Fällen voll besetzt. Beginnend mit Magnesium ist auch die L-Schale voll besetzt.

A159.1

Die Energie, die erforderlich ist, um ein Elektron vollständig aus der Atomhülle zu entfernen, nennt man Ionisierungsenergie.

A159.2

Die Ionisierungsenergie ist um so größer, je geringer der Abstand eines Elektrons vom Atomkern ist. Damit hat das Elektron der äußeren Schale die geringste Ionisierungsenergie. Die Elektronen der 2. Schale haben mittlere Ionisierungsenergien und die Elektronen der kernnächsten inneren Schale haben die höchsten Ionisierungsenergien.

A159.3

Argon:

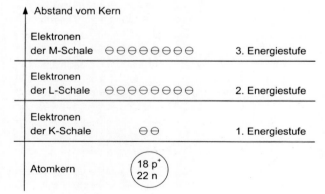

Calcium:

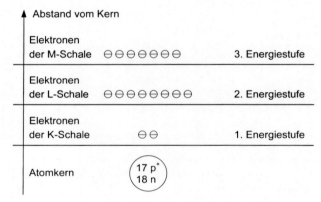

Chlor:

A160.1

Na· ·Mg· ·Àl· ·S̈i· ¦P̈· ¦S̈· ¦C̄l· ¦Ār¦

A160.2

Die Elemente der II. Hauptgruppe heißen Erdalkalimetalle. Die Atome dieser Elemente haben zwei Außenelektronen. Da die Außenelektronen die chemischen Reaktionen beeinflussen, haben diese Elemente ähnliche Eigenschaften.

A160.3

a)

Ordnungszahl 16:
16 Protonen im Atomkern und 16 Elektronen in der Atomhülle

Massenzahl 32:
32 Nukleonen = 16 Protonen und 16 Neutronen

3. Periode:
3 besetzte Schalen (K, L, M)

VI. Hauptgruppe:
6 Außenelektronen

b)

Element	Atombau	Periodensystem
Li	3 Protonen, 3 Elektronen	Ordnungszahl 3
	4 Neutronen	Massenzahl 7
	I. Hauptgruppe	1 Außenelektron
	2. Periode	2 besetzte Schalen
C	6 Protonen, 6 Elektronen	Ordnungszahl 6
	6 Neutronen	Massenzahl 12
	IV. Hauptgruppe	4 Außenelektronen
	2. Periode	2 besetzte Schalen
Mg	12 Protonen, 12 Elektronen	Ordnungszahl 12
	12 Neutronen	Massenzahl 24
	II. Hauptgruppe	2 Außenelektronen
	3. Periode	3 besetzte Schalen
Al	13 Protonen, 13 Elektronen	Ordnungszahl 13
	14 Neutronen	Massenzahl 27
	III. Hauptgruppe	3 Außenelektronen
	3. Periode	3 besetzte Schalen

A161.1

Atomradien: Je mehr Elektronenschalen ein Atom besitzt, desto größer ist es. Vom H-Atom zum K-Atom nimmt der Atomradius daher innerhalb der I. Hauptgruppe zu.

In einer Periode nehmen die Atomradien von links nach rechts ab. Vom Na-Atom zum Cl-Atom wird der Radius kleiner, da mit steigender Protonenzahl die Anziehungskräfte auf die Elektronen in der Hülle immer größer werden.

Ionenradien: Positiv geladene Ionen sind kleiner als die Atome, aus denen sie sich bilden: Sie besitzen eine Schale weniger als die Atome.

Negativ geladene Ionen sind größer als die zugehörigen Atome: Da sich mehr Elektronen untereinander abstoßen, beanspruchen sie im negativ geladenen Ion mehr Raum als im Atom.

Ionisierungsenergie: Für Atome, die zur gleichen Hauptgruppe gehören, nimmt die Ionisierungsenergie von oben nach unten ab, da die Entfernung des abzuspaltenden Elektrons vom Kern wächst.

Innerhalb einer Periode steigt die Ionisierungsenergie vom Alkalimetall-Atom zum Edelgas-Atom, da sich das Elektron wegen der größer werdenden Kernladung immer schwerer abspalten lässt.

A162.1

a) Kalium-Atome erreichen die Argon-Konfiguration durch Abgabe eines Elektrons. Chlor-Atome erreichen die Argon-Konfiguration durch Aufnahme eines Elektrons.

Diese Vorgänge lassen sich übersichtlich darstellen, wenn man die Anzahl der Elektronen auf den einzelnen Schalen angibt:

$_{19}$K (K2, L8, M8, N1) → $_{19}$K$^+$ (K2, L8, M8) + 1 e$^-$

$_{17}$Cl (K2, L8, M7) + 1 e$^-$ → $_{17}$Cl (K2, L8, M8)

b)

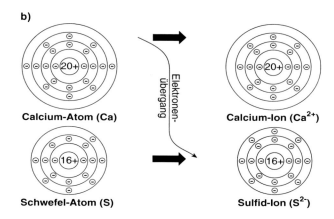

Calcium-Atom (Ca)   Elektronenübergang   Calcium-Ion (Ca^{2+})

Schwefel-Atom (S)   Sulfid-Ion (S^{2-})

A162.2

a) Alkalimetall-Atome haben ein Elektron in der Außenschale. Sie erreichen die Edelgaskonfiguration durch Abgabe dieses Elektrons. Alkalimetall-Ionen sind daher einfach positiv geladen.

b) Halogen-Atome haben in ihrer Außenschale ein Elektron weniger, als es der Edelgaskonfiguration entspricht. Sie erreichen die Edelgaskonfiguration durch Aufnahme eines Elektrons. Halogenid-Ionen sind daher einfach negativ geladen.

A162.3

Das Lithium-Ion hat insgesamt nur zwei Elektronen, sodass lediglich die K-Schale voll besetzt ist; es besitzt damit die Helium-Konfiguration.

A162.4

Das Fluorid-Ion hat acht Elektronen in der L-Schale und besitzt damit die Neon-Konfiguration.

A162.5

Halogenid-Ionen entstehen aus Halogen-Atomen durch Aufnahme eines Elektrons. Keines der Halogen-Atome hat aber eine geringere Anzahl von Elektronen als das Helium-Atom. (Ein Anion mit zwei Elektronen kann sich nur im Falle des Wasserstoffs bilden: H$^-$, das Hydrid-Ion.)

A163.1

Metalle bilden positiv geladene Ionen, Nichtmetalle negative geladene Ionen.

A163.2

Regel: Die Ladungszahl von Metall-Ionen stimmt mit der Gruppennummer überein.

Begründung: Metall-Atome geben bei der Ionenbildung die Elektronen ihrer Außenschalen ab. Da die Anzahl ihrer

Außenelektronen mit der Gruppennummer übereinstimmt, ist auch die Ladungszahl der entstehenden Ionen mit der Gruppennummer identisch.

Regel: Um die Ladungszahl von Ionen der nichtmetallischen Elemente zu bestimmen, zieht man bei der fünften bis siebten Hauptgruppe die Gruppennummer von der Zahl acht ab.

Begründung: Die Atome der nichtmetallischen Elemente nehmen bei der Ionenbildung so viele Elektronen auf, bis sie mit insgesamt acht Elektronen die Edelgaskonfiguration erreicht haben. Da die Anzahl ihrer Außenelektronen mit der Gruppennummer übereinstimmt, ist die Anzahl der noch aufzunehmenden Elektronen die Differenz aus der Zahl acht und der Gruppennummer.

A163.3

Cr_2O_3 enthält Cr^{3+}-Ionen und O^{2-}-Ionen.
PbO_2 besteht aus Pb^{4+}-Ionen und O^{2-}-Ionen.

A163.4

Natriumoxid: Na_2O
Bismutsulfid: Bi_2S_3

A164.1

Ein Kristallgitter gibt die räumliche Anordnung der Bausteine in einem Kristall wieder.

A164.2

Die Koordinationszahl bezeichnet die Anzahl der Bausteine in einem Kristall, die einen bestimmten Baustein unmittelbar umgeben.

A164.3

Im Raumgittermodell werden die Abstände der Zentren der Gitterbausteine besonders deutlich. Für die Bausteine im Inneren lassen sich auch die Koordinationszahlen erkennen. Das Kugelpackungsmodell gibt die Ionenradien wieder und zeigt, welchen Raum die Gitterbausteine einnehmen. Dabei wird deutlich, dass sich die Bausteine berühren.

A164.4

a) Ein Kristall ist keine abgeschlossene Einheit. An seinen Außenflächen können sich stets weitere Teilchen anlagern.

b) Einem Kristall kann bei seiner Entstehung immer nur eine begrenzte Menge an Substanz bereitgestellt werden. Außerdem bilden sich in der Regel viele Kristalle gleichzeitig, die um den Vorrat an Ionen konkurrieren.

A164.5

a) In der regelmäßigen äußeren Gestalt der Kristalle spiegelt sich der geometrische Aufbau des Kristallgitters wider.

b) Wachsen die Kristalle auf dem Boden des Gefäßes, so können sich an die Unterseite der Kristalle keine Teilchen anlagern. Dadurch bleibt diese Fläche im Wachstum zurück. An einem Faden hängend können alle Kristallflächen gleichmäßig wachsen.

A165.1

a) Caesiumchlorid: CsCl; Zinksulfid: ZnS

b) Im Caesiumchlorid sind Caesium-Ionen (Cs^+) und Chlorid-Ionen (Cl^-) enthalten; im Zinksulfid Zink-Ionen (Zn^{2+}) und Sulfid-Ionen (S^{2-}).

c) Im Natriumchlorid-Gitter ist die Koordinationszahl *sechs*, im Caesiumchlorid-Gitter beträgt sie *acht*. Obwohl beide Gittertypen eine würfelförmige Gitterstruktur besitzen, sind die Ionen in den beiden Gittertypen unterschiedlich angeordnet:
Beim Kochsalzgitter sitzen die Natrium-Ionen in den Lücken einer dichtesten Packung aus Chlorid-Ionen.
Beim Caesiumchlorid-Gitter passen die Caesium-Ionen nicht in die Lücken zwischen den Chlorid-Ionen. Daher bildet sich eine eigene Würfelstruktur, bei der ein Caesium-Ion von acht Chlorid-Ionen eingeschlossen wird.
Im Falle des Zinksulfids ist die Koordinationszahl vier. Jedes Ion ist jeweils tetraedrisch von vier Ionen der anderen Sorte umgeben.

A166.1

Ion: elektrisch geladenes Teilchen

Kation, Anion: Kationen sind positiv geladen, Anionen sind negativ geladen.

Elektrolyse: durch elektrische Energie erzwungene chemische Reaktion in einer Lösung oder Schmelze. Ladungsträger (Ionen) wandern dabei zu den entgegengesetzt geladenen Elektroden und werden dort entladen.

Atombau: Atome sind entgegen früheren Ansichten zusammengesetzte Teilchen. Sie besitzen eine innere Struktur, die durch das Kern/Hülle-Modell beschrieben wird.

Kern/Hülle-Modell: Atome haben einen kleinen positiv geladenen Kern, der fast die ganze Masse enthält. Die Atomhülle enthält die negative Ladung: Elektronen bewegen sich in Schalen um den Kern. Jede Elektronenschale kann nur eine bestimmte Maximalzahl an Elektronen aufnehmen.

Elektron: negativ geladenes Teilchen mit sehr geringer Masse; seine Ladung entspricht einer Elementarladung; Symbol: e^-.

Nukleonen (Proton, Neutron): Die positiv geladenen Protonen (Symbol: p^+) und die elektrisch neutralen Neutronen

(Symbol: n) sind die Bausteine des Atomkerns. Sie werden daher zusammenfassend als Nukleonen bezeichnet. Protonen und Neutronen haben praktisch die gleiche Masse; sie beträgt rund 1 u.

Isotope: Isotope sind Atome, die sich zwar in ihrer Masse unterscheiden, aber die gleiche Kernladungszahl aufweisen; sie gehören also jeweils zum gleichen Element. Isotope treten bei den meisten Elementen auf; nur relativ wenige bestehen aus einer einzigen Atomart.

Edelgaskonfiguration: Ionen besitzen in ihrer Außenschale ebenso viele Elektronen wie die Atome des Edelgases, das ihnen im Periodensystem der Elemente am nächsten steht. Eine solche Elektronenanordnung bezeichnet man als Edelgaskonfiguration.

Edelgasregel: Regel, nach der Atome vieler Elemente bei der Bildung von Ionen die Edelgaskonfiguration anstreben.

Elektronenübergang: Bei der Reaktion zwischen Metallen und Nichtmetallen geben die Metall-Atome Elektronen an die Nichtmetall-Atome ab. Man spricht von einem Elektronenübergang.

Ionenverbindung, Ionengitter: Salze und salzartige Verbindungen sind aus Ionen aufgebaut, man bezeichnet sie als Ionenverbindungen. Die darin enthaltenen Ionen bilden eine gitterartige Struktur, ein Ionengitter.

A166.2

Natrium-Ion:	Na^+
Calcium-Ion:	Ca^{2+}
Aluminium-Ion:	Al^{3+}
Zink-Ion:	Zn^{2+}
Chlorid-Ion:	Cl^-
Sulfid-Ion:	S^{2-}
Nitrid-Ion:	N^{3-}

A166.3

a) Ein Phosphor-Atom ist aus je 15 Protonen und Elektronen sowie 16 Neutronen aufgebaut.

b) Die Atome stimmen in der Anzahl der Protonen und Elektronen überein. Das Isotop $^{30}_{15}P$ enthält jedoch nur 15 Neutronen im Kern, das Isotop $^{31}_{15}P$ dagegen 16.

A166.4

a)

$^{12}_{6}C$: 6 Elektronen, 6 Neutronen

$^{35}_{17}Cl$: 17 Elektronen, 18 Neutronen

$^{79}_{34}Se$: 34 Elektronen, 45 Neutronen

b)

C: 4 Außenelektronen; $\cdot \overset{\cdot}{C} \cdot$

Cl: 7 Außenelektronen; $|\overline{Cl}\cdot$

Se: 6 Außenelektronen; $|\overline{Se}\cdot$

c)

C: Zwei Schalen sind besetzt (K, L).

Cl: Drei Schalen sind besetzt (K, L, M).

Se: Vier Schalen sind besetzt (K, L, M, N).

A166.5

	Außenelektronen	Formel des Ions
Aluminium	3	Al^{3+}
Calcium	2	Ca^{2+}
Schwefel	6	S^{2-}
Stickstoff	5	N^{3-}

A166.6

a) oben links: Lithium; oben rechts: Chlor; unten links: Neon; unten rechts: Argon

b) Neon und Argon bilden als Edelgase keine Ionen. Im Falle des Lithiums wird die Edelgaskonfiguration des Heliums durch Abgabe eines Elektrons erreicht (Lithium-Ion: Li^+). Im Falle des Chlors wird die Edelgaskonfigurations des Argons durch Aufnahme eines Elektrons erreicht (Chlorid-Ion: Cl^-).

A166.7

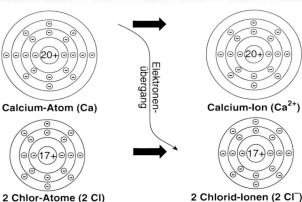

Calcium-Atom (Ca)   Calcium-Ion (Ca^{2+})

2 Chlor-Atome (2 Cl)   2 Chlorid-Ionen (2 Cl^-)

Elektronenübergang

A166.8

a) Auf der Außenschale befinden sich zumeist acht Elektronen.

b) Ionen haben häufig die gleiche Elektronenkonfiguration wie das im Periodensystem nächstgelegene Edelgas-Atom.

c) P^{3-}, S^{2-}, Cl^-; K^+, Ca^{2+}, Sc^{3+}, Ti^{4+}

A166.9

A166.10

Die positive Ladung der Atome ist auf einen sehr kleinen Bereich, den Atomkern, konzentriert. Der Atomkern hat auch den weit überwiegenden Anteil an der Masse des Atoms. Die Elektronen in der relativ großen Atomhülle können die α-Teilchen praktisch nicht aufhalten.

A166.11

Minuspol:	Cu^{2+} (aq) + 2 e^- ⇢ Cu (s)
Pluspol:	2 Cl^- (aq) ⇢ Cl_2 (g) + 2 e^-

Gesamtreaktion: Cu^{2+} (aq) + 2 Cl^- (aq) → Cu (s) + Cl_2 (g)

A166.12

a) Nach DALTON gibt es so viele Atomarten, wie es Elemente gibt. Die Atome eines Elements sind jeweils untereinander gleich, haben also auch die gleiche Masse. Die Masse in den Atomen ist gleichmäßig verteilt; elektrische Ladungen treten in diesem Modell nicht auf.
Nach RUTHERFORD enthalten die Atome den größten Anteil ihrer Masse in einem sehr kleinen, positiv geladenen Kern. Dieser Kern besteht aus Protonen und Neutronen. Die zum Ladungsausgleich erforderliche negative Ladung bewegt sich in Form von Elektronen um den Atomkern; die Elektronen bilden also die Atomhülle. Die Anzahl der Elektronen in der Atomhülle ist jeweils gleich der Anzahl der Protonen im Atomkern. Atome eines Elements können sich in ihrer Masse unterscheiden, weil die Anzahl der Neutronen im Atomkern unterschiedlich sein kann.

b) Es gibt Wasserstoff-Atome mit den Massenzahlen 1, 2 und 3. Am häufigsten ist die Massenzahl 1; diese Atome bestehen aus einem Proton im Kern und einem Elektron. Wasserstoff-Atome mit den Massenzahlen 2 und 3 enthalten im Kern zusätzlich *ein* bzw. *zwei* Neutronen; aufgrund der Massenzahlen spricht man auch von Deuterium und Tritium.

Hinweis: Die aus dem Griechischen stammende Bezeichnung Isotop bedeutet so viel wie „an der gleichen Stelle" (des Periodensystems stehend).

c) Nach DALTON stimmen die Atome eines Elements in allen Eigenschaften überein, sie haben also auch die gleiche Masse. Diese Annahme trifft nicht mehr zu.

A166.13

Die Anzahl der Protonen im Atomkern bestimmt die Ordnungszahl. Die Gesamtzahl der Elektronen ist jeweils auf Schalen verteilt, wobei die inneren Schalen vollständig besetzt sind (K-Schale mit 2 Elektronen, L-Schale mit 8 Elektronen). Die Anzahl der mit Elektronen besetzten Schalen entspricht der Periode, in der das Element steht.
Die Anzahl der Elektronen in der Außenschale entscheidet über die Gruppenzugehörigkeit.

A166.14

Atome mit der gleichen Masse müssen *nicht* zum gleichen Element gehören. Bei gleicher Atommasse ist lediglich die Summe aus der Anzahl der Protonen und der Anzahl der Neutronen gleich. Die Atome können sich aber in der Anzahl der Protonen unterscheiden und damit zu verschiedenen Elementen gehören.

Beispiele: $^{14}_{6}C$ / $^{14}_{7}N$; $^{40}_{18}Ar$ / $^{40}_{20}Ca$

A166.15

Lithiumoxid:	Li_2O (2 Li^+; O^{2-})
Bariumchlorid:	$BaCl_2$ (Ba^{2+}; 2 Cl^-)
Aluminiumsulfid:	Al_2S_3 (2 Al^{3+}; 3 S^{2-})

Regel der Elektroneutralität: In einer Verbindung sind die Ladungen ausgeglichen, die Anzahl der positiven Ladungen ist gleich der Anzahl der negativen Ladungen. Bei der Überprüfung geht man von der Verhältnisformel aus.

A166.16

Das Edelmetall muss in Form seiner Ionen in einer wässerigen Lösung vorliegen. Der Rohling aus Eisen wird als Kathode (Minuspol) verwendet. Die andere Elektrode (Anode = Pluspol) besteht aus dem Edelmetall, mit dem der Rohling überzogen werden soll.
Wenn Strom fließt, entladen sich die Ionen des Edelmetalls am Eisen und es bildet sich ein Edelmetallüberzug. Die Anode löst sich auf und liefert die Edelmetall-Ionen, die an der Kathode entladen wurden, zurück.

11 Reaktionen der Metalle

A169.1 oben

$Ag^+ (aq) + e^- \dashrightarrow Ag (s)$

$Au^{3+} (aq) + 3 e^- \dashrightarrow Au (s)$

A169.2 oben

a)

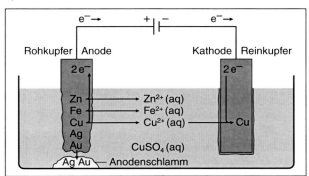

b) Nein. Im Wasser sind nur sehr wenige Ladungsträger enthalten. Wasser ist deshalb ein sehr schlechter elektrischer Leiter, somit kann nur ein sehr kleiner Strom zwischen den Elektroden fließen.

A169.3 oben

Unter Raffination versteht man allgemein die Reinigung und Veredlung von Rohstoffen (vgl. z. B. Zucker-Raffination).

A169.1 unten

a) An der Eisen-Elektrode nehmen die Natrium-Ionen jeweils ein Elektron auf. An der Graphit-Elektrode geben die Chlorid-Ionen jeweils ein Elektron ab.

b)
Eisen-Elektrode (Minuspol): $2 Na^+ + 2 e^- \dashrightarrow 2 Na (l)$
Graphit-Elektrode (Pluspol): $2 Cl^- \dashrightarrow Cl_2 (g) + 2 e^-$

A170.1

Ein Elektronendonator (Metall) gibt Elektronen ab; dabei bilden sich positiv geladene Metall-Ionen. Ein Elektronenakzeptor (Nichtmetall) nimmt Elektronen auf; dabei bilden sich negativ geladene Nichtmetall-Ionen.

A170.2

Bei einer Elektronenübertragungsreaktion werden Elektronen von einem Metall auf ein Nichtmetall übertragen. Dabei bilden sich Ionenverbindungen.

A170.3

a)
Elektronenabgabe: $2 Al \dashrightarrow 2 Al^{3+} + 6 e^-$
Elektronenaufnahme: $3 Cl_2 + 6 e^- \dashrightarrow 6 Cl^-$

Gesamtreaktion: $2 Al (s) + 3 Cl_2 (g) \rightarrow 2 AlCl_3 (s)$

b)
Elektronenabgabe: $4 Al \dashrightarrow 4 Al^{3+} + 12 e^-$
Elektronenaufnahme: $3 O_2 + 12 e^- \dashrightarrow 6 O^{2-}$

Gesamtreaktion: $4 Al (s) + 3 O_2 (g) \rightarrow 2 Al_2O_3 (s)$

c)
Elektronenabgabe: $2 Al \dashrightarrow 2 Al^{3+} + 6 e^-$
Elektronenaufnahme: $N_2 + 6 e^- \dashrightarrow 2 N^{3-}$

Gesamtreaktion: $2 Al (s) + N_2 (g) \rightarrow 2 AlN (s)$

A171.1

a) $2 Fe (s) + 3 CuO (s) \rightarrow 3 Cu (s) + Fe_2O_3 (s)$

b)
Elektronenabgabe: $2 Fe \dashrightarrow 2 Fe^{3+} + 6 e^-$
Elektronenaufnahme: $3 Cu^{2+} + 6 e^- \rightarrow 3 Cu$

Gesamtreaktion: $2 Fe + 3 Cu^{2+} \rightarrow 2 Fe^{3+} + 3 Cu$

c) Eisen wird oxidiert, Kupferoxid wird reduziert.
Eisen-Atome werden oxidiert, Kupfer-Ionen werden reduziert.

d) Kupferoxid ist das Oxidationsmittel, Eisen ist das Reduktionsmittel.
Kupfer-Ionen wirken als Oxidationsmittel, Eisen-Atome wirken als Reduktionsmittel.

A171.2

Magnesium nimmt bei der Bildung von Magnesiumoxid Sauerstoff auf, wird also im Sinne der Sauerstoffübertragungsreaktion oxidiert.
Magnesium-Atome übertragen Elektronen auf Sauerstoff-Atome. In diesem Sinne stellt der Vorgang auch eine Elektronenübertragung dar.

A172.1

Unedle Metalle geben leicht Elektronen ab und bilden positive Ionen. Sie lösen sich in verdünnten Säuren unter Wasserstoffentwicklung.

Edle Metalle geben nur schwer Elektronen ab. Dagegen nehmen die Ionen der edlen Metalle leicht Elektronen auf und bilden das reine Metall. Edle Metalle reagieren nicht mit verdünnten Säuren.

A172.2

Elektronenabgabe: $Cu\ (s) \rightarrow Cu^{2+}\ (aq) + 2\ e^-$

Elektronenaufnahme: $2\ Ag^+\ (aq) + 2\ e^- \rightarrow 2\ Ag\ (s)$

Gesamtreaktion:

$Cu\ (s) + 2\ Ag^+\ (aq) \rightarrow Cu^{2+}\ (aq) + 2\ Ag\ (s)$

A172.3

a) Silber und Platin reagieren nicht mit verdünnter Schwefelsäure. Es handelt sich um Edelmetalle.

Eisen und Aluminium reagieren mit verdünnter Schwefelsäure. Dabei bilden die unedlen Metalle Kationen; gleichzeitig entsteht Wasserstoff.

$Fe\ (s) + 2\ H^+\ (aq) \rightarrow Fe^{2+}\ (aq) + H_2\ (g)$

$2\ Al\ (s) + 6\ H^+\ (aq) \rightarrow 2\ Al^{3+}\ (aq) + 3\ H_2\ (g)$

b) Eisen-Atome werden zu Eisen-Ionen oxidiert, Aluminium wird zu Aluminium-Ionen oxidiert.

Wasserstoff-Ionen werden zu Wasserstoff reduziert.

A173.1

Durch den Einfluss von Wasser und Sauerstoff bildet sich an der Oberfläche von Eisengegenständen ein wasserhaltiges rotbraunes Eisenoxid, der Rost.

A173.2

– Einsatz von Opferelektroden aus einem unedleren Metall als Eisen

– Überzug durch korrosionsbeständige Metalle, z. B. Zink

– Beschichtung mit Kunststoff

– Aufbringen von Lackanstrichen

A173.3

Magnesium ist ein wesentlich unedleres Metall als Eisen. An den Pipelines löst sich das Magnesium auf, Elektronen werden abgegeben. Sauerstoff nimmt die Elektronen auf und wird mit Wasser in OH^--Ionen überführt. Das Stahlrohr (Eisen) bleibt erhalten.

A173.4

Die Zinkblöcke dienen dem Korrosionsschutz des Stahls. Zink ist unedler als Eisen, das Zink löst sich folglich auf. Die Elektrode wird *geopfert*, damit der Stahl erhalten bleibt. Die Bezeichnung Opfer*anode* weist darauf hin, dass ebenso wie an der Anode bei der Elektrolyse Elektronen abgegeben werden.

A173.5

Wird die Kupferschicht beschädigt, so wird das unedle, korrosionsanfällige Eisen freigelegt. Das Eisen beginnt zu rosten, es löst sich auf. An der Kupfer-Elektrode findet die Elektronenaufnahme statt; dabei werden aus Sauerstoff und Wasser Hydroxid-Ionen gebildet. Durch die beschädigte Kupferschicht wird die Korrosion des Eisens sogar gefördert.

A173.6

Konservendosen werden aus Weißblech hergestellt, einem beidseitig mit Zinn beschichteten („verzinnten") Stahlblech. Die Innenseite der Dosen wird häufig zusätzlich mit Kunststoff beschichtet bzw. lackiert.

A173.7

Der durch den Rostschutzanstrich geschützte Nagel zeigt keine Korrosion, während der unbehandelte Nagel von einer Rostschicht bedeckt ist. Der eingefettete Nagel weist oft Rostspuren auf. Ein dauerhafter Rostschutz ist bei Nägeln nur durch Verzinken zu erreichen.

A174.1

Ein DANIELL-Element besteht aus einer Kupfer-Elektrode und einer Zink-Elektrode. Die Kupfer-Elektrode taucht in eine Kupfersulfat-Lösung ein, die Zink-Elektrode in eine Zinksulfat-Lösung. Die Lösungen sind durch eine poröse Wand getrennt und gleichzeitig elektrisch leitend verbunden. Der Ladungsausgleich erfolgt durch Ionen.

A174.2

Elektrolyse:

$Zn^{2+}\ (aq) + 2\ e^- \rightarrow Zn\ (s)$

$2\ Br^-\ (aq) \rightarrow Br_2\ (aq) + 2\ e^-$

$Zn^{2+}\ (aq) + 2\ Br^-\ (aq) \rightarrow Zn\ (s) + Br_2\ (aq)$

Entladung der Zelle:

$Zn\ (s) \rightarrow Zn^{2+}\ (aq) + 2\ e^-$

$Br_2\ (aq) + 2\ e^- \rightarrow 2\ Br^-\ (aq)$

$Zn\ (s) + Br_2\ (aq) \rightarrow Zn^{2+}\ (aq) + 2\ Br^-\ (aq)$

A175.1 oben

Zwei stählerne Halbschalen, die durch einen Kunststoffring voneinander isoliert sind, enthalten auf der einen Seite pulverförmiges Silberoxid und auf der anderen Seite Zinkpulver. Die beiden Materialien werden durch ein saugfähiges Plättchen voneinander getrennt. Der gesamte Innenraum ist mit Kalilauge durchtränkt.

A175.2 oben

Wenn die Knopfzelle Strom liefert, laufen folgende Vorgänge ab:

Minuspol: $Zn \dashrightarrow Zn^{2+} + 2\ e^-$

Pluspol: $Ag_2O + H_2O + 2\ e^- \dashrightarrow 2\ Ag + 2\ OH^-$

Gesamtreaktion:

$Zn\ (s) + Ag_2O\ (s) + H_2O\ (l) \rightarrow Zn(OH)_2\ (s) + 2\ Ag\ (s)$

Zink geht unter Abgabe von Elektronen in Zink-Ionen über. Silber-Ionen nehmen diese Elektronen auf, sodass sich metallisches Silber bildet. Die Elektronen können nur über einen äußeren Leiter fließen, der die beiden Halbschalen miteinander verbindet.

A175.3 oben

Die Isolation ist erforderlich, weil die Pole sonst kurzgeschlossen würden.

A175.1 unten

siehe Schülerband, S. 175

A175.2 unten

Minuspol: $PbSO_4\ (s) + 2\ e^- \dashrightarrow Pb\ (s) + SO_4^{2-}\ (aq)$

Pluspol: $PbSO_4\ (s) + 2\ H_2O\ (l) \dashrightarrow$
$\qquad\qquad PbO_2\ (s) + 4\ H^+\ (aq) + SO_4^{2-}\ (aq) + 2\ e^-$

Gesamtreaktion:

$2\ PbSO_4\ (s) + 2\ H_2O\ (l) \rightarrow Pb\ (s) + PbO_2\ (s) + 2\ H_2SO_4$
(aq)

V176.1

a) An der Kathode scheidet sich Kupfer ab, an der Anode bildet sich ein Gas (Chlor).

b) In der Lösung wandern Kationen zur Kathode und Anionen zur Anode. An den Elektroden werden die Ionen entladen: Kationen nehmen an der Kathode Elektronen auf, Anionen geben an der Anode Elektronen ab.

c) *Minuspol (Kathode):* $Cu^{2+}(aq) + 2\ e^- \dashrightarrow Cu(s)$

Pluspol (Anode): $\qquad\qquad \dashrightarrow Cl_2\ (g) + 2\ e^-$

Gesamtreaktion: $\qquad Cu^{2+}(aq) + 2\ Cl^-\ (aq) \dashrightarrow$
$\qquad\qquad\qquad\qquad Cu(s) + Cl_2\ (g)$

12 Vom Atom zum Molekül

a) Schalenmodell des Fluor-Atoms:

Es fehlt noch ein Elektron zur Edelgaskonfiguration des Neon-Atoms.

b) Schalenmodell des Fluor-Moleküls:

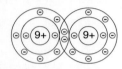

Beide Fluor-Atome erreichen durch das gemeinsame Elektronenpaar im Fluor-Molekül die Edelgaskonfiguration des Neon-Atoms.

a) Wasserstoff und Chlor sind Nichtmetalle. Im Gegensatz zu Metall-Atomen nehmen Nichtmetall-Atome Elektronen auf und erreichen so eine Edelgaskonfiguration. Bei der Reaktion von Wasserstoff mit Chlor entsteht so eine Molekülverbindung, das gemeinsame Elektronenpaar zählt für beide Atome.

b) Schalenmodell des Chlorwasserstoff-Moleküls:

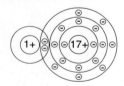

LEWIS-Formel von Chlorwasserstoff:

$$H\cdot \; \cdot\ddot{\underset{\cdot\cdot}{Cl}}: \;\Rightarrow\; H\cdot\cdot\ddot{\underset{\cdot\cdot}{Cl}}: \;\Rightarrow\; \left(H\!-\!\overline{\underline{Cl}}\,|\right) \;\Rightarrow\; H\!-\!\overline{\underline{Cl}}\,|$$

Oktettregel: Das Chlor-Atom ist von acht Elektronen (vier Elektronenpaaren) umgeben.
Ausnahme Wasserstoff-Atom: Das Wasserstoff-Atom erreicht schon mit zwei Elektronen die Edelgaskonfiguration (Helium-Atom).

LEWIS-Formel von Kohlenstoffdioxid:

$$\cdot\ddot{\underset{\cdot\cdot}{O}}\cdot \;\; \cdot\dot{\underset{\cdot\cdot}{C}}\cdot \;\; \cdot\ddot{\underset{\cdot\cdot}{O}}\cdot \;\Rightarrow\; \ddot{O}::C::\ddot{O} \;\Rightarrow\; \left(\overline{O}\!=\!C\!=\!\overline{O}\right) \;\Rightarrow\; \langle O\!=\!C\!=\!O\rangle$$

Oktettregel: Das Kohlenstoff-Atom und die beiden Sauerstoff-Atome sind von acht Elektronen (vier Elektronenpaaren) umgeben.

a) Kochsalz ist eine Ionenverbindung. Sie besteht aus Na^+-Ionen und Cl^--Ionen.

b) Entgegengesetzt geladene Ionen ziehen sich an, gleich geladene Ionen stoßen sich ab. Das Wechselspiel von Anziehung und Abstoßung führt dazu, dass die Ionen auf festen Plätzen in einem Ionengitter sitzen. Man spricht dann von Ionenbindung.

c) Im Ionengitter gibt es nur einzelne Ionen und keine Moleküle. Die Ionenverbindung lässt sich daher nur mit einer Verhältnisformel beschreiben, die das Anzahlverhältnis von positiv zu negativ geladenen Ionen beschreibt.

a), b)

LEWIS-Formel	Verbindung	Vorkommen, *Verwendung*
H–H	Wasserstoff	Knallgas, *Treibstoff*
$\langle O\!=\!O\rangle$	Sauerstoff	Luftbestandteil, *Oxidationsmittel*
$\overset{\diagdown S\diagup}{\underset{H\quad\ H}{}}$	Schwefel-wasserstoff	Bestandteil von Faulgasen
$H\!-\!C\!\equiv\!N\,|$	Cyanwasserstoff (Blausäure)	
$H\!-\!\overline{O}\!-\!\overline{O}\!-\!H$	Wasserstoff-peroxid	*(Haar-)Bleichmittel*
$|\overline{Cl}\!-\!\overline{Cl}\,|$	Chlor	*Desinfektions-mittel*
$|\overline{Br}\!-\!\overline{Br}\,|$	Brom	*Laborchemikalie*
$|C\!\equiv\!O\,|$	Kohlenstoff-monooxid	unvollständige Verbrennung, Autoabgase
$H\!-\!\overline{\underline{F}}\,|$	Fluorwasserstoff	*Ätzen von Glas*
$H\!-\!\overline{O}\!-\!\underset{\underset{H}{\vert}}{\overset{\overset{H}{\vert}}{C}}\!-\!\underset{\underset{H}{\vert}}{\overset{\overset{H}{\vert}}{C}}\!-\!H$	Ethanol (Alkohol)	Gärungsprodukt, *alkoholische Getränke*

A182.1

a) Grundannahmen des Elektronenpaarabstoßungs-Modells:

1. Die Außenelektronen halten sich paarweise in bestimmten Bereichen um den Atomkern auf. Man stellt sich das modellhaft wie eine Wolke vor.

2. Die negativ geladenen Elektronenpaare stoßen sich gegenseitig ab. So ergibt sich für jede Elektronenpaarbindung eine bestimmte Richtung und eine eindeutige Struktur des Moleküls.

b) Körper mit vier Ecken und vier gleich-seitigen Dreiecken als Außenflächen:

A182.2

a) LEWIS-Formel von Ammoniak:

Oktettregel: Das Stickstoff-Atom ist von acht Elektronen (vier Elektronenpaaren) umgeben.
Ausnahme Wasserstoff-Atom: Das Wasserstoff-Atom erreicht schon mit zwei Elektronen die Edelgaskonfiguration (Helium-Atom).

b) räumliche Struktur des Ammoniak-Moleküls:

Das zentrale Stickstoff-Atom ist von vier Elektronenpaaren umgeben. Die gegenseitige Abstoßung der vier Elektronenpaare führt zur Tetraeder-Geometrie.
Für die räumliche Struktur des Ammoniak-Moleküls ergibt sich so eine Pyramide mit dem freien Elektronenpaar an der Spitze.

A182.3

a) Distickstoffmonooxid

b) LEWIS-Formel von Lachgas:

Hinweis: Es gibt noch eine zweite LEWIS-Formel mit einer Dreifachbindung, die sich vom Stickstoff-Molekül ableiten lässt:

c) *Oktettregel:* Die beiden Stickstoff-Atome und das Sauer-stoff-Atom sind von acht Elektronen (vier Elektronenpaaren) umgeben.

d) Das zentrale Stickstoff-Atom ist von vier Elektronenpaaren umgeben. Mehrfachbindungen werden im Elektronenpaarabstoßungs-Modell wie Einfachbindungen behandelt. Die gegenseitige Abstoßung zwischen den Elektronenpaaren der beiden Zweifachbindungen ergibt eine lineare Struktur für das Lachgas-Molekül.

A184.1

a) Ladungsbilanz für das Chlorwasserstoff-Molekül:

	H-Atom	Cl-Atom	Summe der Ladungen
Protonen im Atomkern	1 p$^+$	17 p$^+$	18 p$^+$
Elektronen in der Atom-hülle	1 e$^-$	K: 2 e$^-$ L: 8 e$^-$ M: 7 e$^-$	18 e$^-$
Summe			0

Das Chlorwasserstoff-Molekül ist elektrisch neutral.

b) Der 17-fach positiv geladene Atomkern des Chlor-Atoms zieht das gemeinsame Elektronenpaar stärker an als der Atomkern des Wasserstoff-Atoms. Es kommt zu einer Ladungsverschiebung. Das Chlorwasserstoff-Molekül ist daher ein Dipol-Molekül.

$$\overset{\delta+}{H} - \overset{\delta-}{Cl}$$

A184.2

Der Wasserstrahl wird ebenfalls abgelenkt.

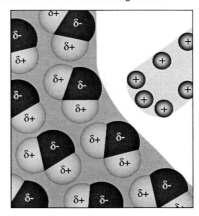

A185.1

a) Die Elektronegativitätswerte wachsen in der zweiten Periode von 1,0 (Li) auf 4,0 (F) an. Die Ursache des Anstiegs liegt in der wachsenden Kernladung bei annähernd gleichem Abstand der Außenelektronen vom Atomkern. Die Anziehungskraft nimmt in der Periode von links nach rechts zu.

b) Die Elektronegativitätswerte fallen in der VII. Hauptgruppe von 4,0 (F) auf 2,5 (I) ab. Die Ursache liegt in der Zunahme der Größe der Atome. Die Anziehungskraft nimmt trotz steigender Kernladung in der Hauptgruppe von oben nach unten ab, da der Abstand zwischen Außenelektronen und Atomkern überproportional wächst.

A185.2

Edelgase haben voll besetzte Elektronenschalen. Sie sind daher extrem reaktionsträge und bilden praktisch keine Verbindungen. Es lassen sich daher keine Aussagen darüber treffen, wie stark Edelgas-Atome die Elektronen einer Elektronenpaarbindung in einem Molekül anziehen.

A185.3

$\overset{\delta-}{N} - \overset{\delta+}{H}$ stark polare Elektronenpaarbindung (ΔEN: 0,9)

$C - H$ nahezu unpolare Elektronenpaarbindung (ΔEN: 0,4)

$Cl - Cl$ unpolare Elektronenpaarbindung (ΔEN: 0)

$\overset{\delta+}{H} - \overset{\delta-}{Cl}$ stark polare Elektronenpaarbindung (ΔEN: 0,9)

A186.1

Hinweis: Die Festigkeit von Wasserstoffbrückenbindungen beruht neben der elektrostatischen Dipol-Dipol-Wechselwirkung auf einem kovalenten Bindungsanteil. Dies lässt sich aus den Bindungslängen ableiten:
Die O–H-Bindungslängen in Wasserstoffbrückenbindungen sind unterschiedlich. Die kleinere Bindungslänge entspricht mit 100 pm der O–H-Bindungslänge im Wasser-Molekül. Die Bindungslänge der eigentlichen Wasserstoffbrücke beträgt 180 pm. Bei einer rein elektrostatischen Wechselwirkung würden sich das Sauerstoff-Atom und das Wasserstoff-Atom nur berühren und hätten dann einen Kern-Kern-Abstand von 260 pm.

a)

Temperatur	Aggregat-zustand	zwischenmolekulare Bindungen
< 0 °C	fest	Im Eis liegen Wasserstoffbrückenbindungen zwischen den Wasser-Molekülen vor; die Moleküle werden auf festen Plätzen in einem Kristallgitter gehalten.
0 °C bis 100 °C	flüssig	Mit steigender Temperatur wird die Eigenbewegung der Wasser-Moleküle immer stärker. Die Moleküle können einzelne Wasserstoffbrückenbindungen überwinden und ihre Gitterplätze verlassen. Das Eis wird flüssig.
> 100 °C	gasförmig	Im Wasserdampf bewegen sich die einzelnen Wasser-Moleküle sehr schnell durch den Raum. Es gibt keine Wasserstoffbrückenbindungen mehr.

b) Methan-Moleküle sind wegen der nahezu unpolaren C–H-Bindungen keine Dipol-Moleküle. Sie können auch keine Wasserstoffbrückenbindungen ausbilden. Die Wechselwirkungen zwischen den Methan-Molekülen sind daher sehr schwach.

A186.2

a) Bei Temperaturen unter 0 °C überwiegen die Wasserstoffbrückenbindungen zwischen den Molekülen die Eigenbewegung der Wasser-Moleküle. Die Wasser-Moleküle werden so auf festen Plätzen innerhalb des Eiskristallgitters gehalten.

b) Im Eisgitter gibt es große Hohlräume. Im flüssigen Wasser ist das Kristallgitter zusammengebrochen. Die ehemaligen Hohlräume füllen sich mit Wasser-Molekülen. Die Dichte von flüssigem Wasser ist daher größer als die Dichte von Eis: Der Eiswürfel schwimmt.

V187.1

a) Anomalie 1: Der Eiswürfel schwimmt auf dem Wasser. Das Eisgitter besitzt große Hohlräume. Eis hat daher eine geringere Dichte als flüssiges Wasser.
Das Kerzenwachs verhält sich normal: Der feste Zustand ist dichter gepackt als der flüssige. Das feste Wachs versinkt in der Schmelze.
Anomalie 2: Zu Beginn des Versuchs misst man in der Flasche etwa 0 °C. Nach ein bis zwei Stunden hat sich etwa folgende Temperaturschichtung eingestellt: Am Boden der Plastikflasche sind es 4 °C, in der Höhe des Kragens etwa 1 °C und kurz unter der Öffnung etwa 6 °C.

Hinweis: Die beiden letzten Temperaturen hängen von der jeweiligen Außentemperatur und der Qualität der Abdichtung des Eis-Kragens ab.

Am Boden der Flasche bekommt man nach einer gewissen Wartezeit immer die Temperatur 4 °C. Wenn sich das Wasser von 0 °C an erwärmt, nimmt nach Anomalie 2 die Dichte zu, bis sie bei 4 °C das Maximum erreicht. Vom Boden bis zum Kragen nimmt mit der Dichte auch die Temperatur des Wassers ab.

Oberhalb des Kragens verhält sich das Wasser wieder normal: Die Temperatur steigt und die Dichte fällt, das wärmere Wasser steigt nach oben.

b)

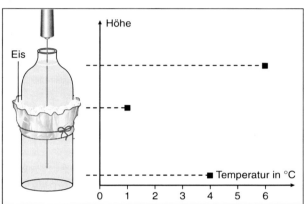

c)

Phänomen	Anomalie-Typ	Begründung
Ein Eisberg schwimmt auf dem Wasser.	Anomalie 1	Eis hat eine geringere Dichte als flüssiges Wasser. Ursache sind die Hohlräume im Eisgitter.
Ein See friert von oben her zu.	Anomalie 2	Wasser mit 4 °C hat die größte Dichte, es sammelt sich am Grund des Sees. Die Temperatur in dem See steigt dann bis zur Oberfläche auf 0 °C an. Die Dichte des Wassers nimmt entsprechend ab.
	Anomalie 1	Eis hat eine viel geringere Dichte als Wasser. Es schwimmt.
Eine Wasserflasche platzt im Gefrierfach.	Anomalie 1	Die gleiche Menge Wasser nimmt als Eis wegen der Hohlräume im Eisgitter einen größeren Raum ein als die Flüssigkeit.

V187.2

a) Beispielmesswerte:
Erhitzen von 100 ml Wasser von 20 °C auf 60 °C: 80 s
Erhitzen von 100 ml Brennspiritus von 20 °C auf 60 °C: 40 s
Das Wärmespeichervermögen von Wasser ist demnach etwa doppelt so groß wie das von Alkohol. Die zugeführte Energie wird benötigt, um Wasserstoffbrückenbindungen zwischen den Wasser-Molekülen zu lösen.
Die Zahl der Wasserstoffbrückenbindungen zwischen den Molekülen ist beim Ethanol geringer.

b) Das Wärmespeichervermögen und die Wärmeleitfähigkeit von Wasser sind größer als von Sand. Das Wasser heizt sich daher in der Mittagssonne nicht so schnell auf. Umgekehrt kühlt es sich während der Nacht langsamer ab. Im Gegensatz zum Sand bleibt die Temperatur des Wassers im Laufe eines Tages nahezu konstant.

c) Der Golfstrom ist die „Warmwasserheizung" Europas. Das Meer nimmt in der Karibik vor der amerikanischen Küste Wärme auf und transportiert sie mit dem Golfstrom nach Nordeuropa. Dieser Meeresströmung verdanken wir unser mildes Klima.
Hinweis: Der Golfstrom hat eine Geschwindigkeit von 36 km pro Tag. Er transportiert dabei 100 km^3 Wasser pro Stunde. Das Wasser kühlt sich auf der über 7000 km langen Strecke um rund 20 Grad ab.

V187.3

a) Beispielmesswerte (Mikrowelle 850 W, Stufe II, 1 min):
100 ml Wasser: Temperaturanstieg von 20 °C auf 80 °C
100 ml Heptan: Temperaturanstieg von 20 °C auf 30 °C
Wasser-Moleküle sind Dipol-Moleküle. Die Dipol-Moleküle werden durch die Mikrowellen in eine Drehbewegung versetzt, die Temperatur steigt.
Heptan besteht aus unpolaren Kohlenwasserstoff-Molekülen. Sie nehmen von Mikrowellen keine Energie auf.
Hinweis: Der geringe Temperaturanstieg im Becherglas mit Heptan ist wahrscheinlich auf Feuchtigkeit an und in dem Gefäß zurückzuführen.

b) Beim normalem Kochen wird den Speisen die Wärme von außen zugeführt, zum Beispiel durch siedendes Wasser oder heißes Öl. Die Mikrowellen dringen dagegen direkt in die Speisen ein und wirken auf die Wasser-Moleküle im Inneren ein.
Die Temperatur kann bei dieser Garmethode nie über 100 °C steigen. Allerdings kann das Wasser verdampfen und die Speise austrocknen. Mikrowellengerichte können bei 100 °C auch nicht knusprig gebacken werden.

A188.1

a) Dipol-Moleküle sind elektrisch neutrale Moleküle mit Ladungsverschiebungen in den Elektronenpaarbindungen.
Im Wasser-Molekül gibt es zwei polare O–H-Bindungen. Wegen der gewinkelten Struktur erhält das Wasser-Molekül so eine positiv und eine negativ geladene Seite.

b)

Natrium-Ion

Chlorid-Ion

A188.2

Cl^--Nachbarn des Na^+-Ions im Inneren des Kristalls: 6
Cl^--Nachbarn des Na^+-Ions auf einer Fläche des Kristalls: 5
Cl^--Nachbarn des Na^+-Ions an einer Kante des Kristalls: 4

A188.3

a) Die Bezeichnung Kristallwasser deutet an, dass in dem Kristall Wasser-Moleküle enthalten sind. Sie sitzen in den Hohlräumen des Kristallgitters. Im Fall des kristallwasserhaltigen Kupfersulfats sind pro Cu^{2+}-Ion und SO_4^{2-}-Ion fünf Wasser-Moleküle enthalten: $CuSO_4 \cdot 5\ H_2O$

b) $CuSO_4 \cdot 5\ H_2O\ (s) \rightarrow CuSO_4\ (s) + 5\ H_2O\ (g)$; endotherm
   blau   weiß

A188.4

Im festen Kochsalz bilden die Ionen ein Kristallgitter mit Hohlräumen. Im gelösten Zustand existieren die Hohlräume nicht mehr. Die Ionen liegen hydratisiert vor. Die Ionen mit Hydrathülle beanspruchen weniger Raum als die Ionen im Kristallgitter: Der Wasserstand in dem Messkolben sinkt, wenn sich das Salz löst.

A188.5

Sehen kann man nur makroskopische Dinge. Das Salz liegt in der Suppe aber in Form hydratisierter Ionen vor: Es ist unsichtbar.
Schmecken ist dagegen ein chemischer Vorgang, der auf der Reaktion von Teilchen mit Rezeptoren auf der Zunge beruht.

V189.1

a) Die Temperaturänderungen sind auch ohne Thermometer gut mit der Hand zu spüren.
1. $CaCl_2$ (wasserfrei): $\Delta \vartheta \approx 10\ °C$
2. $CaCl_2 \cdot 6\ H_2O$: $\Delta \vartheta \approx -4\ °C$
3. Die Temperatur sinkt auf etwa $-20\ °C$.
Hinweis: Wenn man das Becherglas auf ein angefeuchtetes Holzbrettchen stellt, friert es nach kurzer Zeit fest.

b) zu 1.: Für die Zerstörung des Kristallgitters wird zwar Energie aus der Umgebung benötigt (endotherme Teilreaktion), bei der Hydratisierung der dabei entstandenen Ionen wird aber ein Mehrfaches der Energie wieder an die Umgebung abgegeben (exotherme Teilreaktion).

zu 2.: Im kristallwasserhaltigen Calciumchlorid sind die Ionen schon teilweise hydratisiert. Der Beitrag der Hydratisierung zur Energiebilanz fällt entsprechend kleiner aus. Es wird mehr Energie aus der Umgebung aufgenommen als abgegeben.

V189.2

1. Das Wasser mischt sich mit dem reinen Alkohol.
2. Das Wasser mischt sich mit dem klaren Schnaps.
Alkohol und Wasser mischen sich gut, da sich zwischen den Molekülen Wasserstoffbrückenbindungen ausbilden.
3. Bei der Zugabe von Wasser beobachtet man in dem Ouzo sofort eine Trübung.
Der Ouzo enthält neben Alkohol und Wasser etwas Anisöl. Anisöl ist eine unpolare Verbindung, die sich in Wasser schwer löst. Wenn der Alkoholanteil in der Lösung durch Verdünnen mit Wasser verringert wird, fällt das Anisöl als Feststoff aus: Die Lösung trübt sich.

Hinweis: Der Hauptbestandteil des Anisöls ist Anethol. Stellt man Ouzo in den Kühlschrank, so kristallisiert das Anethol aus, weil die Löslichkeit sinkt.

V189.3

a) Der Zucker löst sich im Wasser. Zwischen den Zucker-Molekülen und den Wasser-Molekülen bilden sich Wasserstoffbrückenbindungen aus.
Mit Heptan und Speiseöl mischt sich Wasser dagegen nicht. Beide Stoffe bestehen aus unpolaren Molekülen. Öl und Benzin mischen sich daher.
Zucker löst sich nicht im Heptan, da sich keine Wasserstoffbrücken zwischen den Molekülen ausbilden können.

b) Die Fettaugen bestehen aus Öl-Molekülen. Zwischen den unpolaren Öl-Molekülen und den polaren Wasser-Molekülen können keine Wasserstoffbrücken gebildet werden. Da das Öl eine geringere Dichte hat als das Wasser, bilden sich Fettaugen auf der Suppe.

A189.1

Phase 1 – Angriff:
Die auf den Zucker-Kristall treffenden Wasser-Moleküle bilden Wasserstoffbrückenbindungen zu den schwächer gebundenen Zucker-Molekülen an den Kanten und Ecken des Kristalls aus. Auf diese Weise gehen einzelne Zucker-Moleküle in Lösung.

Phase 2 – Hydratisierung:
Um die aus dem Kristallverband gelösten Zucker-Moleküle bildet sich ähnlich wie bei den Ionen eine Hydrathülle. Die Zucker-Moleküle sind dabei über Wasserstoffbrücken mit den Wasser-Molekülen verbunden.

A190.1

Octan besteht aus kettenförmigen, unpolaren Kohlenstoff/Wasserstoff-Molekülen (C_8H_{18}). Die Moleküle sind etwa 7-mal größer als Methan-Moleküle (CH_4), daher wirken zwischen ihnen stärkere Anziehungskräfte als zwischen Methan-Molekülen. Während Methan bei Raumtemperatur gasförmig ist, liegt Octan daher als Flüssigkeit vor. Die Siedetemperatur steigt also mit zunehmender Länge der Kohlenstoff-Kette.

A190.2

Die Mischbarkeit von Ethanol mit Wasser ist auf die polare OH-Gruppe des Moleküls zurückzuführen, da Wasserstoffbrücken zu Wasser-Molekülen ausgebildet werden können. Der C_2H_5-Rest des Ethanol-Moleküls ist dagegen unpolar. Daher mischt sich Ethanol auch mit unpolaren Lösungsmitteln wie Benzin.

A191.1

a) Die Tafel 30/1202 weist auf eine entzündbare Flüssigkeit hin, die Doppelung der Ziffer 3 auf der Tafel 33/1203 bedeutet, dass eine besonders leicht entzündbare Flüssigkeit transportiert wird.
b) Die Tafel 33/1203 steht für Benzin, da der Siedebereich schon knapp oberhalb der Raumtemperatur beginnt und die Entzündungsgefahr somit größer ist als bei Diesel (30/1202).

V192.1

1. Fingerprobe: Das Salz zerbröselt zwischen den Fingern. Das Wachs lässt sich dagegen gut verformen.
Die Anziehungskräfte zwischen den unpolaren Kohlenwasserstoff-Molekülen ändern sich nicht, wenn die Kohlenwasserstoff-Ketten gegeneinander verschoben werden.
Im Salzkristall werden durch den äußeren Druck Ionen-Schichten in dem Kristall bewegt. Wenn sich dann gleich geladene Ionen gegenüberstehen, stoßen sich die Ionen stark ab: Die Kristallstruktur bricht auseinander, das Salz zerbröselt.
2. Schmelztemperatur: Das Kerzenwachs schmilzt sofort in der Brennerflamme. Das Salz muss dazu lange und kräftig erhitzt werden. (Paraffin: $\approx 60\ °C$; Kochsalz: 801 °C)
Die Ionen im Salzkristall werden von starken Anziehungskräften auf ihren Gitter-Plätzen festgehalten. Die Anziehung kann erst bei hohen Temperaturen von der Eigenbewegung der Teilchen überwunden werden. Die schwachen Anziehungskräfte zwischen den unpolaren Kohlenwasserstoff-Ketten reichen gerade aus, um das Wachs bei Raumtemperatur fest werden zu lassen.
3. Löslichkeit: Das Salz löst sich sofort im Wasser, von dem Kerzenwachs löst sich dagegen überhaupt nichts.
Die Dipol-Moleküle des Wassers lösen die Ionen aus dem Kristall heraus und bilden Hydrathüllen um die einzelnen Ionen.

Zwischen den unpolaren Kohlenwasserstoff-Ketten und den polaren Wasser-Molekülen gibt es keine Wasserstoffbrückenbindungen.
4. Leitfähigkeit: Das feste Salz leitet den elektrischen Strom nicht, weil die Ionen fest auf ihren Gitterplätzen sitzen. Die Lösung des Salzes leitet den Strom wegen der hydratisierten Ionen.
Im Kerzenwachs gibt es keine Ladungsträger.

A192.1

Ionenverbindungen:
– hart und spröde $\Rightarrow$ nicht verformbar
– hohe Schmelztemperaturen $\Rightarrow$ Feststoffe
– (oft) gute Löslichkeit in Wasser
– Lösung und Schmelze leiten den elektrischen Strom.
– Verbindungen aus Metall und Nichtmetall

Molekülverbindungen:
– niedrige Schmelztemperaturen
  $\Rightarrow$ meist Flüssigkeiten oder Gase
– meist schlecht löslich in Wasser
– Nichtleiter
– Verbindungen aus Nichtmetall und Nichtmetall

A192.2

Verbindung	ΔEN	Teilchenart
CH_4	0,4	Moleküle
CaF_2	3,0	Ionen
H_2O	1,4	polare Moleküle
CsI	1,8	Ionen
HI	0,4	schwach polare Moleküle
$MgCl_2$	1,8	Ionen
Na_2S	1,6	Ionen
PCl_3	0,9	polare Moleküle
RbBr	2,0	Ionen
$SiCl_4$	1,2	polare Moleküle

A194.1

Elektronenpaarbindung: Bindungstyp in Molekülen; der Zusammenhalt der Atome wird durch gemeinsame Elektronenpaare bewirkt.

Edelgaskonfiguration: energetisch besonders stabile Elektronenverteilung: Die äußere Schale ist wie bei den Edelgasen mit acht Elektronen besetzt (beim Helium zwei Elektronen).

Oktettregel: Regel, nach der die Ausbildung von Elektronenpaarbindungen so erfolgt, dass die beteiligten Atome auf der äußeren Schale die Edelgaskonfiguration von acht Elektronen erreichen.

LEWIS-Formel: Strukturformel, in der bindende und freie (nicht bindende) Elektronenpaare angegeben sind.

Elektronenpaarabstoßungs-Modell: Modellvorstellung über den Bau der Atomhülle; danach werden die Außenelektronen der zu Molekülen verbundenen Atome zu Elektronenpaaren zusammengefasst. Sie bilden Elektronenwolken, die sich gegenseitig abstoßen und so den räumliche Bau der Moleküle bestimmen.

Elektronegativität: Fähigkeit eines Atoms in einer polaren Atombindung die Elektronen des anderes Atoms an sich zu ziehen.

polare Elektronenpaarbindung: durch die unterschiedliche Elektronegativität der Bindungspartner verursachte ungleichmäßige Ladungsverteilung entlang der Bindungsachse. Gleiche Bindungspartner gehen *unpolare* Elektronenpaarbindungen ein.

Dipol-Molekül: Molekül mit polaren Elektronenpaarbindungen, bei dem die Ladungen nicht symmetrisch verteilt sind.

Wasserstoffbrückenbindungen: zwischenmolekulare Bindungen, die zwischen stark polar gebundenen Wasserstoff-Atomen des einen und freien Elektronenpaaren von Sauerstoff-Atomen eines anderen Teilchens wirksam werden.

Hydratisierung: Bildung einer Hülle von Wasser-Molekülen um ein Molekül oder Ion während des Lösungsvorgangs.

A194.2

a) Schalenmodell des N^{3-}-Ions:

Punkt-Schreibweise:

b) Das N^{3-}-Ion hat mit acht Elektronen eine vollständig besetzte L-Schale. Das entspricht der Elektronenkonfiguration des Edelgases Neon.

A194.3

a) Das Stickstoff-Atom hat fünf Elektronen in der Außenschale. Ihm fehlen noch drei Elektronen zur Edelgaskonfiguration. Das N-Atom geht daher drei Elektronenpaarbindungen ein.

b) LEWIS-Formel von Blausäure: $H-C\equiv N$

Oktettregel: Das Kohlenstoff-Atom und das Stickstoff-Atom sind jeweils von acht Elektronen (vier Elektronenpaaren) umgeben.
Ausnahme Wasserstoff-Atom: Das Wasserstoff-Atom erreicht schon mit zwei Elektronen die Edelgaskonfiguration (Helium-Atom).

c) Das zentrale Kohlenstoff-Atom ist von vier Elektronenpaaren umgeben. Mehrfachbindungen werden im EPA-Modell wie Einfachbindungen behandelt. Die gegenseitige Abstoßung zwischen den Elektronenpaaren der C–H-Einfachbindung und der C≡N-Dreifachbindung ergibt eine lineare Struktur für das Blausäure-Molekül.

A194.4

a), b)

LEWIS-Formel (x: korrigiert)	Name	Vorkommen
$\langle O=C=O\rangle$ x	Kohlenstoffdioxid	ausgeatmete Luft
$|C\equiv O|$	Kohlenstoffmonooxid	Autoabgase
$H-\underline{S}-H$	Schwefelwasserstoff	Faulgase
$H-\overline{N}-H$ x (H)	Ammoniak	Gülle

A194.5

a), b)

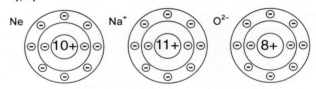

Alle drei Teilchen haben die gleiche Elektronenkonfiguration.

A194.6

Stoff	Teilchenart	Stoff	Teilchenart
Kochsalz	Ionen	Wasser	Moleküle
Zucker	Moleküle	Eis	Moleküle
Speiseöl	Moleküle	Sauerstoff	Moleküle
Eisen	Atome	Neon	Atome
Eisenoxid	Ionen		

A194.7

Die Siedetemperaturen von Molekülverbindungen sind niedriger, da es zwischen den Molekülen nur schwache Bindungen gibt. Zwischen den Ionen herrschen dagegen sehr starke Anziehungskräfte. Ionenverbindungen sind daher bei Raumtemperatur fest.

A194.8

a), b)

Element-kombination	Name	Verbindungstyp
Schwefel/Sauerstoff	Schwefeldioxid	Molekülverbindung
Natrium/Brom	Natriumbromid	Ionenverbindung
Magnesium/Sauerstoff	Magnesiumoxid	Ionenverbindung
Kohlenstoff/Wasserstoff	Methan	Molekülverbindung
Stickstoff/Wasserstoff	Ammoniak	Molekülverbindung

A194.9

a) LEWIS-Formel von Schwefeldioxid:

b) *Oktettregel:* Für die beiden Sauerstoff-Atome ist die Oktettregel erfüllt. Sie sind von acht Elektronen (vier Elektronenpaaren) umgeben.
Das zentrale Schwefel-Atom ist dagegen von zehn Elektronen umgeben. Die Oktettregel ist hier nicht erfüllt.

Hinweis: Es existiert auch eine LEWIS-Formel für Schwefeldioxid, bei der die Oktettregel erfüllt ist. Allerdings tritt hier eine energetisch ungünstige Ladungstrennung auf:

c) Das zentrale Schwefel-Atom ist von fünf Elektronenpaaren umgeben. Mehrfachbindungen werden im Elektronenpaarabstoßungs-Modell wie Einfachbindungen behandelt. Die gegenseitige Abstoßung zwischen den Elektronenpaaren der beiden Zweifachbindungen und des nicht bindenden Elektronenpaares ergibt eine gewinkelte Struktur für das Schwefeldioxid-Molekül:

$$\begin{array}{c} \text{O} \\ \parallel \\ \text{S} \\ |\text{O}\diagdown\diagdown\text{O}| \end{array}$$

d) Das Schwefeldioxid-Molekül enthält zwei polare S=O-Zweifachbindungen. Wegen der gewinkelten Struktur des Moleküls verstärken sich die Wirkungen der beiden Ladungsverschiebungen. Das Schwefeldioxid-Molekül ist ein Dipol-Molekül:

$$\begin{array}{c} \overset{\delta+}{\text{S}} \\ \delta- |\text{O} \qquad \text{O}| \delta- \end{array}$$

e) Als Dipole ziehen sich Schwefeldioxid-Moleküle und Wasser-Moleküle an. Außerdem können sich Wasserstoffbrückenbindungen ausbilden.

A194.10

a) Die Siedetemperatur von Wasser läge nach dem Diagramm bei etwa −74 °C.

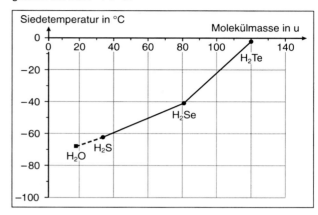

b) Die Ursache für den drastischen Sprung der Siedetemperatur von theoretisch −74 °C auf real 100 °C sind die starken Wasserstoffbrückenbindungen zwischen den Wasser-Molekülen.

Hinweis: Wegen der geringen Elektronegativität der Schwefel-, Selen- und Tellur-Atome sind H–S-Bindungen, H–Se-Bindungen und H–Te-Bindungen nicht polar genug, um Wasserstoffbrücken auszubilden.

A194.11

a) LEWIS-Formel von Ozon:

b) *Oktettregel:* Die drei Sauerstoff-Atome sind jeweils von acht Elektronen (vier Elektronenpaaren) umgeben.

c) Das zentrale Sauerstoff-Atom ist von vier Elektronenpaaren umgeben. Allerdings werden Mehrfachbindungen im Elektronenpaarabstoßungs-Modell wie Einfachbindungen behandelt. Die gegenseitige Abstoßung zwischen den Elektronenpaaren der Einfachbindung, der Zweifachbindung und des nicht bindenden Elektronenpaares ergibt eine gewinkelte Struktur für das Ozon-Molekül:

$$\begin{array}{c} \text{O} \\ \parallel \\ |\text{O} \qquad \diagdown\text{O}\diagup \end{array}$$

A194.12

a) LEWIS-Formel von Stickstoffdioxid:

b) *Oktettregel:* Für die beiden Sauerstoff-Atome ist die Oktettregel erfüllt. Sie sind von acht Elektronen (vier Elektronenpaaren) umgeben. Das zentrale Stickstoff-Atom dagegen ist nur von sieben Elektronen umgeben. Die Oktettregel ist hier also nicht erfüllt.

c) Die große Reaktivität des Stickstoffdioxid-Moleküls hängt mit der unvollständig besetzten Außenschale des Stickstoff-Atoms zusammen. Das NO_2-Molekül ist ein reaktives Radikal-Molekül. Durch Reaktion mit anderen Radikalen kann es eine weitere Elektronenpaarbindung ausbilden und so auch noch die Edelgaskonfiguration von Neon erreichen.

Beispiel saurer Regen: $\cdot NO_2$ (g) + $\cdot OH$ (g) $\rightarrow$ HNO_3 (g)

A194.13

Öl ist ein Gemisch aus unpolaren Kohlenwasserstoff-Verbindungen. Zwischen den unpolaren Kohlenwasserstoff-Ketten und den stark polaren Wasser-Molekülen sind keine Wasserstoffbrückenbindungen möglich. Das Öl kann sich daher nicht mit dem Wasser mischen, sondern nur auf der Wasseroberfläche verteilen.

13 Säuren, Laugen, Salze

A197.1

Äpfelsäure (Äpfel, Birnen, Kirschen)
Weinsäure (Weintrauben)
Zitronensäure (Zitronen, Erdbeeren, Johannisbeeren, Apfelsinen)
Ascorbinsäure (Zitrusfrüchte, Johannisbeeren)

A197.2

Essigsäure ist ein Reinstoff. Essig ist eine wässerige Lösung (5 %) von Essigsäure.

A197.3

Weinessig wird durch Vergärung von Wein hergestellt. Der Alkohol aus dem Wein wird dabei in Essigsäure umgewandelt.

A197.4

z.B. saure Gurken, saure Heringe.
Essigsäure verhindert die Vermehrung von Schimmelpilzen, Hefen und Bakterien.

A197.5

Propionsäure (Propansäure): Brot
Sorbinsäure: Backwaren, Käse, Fruchtsäfte, Fleischsalat
Schweflige Säure: Trockenfrüchte
Benzoesäure: Salate, Fisch

A197.6

WC-Reiniger, Entkalker, Edelstahlreiniger, Silbertauchbäder

A197.7

Der Mangel an Vitamin C führt zu *Skorb*ut (Zahnfleischbluten, Ausfall der Zähne, Blutungen, schlechte Wundheilung, Infektionsanfälligkeit). *Ascorb*insäure ist also ein Mittel gegen Skorbut.

A198.1

a) Eine Säure ist ein Reinstoff, eine saure Lösung ist die wässerige Lösung einer Säure. Beim Lösen in Wasser reagieren Säuren zu hydratisierten Oxonium-Ionen und Säurerest-Ionen.

b) Alle sauren Lösungen enthalten Wasserstoff-Ionen.

A198.2

a), d), f) Zitronensaft, Essig und Salzsäure sind saure Lösungen, die Wasserstoff-Ionen und Säurerest-Ionen enthalten. Sie leiten daher den elektrischen Strom.

b), c), e) Keine elektrische Leitfähigkeit: Bei diesen Reinstoffen liegen ungeladene Moleküle vor.

A198.3

Salpetersäure-Lösung enthält hydratisierte Oxonium-Ionen (H_3O^+(aq)) und Nitrat-Ionen (NO_3^-(aq))

A198.4

Kohlenstoffdioxid reagiert mit Wasser teilweise zu Kohlensäure („H_2CO_3"), die in Wasserstoff-Ionen und Säurerest-Ionen (Carbonat-Ionen bzw. Hydrogencarbonat-Ionen) zerfällt.

A199.1

Alkalische Lösungen wirken ätzend, sie leiten den elektrischen Strom; Phenolphthalein färbt die Lösungen rotviolett. Diese gemeinsamen Eigenschaften beruhen auf den Hydroxid-Ionen, die in allen alkalischen Lösungen vorliegen.

A199.2

Laugen sind ätzend, sie zersetzen vor allem Eiweißstoffe relativ schnell.

A199.3

a) $2\ Na\ (s) + 2\ H_2O\ (l) \rightarrow 2\ Na^+\ (aq) + 2\ OH^-\ (aq) + H_2\ (g)$

b) $Mg\ (s) + 2\ H_2O\ (l) \rightarrow Mg^{2+}\ (aq) + 2\ OH^-\ (aq) + H_2\ (g)$

c) $KOH\ (s) \xrightarrow{\ Wasser\ } K^+\ (aq) + OH^-\ (aq)$

d) $CaO\ (s) + H_2O\ (l) \rightarrow Ca^{2+}\ (aq) + 2\ OH^-\ (aq)$

A199.4

Seife bildet mit Wasser Seifenlauge, eine schwach alkalische Lösung. Die Hydroxid-Ionen reizen die Augen.

A199.5

Die Lacke alter Möbel wurden meist auf Naturstoffbasis hergestellt. Natronlauge zersetzt solche organischen Stoffe relativ rasch, ohne das Holz zu schädigen.

A202.1

$C (s) + O_2 (g) \rightarrow CO_2 (g)$

$CO_2 (g) + H_2O (l) \rightarrow H_2CO_3 (aq)$

A202.2

$2 NO_2 (g) + H_2O (l) \rightarrow HNO_3 (aq) + HNO_2 (aq)$

A202.3

$H_2SO_4 (l) \xrightarrow{\text{Wasser}} H^+ (aq) + HSO_4^- (aq)$

Hydrogensulfat-Ion

$HSO_4^- (aq) \rightarrow H^+ (aq) + SO_4^{2-} (aq)$

Sulfat-Ion

A202.4

In der Lösung liegen Natrium-Ionen und Hydrogensulfat-Ionen vor. Die Hydrogensulfat-Ionen zerfallen in wässeriger Lösung in Wasserstoff-Ionen und Sulfat-Ionen:

$HSO_4^- (aq) \rightarrow H^+ (aq) + SO_4^{2-} (aq)$

Lösungen, die Wasserstoff-Ionen enthalten, sind saure Lösungen.

V203.1

a) Indikatorfärbungen:

Probe	Bromthy-molblau	Phenol-phthalein	Universal-indikator
Salzsäure	gelb	farblos	rot
Schwefelsäure	gelb	farblos	rot
Salpetersäure	gelb	farblos	rot
Essig	gelb	farblos	orangerot
Zitronensaft	gelb	farblos	orangerot
Natronlauge	blau	rot	blau
Calciumhydroxid	blau	rot	blau
Kernseife	blau	rosa	blaugrün

b) Essig und Zitronensaft sind nicht so stark sauer wie Salzsäure; eine Lösung von Kernseife ist nicht so stark alkalisch wie Natronlauge.

V203.2

a) Schwefel verbrennt mit blauer Flamme. Das gasförmige Reaktionsprodukt löst sich in Wasser. Mit Universalindikator färbt sich die Lösung orange.
Kohlenstoffdioxid löst sich in Wasser. Mit Universalindikator zeigt die Lösung eine gelbe Färbung.

b)
$S (s) + O_2 (g) \rightarrow SO_2 (g)$

$SO_2 (g) + H_2O (l) \rightarrow H_2SO_3 (aq)$

$H_2SO_3 (aq) \rightarrow H^+ (aq) + HSO_3^- (aq)$

$CO_2 (g) + H_2O (l) \rightarrow H_2CO_3 (aq)$

$H_2CO_3 (aq) \rightarrow H^+ (aq) + HCO_3^- (aq)$

V203.3

a) Bis auf Kupfer reagieren die Metalle unter Gasentwicklung mit Salzsäure. Die Reaktionen sind exotherm. Die Knallgasproben verlaufen positiv.

b) $Me (s) + 2 H^+ (aq) + 2 Cl^- (aq) \rightarrow$
$$Me^{2+} (aq) + 2 Cl^- (aq) + H_2 (g)$$

c) Die Heftigkeit der Reaktion nimmt in der Reihenfolge Magnesium, Zink, Eisen ab.

V203.4

a) Calcium reagiert unter Gasentwicklung mit Wasser, das Gemisch erwärmt sich dabei. Die Knallgasprobe verläuft positiv. Es entsteht eine Lösung, die mit Universalindikator eine blaue Färbung zeigt.
Calciumoxid reagiert ohne Gasentwicklung unter Erwärmung mit Wasser. Mit Universalindikator zeigt die entstehende Lösung eine blaue Färbung.

b)
$Ca (s) + 2 H_2O (l) \rightarrow$
$$Ca^{2+} (aq) + 2 OH^- (aq) + H_2 (g); \text{ exotherm}$$

$CaO (s) + H_2O (l) \rightarrow Ca^{2+} (aq) + 2 OH^- (aq); \text{ exotherm}$

A203.1

In konzentrierter Schwefelsäure liegen kaum Wasserstoff-Ionen vor, mit denen Magnesium reagieren kann.

A205.1

$H^+ (aq) + OH^- (aq) \rightarrow H_2O (l); \text{ exotherm}$

A205.2

a) $H^+ (aq) + Cl^- (aq) + K^+ (aq) + OH^- (aq) \rightarrow$
$$K^+ (aq) + Cl^- (aq) + H_2O (l)$$

b) $H_2SO_4 (aq) + 2 Na^+ (aq) + 2 OH^- (aq) \rightarrow$
$$2 Na^+ (aq) + SO_4^{2-} (aq) + 2 H_2O (l)$$

c) $H_2CO_3 (aq) + Ca^{2+} (aq) + 2 OH^- (aq) \rightarrow$
$$CaCO_3 (s) + 2 H_2O (l)$$

d) $H_3PO_4 (aq) + 3 Na^+ (aq) + 3 OH^- (aq) \rightarrow$
$$3 Na^+ (aq) + PO_4^{3-} (aq) + 3 H_2O (l)$$

e) $2 H^+ (aq) + 2 NO_3^- (aq) + Ba^{2+} (aq) + 2 OH^- (aq) \rightarrow$
$$Ba^{2+} (aq) + 2 NO_3^- (aq) + 2 H_2O (l)$$

A205.3

Mg^{2+} (aq) + 2 OH^- (aq) + 2 H^+ (aq) + 2 NO_3^- (aq) →
$$Mg^{2+} \text{ (aq)} + 2\ NO_3^- \text{ (aq)} + 2\ H_2O \text{ (l)}$$

Die Lösung müsste anschließend eingedampft werden.

A205.4

Die Neutralisation ist eine exotherme Reaktion. Neutralisiert man konzentrierte Lösungen, verteilt sich die gesamte Wärmemenge auf ein relativ kleines Flüssigkeitsvolumen, die Lösung wird sehr heiß. Wird die Siedetemperatur der Lösung erreicht, können ätzende Flüssigkeiten umher spritzen.

A205.5

2 Al (s) + 6 H^+ (aq) + 6 Cl^-(aq) → 2 $AlCl_3$ (aq) + 3 H_2 (g)

Al_2O_3 (s) + 6 H^+ (aq) + 6 Cl^- (aq) → 2 $AlCl_3$ (aq) + 3 H_2O (l)

$Al(OH)_3$ (s) + 3 H^+ (aq) + 3 Cl^- (aq) → $AlCl_3$ (aq) + 3 H_2O (l)

A205.6

Der Magen enthält Magensäure (Salzsäure), die durch Aluminiumhydroxid teilweise neutralisiert wird:

$Al(OH)_3$ (s) + 3 H^+ (aq) + 3 Cl^- (aq) → $AlCl_3$ (aq) + 3 H_2O (l)

A205.7

Es ist praktisch nicht möglich, die Säure mit Natronlauge genau zu neutralisieren. Überschüssige Natronlauge führt dann zu einer weiteren Verätzung der Haut. Bei konzentrierten Säuren könnte durch die Neutralisation außerdem die Temperatur zu hoch ansteigen.

V206.1

a) Calcium löst sich unter Entwicklung von Wasserstoff auf. Beim Eindampfen bleibt Calciumchlorid zurück.

b) Ca (s) + 2 H^+ (aq) + 2 Cl^- (aq) →
$$Ca^{2+} \text{ (aq)} + 2\ Cl^- \text{ (aq)} + H_2 \text{ (g)}$$

V206.2

a) Die Oxide lösen sich auf, bei Kupferoxid entsteht eine blaue Lösung. Beim Eindampfen kristallisieren die Salze aus.

b) Die beim Eindampfen erhaltenen Stoffe sind offensichtlich nicht die eingesetzten Oxide.

c)
CaO (s) + 2 H^+ (aq) + 2 Cl^- (aq) →
$$Ca^{2+} \text{ (aq)} + 2\ Cl^- \text{ (aq)} + H_2O \text{ (l)}$$

CuO (s) + 2 H^+ (aq) + SO_4^{2-} (aq) →
$$Cu^{2+} \text{ (aq)} + SO_4^{2-} \text{ (aq)} + H_2O \text{ (l)}$$

V206.3

a) Die beim Eindampfen erhaltenen Stoffe ergeben weder saure noch alkalische Lösungen. Im Falle der Neutralisation von Natronlauge weist auch die merkliche Temperaturerhöhung auf eine Reaktion hin.

b)
2 Na^+ (aq) + 2 OH^- (aq) + 2 H^+ (aq) + SO_4^{2-} (aq) →
$$2\ Na^+ \text{ (aq)} + SO_4^{2-} \text{ (aq)} + 2\ H_2O \text{ (l)}$$

Ca^{2+} (aq) + 2 OH^- (aq) + 2 H^+ (aq) + 2 Cl^- (aq) →
$$Ca^{2+} \text{ (aq)} + 2\ Cl^- \text{ (aq)} + 2\ H_2O \text{ (l)}$$

V206.4

a) Sobald man Salzsäure auf das Calciumcarbonat tropft, schäumt die Mischung auf (Bildung von Kohlenstoffdioxid), Gasblasen steigen in der Calciumhydroxid-Lösung auf und die Lösung trübt sich allmählich. Nach einiger Zeit setzt sich ein weißer Niederschlag ab (Calciumcarbonat).

b) Ca^{2+} (aq) + 2 OH^- (aq) + CO_2 (g) → $CaCO_3$ (s) + H_2O (l)

A206.1

Magnesiumbromid:
Mg (s) + Br_2 (l) → $MgBr_2$ (s)

Mg (s) + Br_2 (aq) → Mg^{2+} (aq) + 2 Br^- (aq)

Mg (s) + 2 H^+ (aq) + 2 Br^- (aq) →
$$Mg^{2+} \text{ (aq)} + 2\ Br^- \text{ (aq)} + H_2 \text{ (g)}$$

MgO (s) + 2 H^+ (aq) + 2 Br^- (aq) →
$$Mg^{2+} \text{ (aq)} + 2\ Br^- \text{ (aq)} + H_2O \text{ (l)}$$

$Mg(OH)_2$ (s) + 2 H^+ (aq) + 2 Br^- (aq) →
$$Mg^{2+} \text{ (aq)} + 2\ Br^- \text{ (aq)} + 2\ H_2O \text{ (l)}$$

Die Lösungen müssten anschließend eingedampft werden.

Aluminiumsulfat:
2 Al (s) + 6 H^+ (aq) + 3 SO_4^{2-} (aq) →
$$2\ Al^{3+} \text{ (aq)} + 3\ SO_4^{2-} \text{ (aq)} + 3\ H_2 \text{ (g)}$$

Al_2O_3 (s) + 6 H^+ (aq) + 3 SO_4^{2-} (aq) →
$$2\ Al^{3+} \text{ (aq)} + 3\ SO_4^{2-} \text{ (aq)} + 3\ H_2O \text{ (l)}$$

2 $Al(OH)_3$ (s) + 6 H^+ (aq) + 3 SO_4^{2-} (aq) →
$$2\ Al^{3+} \text{ (aq)} + 3\ SO_4^{2-} \text{ (aq)} + 6\ H_2O \text{ (l)}$$

Die Lösungen müssten anschließend eingedampft werden.

A207.1

a)

NaCl:

Metall + Nichtmetall → Salz

CaSO₄:

Metall + saure Lösung → Salz(-Lösung) + Wasserstoff

CaCO₃:

Metallhydroxid(-Lösung) + Nichtmetalloxid →
$$\text{Salz(-Lösung) + Wasser}$$

Ca(H₂PO₄)₂:

Metallhydroxid(-Lösung) + saure Lösung →
$$\text{Salz(-Lösung) + Wasser}$$

b)

$2\ \text{Na (s)} + 2\ \text{H}^+\ \text{(aq)} + 2\ \text{Cl}^-\ \text{(aq)} \rightarrow$
$$2\ \text{Na}^+\ \text{(aq)} + 2\ \text{Cl}^-\ \text{(aq)} + \text{H}_2\ \text{(g)}$$

$\text{Na}^+\ \text{(aq)} + \text{OH}^-\ \text{(aq)} + \text{H}^+\ \text{(aq)} + \text{Cl}^-\ \text{(aq)} \rightarrow$
$$\text{Na}^+\ \text{(aq)} + \text{Cl}^-\ \text{(aq)} + \text{H}_2\text{O (l)}$$

$\text{CaO (s)} + 2\ \text{H}^+\ \text{(aq)} + \text{SO}_4^{2-}\ \text{(aq)} \rightarrow \text{CaSO}_4\ \text{(s)} + \text{H}_2\text{O (l)}$

$\text{Ca(OH)}_2\ \text{(s)} + 2\ \text{H}^+\ \text{(aq)} + \text{SO}_4^{2-}\ \text{(aq)} \rightarrow \text{CaSO}_4\ \text{(s)} + 2\ \text{H}_2\text{O (l)}$

$\text{CaO (s)} + \text{CO}_2\ \text{(g)} \rightarrow \text{CaCO}_3\ \text{(s)}$

$\text{Ca(OH)}_2\ \text{(s)} + \text{H}_2\text{CO}_3\ \text{(aq)} \rightarrow \text{CaCO}_3\ \text{(s)} + 2\ \text{H}_2\text{O (l)}$

$\text{Ca (s)} + 2\ \text{H}_3\text{PO}_4\ \text{(aq)} \rightarrow \text{Ca}^{2+}\ \text{(aq)} + 2\ \text{H}_2\text{PO}_4^-\ \text{(aq)} + \text{H}_2\ \text{(g)}$

$\text{CaO (s)} + 2\ \text{H}_3\text{PO}_4\ \text{(aq)} \rightarrow$
$$\text{Ca}^{2+}\ \text{(aq)} + 2\ \text{H}_2\text{PO}_4^-\ \text{(aq)} + \text{H}_2\text{O (l)}$$

Die Lösungen müssten anschließend eingedampft werden.

A207.2

Name	Metall-Ion	Säurerest-Ion
Lithiumchlorid	Li^+	Cl^-
Kaliumhydrogenphosphat	K^+	HPO_4^{2-}
Magnesiumhydrogensulfat	Mg^{2+}	HSO_4^-
Kaliumcarbonat	K^+	CO_3^{2-}
Calciumnitrat	Ca^{2+}	NO_3^-

A207.3

$\text{Mg (s)} + 2\ \text{H}^+\ \text{(aq)} + \text{SO}_4^{2-}\ \text{(aq)} \rightarrow$
$$\text{Mg}^{2+}\ \text{(aq)} + \text{SO}_4^{2-}\ \text{(aq)} + \text{H}_2\ \text{(g)}$$

A207.4

$\text{K}^+\ \text{(aq)} + \text{OH}^-\ \text{(aq)} + \text{H}^+\ \text{(aq)} + \text{NO}_3^-\ \text{(aq)} \rightarrow$
$$\text{K}^+\ \text{(aq)} + \text{NO}_3^-\ \text{(aq)} + \text{H}_2\text{O (l)}$$

A207.5

$\text{MgO (s)} + 2\ \text{H}^+\ \text{(aq)} + 2\ \text{Cl}^-\ \text{(aq)} \rightarrow$
$$\text{Mg}^{2+}\ \text{(aq)} + 2\ \text{Cl}^-\ \text{(aq)} + \text{H}_2\text{O (l)}$$

A207.6

Die Metall-Atome geben Elektronen an die Wasserstoff-Ionen der sauren Lösung ab. Dabei entstehen positiv geladene Metall-Ionen und elementarer Wasserstoff (H_2).

A207.7

$2\ \text{Al (s)} + 3\ \text{Br}_2\ \text{(l)} \rightarrow 2\ \text{AlBr}_3\ \text{(s)}$

$\text{Al}_2\text{O}_3\ \text{(s)} + 6\ \text{H}^+\ \text{(aq)} + 6\ \text{Br}^-\ \text{(aq)} \rightarrow$
$$2\ \text{Al}^{3+}\ \text{(aq)} + 6\ \text{Br}^-\ \text{(aq)} + 3\ \text{H}_2\text{O (l)}$$

$2\ \text{Al(OH)}_3\ \text{(s)} + 6\ \text{H}^+\ \text{(aq)} + 6\ \text{Br}^-\ \text{(aq)} \rightarrow$
$$2\ \text{Al}^{3+}\ \text{(aq)} + 6\ \text{Br}^-\ \text{(aq)} + 6\ \text{H}_2\text{O (l)}$$

A207.8

$2\ \text{NaCl (s)} + \text{H}_2\text{SO}_4\ \text{(l)} \rightarrow \text{Na}_2\text{SO}_4\ \text{(s)} + 2\ \text{HCl (g)}$

A207.9

$\text{CaCO}_3\ \text{(s)} + 2\ \text{H}^+\ \text{(aq)} + 2\ \text{Cl}^-\ \text{(aq)} \rightarrow$
$$\text{Ca}^{2+}\ \text{(aq)} + 2\ \text{Cl}^-\ \text{(aq)} + \text{H}_2\text{O (l)} + \text{CO}_2\ \text{(g)}$$

A208.1

$M\,(\text{NaOH}) = (23 + 16 + 1)\ \text{g} \cdot \text{mol}^{-1} = 40\ \text{g} \cdot \text{mol}^{-1}$

$n\,(\text{NaOH}) = \dfrac{m\,(\text{NaOH})}{M\,(\text{NaOH})} = \dfrac{5\ \text{g}}{40\ \text{g} \cdot \text{mol}^{-1}} = 0{,}125\ \text{mol}$

$c\,(\text{NaOH}) = \dfrac{n\,(\text{NaOH})}{V\,(\text{Lösung})} = \dfrac{0{,}125\ \text{mol}}{0{,}5\ \text{l}} = 0{,}25\ \text{mol} \cdot \text{l}^{-1}$

A208.2

$M\,(\text{KNO}_3) = (39 + 14 + 48)\ \text{g} \cdot \text{mol}^{-1} = 101\ \text{g} \cdot \text{mol}^{-1}$

$n\,(\text{KNO}_3) = \dfrac{m\,(\text{KNO}_3)}{M\,(\text{KNO}_3)} = \dfrac{1\ \text{g}}{101\ \text{g} \cdot \text{mol}^{-1}} = 0{,}0099\ \text{mol}$

$c\,(\text{KNO}_3) = \dfrac{n\,(\text{KNO}_3)}{V\,(\text{Lösung})} = \dfrac{0{,}0099\ \text{mol}}{0{,}5\ \text{l}} \approx 0{,}02\ \text{mol} \cdot \text{l}^{-1}$

A208.3

a) 2,5 mmol H^+-Ionen

b) 1 ml Natronlauge enthält 0,125 mmol OH^--Ionen. Zur Neutralisation werden daher 20 ml Natronlauge benötigt.

A208.4

15,8 ml Natronlauge ($c = 0{,}1\ \text{mol} \cdot \text{l}^{-1}$) enthalten 1,58 mmol Hydroxid-Ionen, somit sind in 20 ml Probelösung 1,58 mmol Wasserstoff-Ionen enthalten.

$c\,(\text{H}^+) = \dfrac{1{,}58\ \text{mmol}}{20\ \text{ml}} = 0{,}079\ \text{mol} \cdot \text{l}^{-1} = c\,(\text{HCl})$

A208.5

$n \, (\text{NaOH}) = 0{,}25 \, \text{mol}$

$V \, (\text{Lösung}) = \dfrac{100 \, \text{g}}{1{,}075 \, \text{g} \cdot \text{ml}^{-1}} = 93 \, \text{ml}$

$c \, (\text{NaOH}) = \dfrac{n \, (\text{NaOH})}{V \, (\text{Lösung})} = \dfrac{0{,}25 \, \text{mol}}{0{,}093 \, \text{l}} = 2{,}69 \, \text{mol} \cdot \text{l}^{-1}$

A208.6

1 mol Schwefelsäure kann 2 mol Wasserstoff-Ionen abspalten, sodass man für die Titration im Vergleich zur Salzsäure nur die halbe Stoffmenge an Schwefelsäure braucht.

A209.1

a) 25 ml Salzsäure ($c = 1 \, \text{mol} \cdot \text{l}^{-1}$) enthalten 25 mmol Wasserstoff-Ionen, entsprechend enthalten 50 ml Natronlauge 25 mmol Hydroxid-Ionen.

$c \, (\text{OH}^-) = \dfrac{25 \, \text{mmol}}{50 \, \text{ml}} = 0{,}5 \, \text{mol} \cdot \text{l}^{-1}$

b) Bei der Neutralisation reagieren gleiche Stoffmengen an Wasserstoff-Ionen mit Hydroxid-Ionen:

$n \, (\text{H}^+) = n \, (\text{OH}^-)$

Es gilt:
$n \, (\text{H}^+) = c \, (\text{H}^+) \cdot V \, (\text{Säure})$ und
$n \, (\text{OH}^-) = c \, (\text{OH}^-) \cdot V \, (\text{Lauge})$

A209.2

a) 100 ml Salzsäure ($c = 0{,}1 \, \text{mol} \cdot \text{l}^{-1}$) enthalten 10 mmol Wasserstoff-Ionen.
12 ml Natronlauge ($c = 0{,}1 \, \text{mol} \cdot \text{l}^{-1}$) enthalten 1,2 mmol Hydroxid-Ionen, sie reagieren mit 1,2 mmol Wasserstoff-Ionen.
8,8 mmol Salzsäure haben mit Calcium reagiert.

b) $\text{Ca} \, (\text{s}) + 2 \, \text{H}^+ \, (\text{aq}) + 2 \, \text{Cl}^- \, (\text{aq}) \rightarrow$
$\text{Ca}^{2+} \, (\text{aq}) + 2 \, \text{Cl}^- \, (\text{aq}) + \text{H}_2 \, (\text{g})$

4,4 mmol Calcium haben eine Masse von 176 mg.

A210.1

$0 \leq \text{pH} < 7$	saurer Bereich
$7 < \text{pH} \leq 14$	alkalischer Bereich
$\text{pH} = 7$	neutral

A210.2

a) Die Salzsäure muss auf das Zehnfache verdünnt werden, also muss man zu einem Liter Salzsäure neun Liter Wasser zugeben.

b) Die Natronlauge muss auf das Hundertfache verdünnt werden, also muss man zu einem Liter Natronlauge 99 Liter Wasser zugeben.

A210.3

Die Salzsäure wird auf das Tausendfache verdünnt, der pH-Wert ändert sich um drei Einheiten auf pH = 4.

A210.4

a) 250 Liter sauren Abwassers müssten auf das Hunderttausendfache verdünnt werden, also auf 25 000 000 Liter. Es müssten 24 999 750 Liter Wasser zugesetzt werden.

b) Die Methode ist nicht sinnvoll, da eine große Menge Wasser verschwendet wird. Die Säure muss neutralisiert werden.

A210.5

Das Schwimmbecken enthält 1000 m^3 (1 000 000 l) Wasser mit pH = 4, also $c \, (\text{H}^+) = 0{,}0001 \, \text{mol} \cdot \text{l}^{-1}$.
$n \, (\text{H}^+) = 1 \, 000 \, 000 \, \text{l} \cdot 0{,}0001 \, \text{mol} \cdot \text{l}^{-1} = 100 \, \text{mol}$
Zur Neutralisation werden 100 mol Hydroxid-Ionen benötigt. Natronlauge mit pH 14 besitzt eine Konzentration von $c \, (\text{OH}^-) = 1 \, \text{mol} \cdot \text{l}^{-1}$, also werden 100 Liter Natronlauge benötigt.

A210.6

Der saure Regen enthält die zehnfache Konzentration an Wasserstoff-Ionen im Vergleich zu natürlichem Regen.
Der saure Regen schädigt viele Lebewesen (z.B. Fische), die nur in einem bestimmten pH-Bereich leben können.
Die Wasserstoff-Ionen reagieren mit dem Boden und schädigen so die Bäume.
Wasserstoff-Ionen reagieren auch mit Baumaterialien (Kalkstein, Zink) und verursachen Gebäudeschäden.

A210.7

a) Seifenlösung ist alkalisch, der pH-Wert auf der Hautoberfläche steigt.

b) pH-neutrale Körperpflegemittel besitzen einen pH-Wert von 5,5. Bei ihrer Verwendung bleibt die Säureschutzschicht der Haut erhalten und muss nicht nachgebildet werden.

V212.1

a) Es bildet sich ein weißer Niederschlag, der sich im Licht mit der Zeit dunkel färbt.

b) $\text{Ag}^+ \, (\text{aq}) + \text{Cl}^- \, (\text{aq}) \rightarrow \text{AgCl} \, (\text{s})$

V212.2

a)
Bromid-Ionen: gelblicher Niederschlag
Iodid-Ionen: gelber Niederschlag

b)

$Ag^+ (aq) + Br^- (aq) \rightarrow AgBr (s)$

$Ag^+ (aq) + I^- (aq) \rightarrow AgI (s)$

c) Die Niederschläge unterscheiden sich in der Farbe.

V212.3

a) Silberchlorid löst sich in Ammoniak-Lösung und fällt bei Zugabe von Salpetersäure wieder aus.
Silberiodid löst sich nicht.

b) Silber-Ionen (Silbernitrat-Lösung) zusetzen, Löslichkeit des Silberhalogenids in Ammoniak-Lösung prüfen.

V213.4

a) feinkristalliner, weißer Niederschlag

b) $Ba^{2+} (aq) + SO_4^{2-} (aq) \rightarrow BaSO_4 (s)$

c) Bariumcarbonat ist in Salzsäure löslich, kann also in der sauren Probelösung nicht ausfallen.

V213.6

a) Es bildet sich ein gelber Niederschlag von Ammonium-molybdatophosphat $((NH_4)_3[P(Mo_3O_{10})_4])$.

b) Bei Natriumphosphat und bei Milch verläuft der Nachweis positiv.
Hinweis: Eine bei Waschmitteln auftretende Gelbfärbung der Lösung beruht auf der Bildung löslicher Molybdatosilicate.

V213.7

a) Es entweicht ein farbloses Gas, im Kalkwasser tritt eine Trübung bzw. ein Niederschlag auf.

b) Trübung des Kalkwassers

c) Zunächst wird die Luft aus dem Reagenzglas verdrängt.

d) Luft enthält einen geringen Anteil an Kohlenstoffdioxid. Mit der Zeit fällt somit im Kalkwasser ein Niederschlag aus.

A215.1

Die Luft enthält immer Kohlenstoffdioxid sowie Spuren von Schwefeldioxid und Stickstoffoxiden (Vulkanausbrüche, Bodenbakterien). Im Regen werden diese Gase gelöst und bilden eine saure Lösung mit einem pH-Wert von etwa 4,5.

A215.2

Schwefeldioxid: Kraftwerke, Industrie
Stickstoffoxide: Verkehr, Kraftwerke

A215.3

$SO_2 (g) + H_2O (l) \rightarrow H_2SO_3 (aq)$

$2\ SO_2 (g) + O_2 (g) \rightarrow 2\ SO_3 (s)$

$SO_3 (s) + H_2O (l) \rightarrow H_2SO_4 (aq)$

$2\ NO_2 (g) + H_2O (l) \rightarrow HNO_3 (aq) + HNO_2 (aq)$

$4\ NO_2 (g) + O_2 (g) + 2\ H_2O (l) \rightarrow 4\ HNO_3 (aq)$

A215.4

Bodenversauerung: Auswaschen von Nährstoffen (Ca^{2+}, Mg^{2+}), Freisetzen von für die Bäume giftigen Aluminium-Ionen, Schädigung der Feinwurzeln, Schädigung von Mikroorganismen im Boden.
Direkte Einwirkung von Schwefeldioxid und Stickstoffoxiden auf Blätter und Nadeln.

A215.5

Als unedles Metall reagiert Zink mit den Wasserstoff-Ionen des sauren Regens:

$Zn (s) + 2\ H^+ (aq) \rightarrow Zn^{2+} (aq) + H_2 (g)$

A215.6

Kalk reagiert mit den Wasserstoff-Ionen, sodass der pH-Wert des Bodens wieder ansteigt:

$CaCO_3 (s) + 2\ H^+ (aq) \rightarrow Ca^{2+} (aq) + H_2O (l) + CO_2 (g)$

A215.7

Der saure Regen verursacht Stress für die Bäume (siehe A215.4). Dadurch werden die Abwehrkräfte gegen Schädlinge geschwächt.

A216.1

$HBr (g) + H_2O (l) \rightarrow Br^- (aq) + H_3O^+ (aq)$
Säure   Base

A216.2

$H_2SO_4 (aq) + H_2O (l) \rightarrow HSO_4^- (aq) + H_3O^+ (aq)$
Säure   Base

$HSO_4^- (aq) + H_2O (l) \rightarrow SO_4^{2-} (aq) + H_3O^+ (aq)$
Säure   Base

A216.3

$NH_4Cl (s) + Na^+ (aq) + OH^- (aq) \rightarrow$
$\qquad NH_3 (g) + H_2O (l) + Na^+ (aq) + Cl^- (aq)$

Säure/Base-Reaktion (Säure: NH_4^+; Base: OH^-)

A216.4

$$Mg\ (s) + 2\ H^+\ (aq) + 2\ Cl^-\ (aq) \rightarrow$$
$$Mg^{2+}\ (aq) + 2\ Cl^-\ (aq) + H_2\ (g)$$

keine Säure/Base-Reaktion, Elektronenübertragung von Magnesium-Atomen auf Wasserstoff-Ionen

A216.5

$$H_3O^+\ (aq) + OH^-\ (aq) \rightarrow 2\ H_2O\ (l)$$
Säure   Base

A216.6

HNO_3/NO_3^- NH_4^+/NH_3 HI/I^-

H_2O/OH^- H_2CO_3/HCO_3^- bzw. HCO_3^-/CO_3^{2-}

H_3O^+/H_2O bzw. H_2O/OH^-

A216.7

Es liegen keine Ionen in der Lösung vor. Chlorwasserstoff-Moleküle spalten keine Protonen ab. Die Moleküle des Benzins reagieren nicht als Base.

A216.8

$$MgO\ (s) + 2\ H_3O^+\ (aq) + 2\ Cl^-\ (aq) \rightarrow$$
$$Mg^{2+}\ (aq) + 2\ Cl^-\ (aq) + 3\ H_2O\ (l)$$

Säure/Base-Reaktion (Säure: Hydronium-Ionen; Base: Oxid-Ionen aus dem Magnesiumoxid)

A216.9

Ein Teil der Ammonium-Ionen gibt ein Proton ab:

$$NH_4^+\ (aq) + H_2O\ (l) \rightarrow NH_3\ (aq) + H_3O^+\ (aq)$$

A218.1

Säure, saure Lösung: Eine Säure reagiert beim Lösen in Wasser zu hydratisierten Oxonium-Ionen und Säurerest-Ionen. Eine saure Lösung enthält hydratisierte Oxonium-Ionen (H_3O^+ (aq)).

Hydroxid, Lauge, alkalische Lösung: Hydroxide sind Salze, die Hydroxid-Ionen enthalten. Beim Lösen in Wasser entsteht eine alkalische Lösung. Eine alkalische Lösung nennt man auch Lauge. Sie enthält hydratisierte Hydroxid-Ionen (OH^- (aq)).

Oxonium-Ion, Hydroxid-Ion: Das Oxonium-Ion ist das charakteristische Teilchen einer sauren Lösung. Es entsteht durch Protonenübertragung von einem Säure-Molekül auf ein Wasser-Molekül. Das Hydroxid-Ion ist das charakteristische Teilchen einer alkalischen Lösung. Es ist in Hydroxiden enthalten und entsteht bei der Reaktion von Alkalimetallen und Erdalkalimetallen oder deren Oxiden mit Wasser.

Schwefelsäure: Molekülformel H_2SO_4. Reagiert mit Wasser stark sauer und bildet dabei Hydrogensulfat-Ionen (HSO_4^-) und Sulfat-Ionen (SO_4^{2-}).
Konzentrierte Schwefelsäure reagiert mit Wasser unter starker Wärmeentwicklung und ist stark hygroskopisch.
Verdünnte Schwefelsäure reagiert mit unedlen Metallen unter Wasserstoff-Entwicklung zu Metallsulfat-Lösungen.

Salpetersäure: Molekülformel HNO_3. Reagiert mit Wasser stark sauer und bildet dabei Nitrat-Ionen (NO_3^-). Herstellung durch Oxidation von Ammoniak zu Stickstoffoxiden und Umsetzung mit Wasser.

Phosphorsäure: Molekülformel H_3PO_4. Reagiert mit Wasser unter Bildung von Dihydrogenphosphat-Ionen ($H_2PO_4^-$), Hydrogenphosphat-Ionen (HPO_4^{2-}) und Phosphat-Ionen (PO_4^{3-}). Wichtig zur Herstellung von Düngemitteln.

Essigsäure: Molekülformel CH_3COOH. Schwache Säure, die in Wasser nur teilweise zu H^+-Ionen und Acetat-Ionen (CH_3COO^-) zerfällt. Als Würz- und Konservierungsmittel verwendet.

pH-Wert: Maß für die Konzentration an Wasserstoff-Ionen und Hydroxid-Ionen in einer Lösung.
saure Lösung: pH < 7
neutrale Lösung: pH = 7
alkalische Lösung: pH > 7
pH = 1: $c\ (H^+) = 10^{-1}\ mol \cdot l^{-1}$ und $c\ (OH^-) = 10^{-13}\ mol \cdot l^{-1}$
pH = 7: $c\ (H^+) = c\ (OH^-) = 10^{-7}\ mol \cdot l^{-1}$

Salzbildung: Salze entstehen bei Reaktionen von Metallen mit Nichtmetallen sowie bei Reaktionen von Metallen, Metalloxiden oder Metallhydroxiden mit sauren Lösungen. Ein Salz besteht aus Metall-Kationen und Säurerest-Anionen.

Neutralisation: Reaktion von Wasserstoff-Ionen mit Hydroxid-Ionen zu Wasser, verläuft exotherm.

Stoffmengenkonzentration: Die Stoffmengenkonzentration c ist der Quotient aus der Stoffmenge n eines gelösten Stoffes und dem Volumen V der Lösung; *Einheit:* $mol \cdot l^{-1}$.

Titration: Verfahren zur Ermittlung der Stoffmengenkonzentration. Dabei tropft man eine Maßlösung genau bekannter Konzentration so lange zur Probelösung, bis ein zugesetzter Indikator umschlägt.

saurer Regen: Luftschadstoffe wie Schwefeldioxid, Schwefeltrioxid und Stickstoffoxide reagieren mit Regentropfen in der Atmosphäre zu einer sauren Lösung, dem sauren Regen.

BRÖNSTED-Säuren: Teilchen, die bei einer Reaktion Protonen abgeben.

BRÖNSTED-Basen: Teilchen, die bei einer Reaktion Protonen aufnehmen.

A218.2

Salzsäure: H^+ (aq), Cl^- (aq)
Schwefelsäure: H^+ (aq), HSO_4^- (aq), SO_4^{2-} (aq)
Natronlauge: Na^+ (aq), OH^- (aq)

A218.3

Alle sauren Lösungen enthalten Oxonium-Ionen (vereinfacht: Wasserstoff-Ionen), ihr pH-Wert ist kleiner als 7, sie leiten den elektrischen Strom, sie färben Universalindikator-Lösung rot, sie reagieren mit unedlen Metallen unter Wasserstoff-Entwicklung.

Alle alkalischen Lösungen enthalten Hydroxid-Ionen, ihr pH-Wert ist größer als 7, sie leiten den elektrischen Strom, sie färben Universalindikator-Lösung blau, sie reagieren mit unedlen Metallen unter Wasserstoff-Entwicklung.

A218.4

	saure Lösung	alkalische Lösung
Phenolphthalein	farblos	rot
Bromthymolblau	gelb	blau
Universalindikator	rot	blau

A218.5

KI, Na_2SO_4, $MgCO_3$, $Ca(NO_3)_2$, Na_3PO_4, $NaHCO_3$, K_2CO_3, $BaCl_2$, $NaCH_3COO$

A218.6

a) Die Lösung mit pH = 0 ist gefährlicher, sie enthält die tausendfache Konzentration an Wasserstoff-Ionen im Vergleich zur Lösung mit pH = 3.

b) Man erhält die zweite Lösung durch Verdünnen der ersten auf das Tausendfache.

A218.7

Elektrolyse einer sauren Lösung:

$2\,H^+$ (aq) $+ 2\,e^- \dashrightarrow H_2$ (g) (Minuspol)

Reaktion einer sauren Lösung mit einem unedlen Metall:

$2\,H^+$ (aq) $+ Zn$ (s) $\rightarrow H_2$ (g) $+ Zn^{2+}$ (aq)

A218.8

Das Indikatorpapier zeigt gelöste Wasserstoff-Ionen an. An einem feuchten Indikatorpapier gibt das Chlorwasserstoff-Molekül sofort ein Wasserstoff-Ion ab:

HCl (g) $\xrightarrow{\text{Wasser}} H^+$ (aq) $+ Cl^-$ (aq)

Das trockene Indikatorpapier dürfte keine Veränderung zeigen. Da aber immer etwas Luftfeuchtigkeit vorhanden ist, kommt es doch langsam zu einer Verfärbung.

A218.9

Verdünnte Essigsäure leitet den elektrischen Strom, da positive Wasserstoff-Ionen und negative Säurerest-Ionen in der Lösung vorliegen. Reine Essigsäure besteht aus elektrisch neutralen Molekülen.

A218.10

a) 27,2 ml Natronlauge ($c = 0{,}1$ mol $\cdot$ l^{-1}) enthalten 2,72 mmol Hydroxid-Ionen, 20 ml Salzsäure enthalten somit 2,72 mmol Wasserstoff-Ionen:

$c\,(H^+) = \dfrac{2{,}72\,\text{mmol}}{20\,\text{ml}} = 0{,}136$ mol $\cdot$ l^{-1}

$c\,(HCl) = 0{,}136$ mol $\cdot$ l^{-1}

b) Von 20 ml Schwefelsäure ($c = 0{,}1$ mol $\cdot$ l^{-1}) werden 4 mmol Wasserstoff-Ionen abgegeben.
25 ml Natronlauge enthalten somit 4 mmol OH$^-$-Ionen:

$c\,(OH^-) = \dfrac{4\,\text{mmol}}{25\,\text{ml}} = 0{,}16$ mol $\cdot$ l^{-1}

$c\,(NaOH) = 0{,}16$ mol $\cdot$ l^{-1}

c) 5,3 ml Salzsäure ($c = 0{,}1$ mol $\cdot$ l^{-1}) enthalten 0,53 mmol Wasserstoff-Ionen, 20 ml Calciumhydroxid-Lösung enthalten somit 0,53 mmol Hydroxid-Ionen:

$c\,(OH^-) = \dfrac{0{,}53\,\text{mmol}}{20\,\text{ml}} = 0{,}0265$ mol $\cdot$ l^{-1}

$c\,(Ca(OH)_2) = 0{,}01325$ mol $\cdot$ l^{-1}

$M\,(Ca(OH)_2) = 74$ g $\cdot$ mol^{-1}

20 ml Calciumhydroxid-Lösung enthalten:
$\frac{1}{50} \cdot 0{,}9805$ g $= 19{,}7$ mg Calciumhydroxid.

A218.11

a) H_3O^+ (aq) $+ NO_3^-$ (aq) $+ K^+$ (aq) $+ OH^-$ (aq) $\rightarrow$
   Säure   Base
                 K^+ (aq) $+ NO_3^-$ (aq) $+ 2\,H_2O$ (l)

b) Säure/Base-Reaktion nach BRÖNSTED:
H_3O^+ (aq) = Protonendonator
OH^- (aq) = Protonenakzeptor

A218.12

Zur Synthese von Schwefelsäure geht man von Schwefeldioxid aus. Schwefeldioxid wird durch Verbrennen von Schwefel, durch Rösten sulfidischer Erzen oder durch Recycling von Abfallschwefelsäure gewonnen. Das Schwefeldioxid wird zusammen mit Luft in einem Kontaktofen mit Katalysator zu Schwefeltrioxid umgesetzt. Beim Einleiten des gebildeten Schwefeltrioxids in konzentrierte Schwefelsäure entsteht zunächst rauchende Schwefelsäure, die durch Verdünnen mit Wasser konzentrierte Schwefelsäure ergibt.

A218.13

Phosphorsäure ist ab einem Massenanteil von w = 25 % als ätzend, bei einem Massenanteil zwischen 10 und 25 % als reizend eingestuft. Unterhalb 10 % ist Phosphorsäure nicht mehr als Gefahrstoff eingestuft. Bei einem Massenanteil von w = 0,1 % ist die Phosphorsäure so stark verdünnt, dass sie nicht mehr gefährlich ist.

A218.14

Hydrogensulfat-Ionen können in wässeriger Lösung Wasserstoff-Ionen abgeben:

$$HSO_4^- (aq) \rightarrow H^+ (aq) + SO_4^{2-} (aq)$$

A218.15

In einmolaren Lösungen von Salzsäure und Essigsäure liegen unterschiedliche Konzentrationen an Wasserstoff-Ionen vor:
In Salzsäure ist $c(H^+) = 1 \text{ mol} \cdot l^{-1}$, in Essigsäure ist $c(H^+) \approx 0,001 \text{ mol} \cdot l^{-1}$. In der Salzsäure haben alle Chlorwasserstoff-Moleküle ihre Wasserstoff-Ionen abgegeben, in der Essigsäure dagegen nur etwa jedes tausendste Molekül.

14 Stickstoff in Natur und Technik

A221.1

Die Pflanzen entziehen dem Boden mineralische Stickstoff-Verbindungen, die sie in Proteine umwandeln. Pflanzenfressende Tiere wandeln diese pflanzlichen Eiweißstoffe in körpereigene Eiweiße um. Die Stickstoff-Verbindungen von abgestorbenen Pflanzenteilen und tierischen Ausscheidungen werden durch Bodenorganismen zu Ammonium-Ionen und Nitrat-Ionen abgebaut. Der größte Teil wird wieder von Pflanzen aufgenommen. Etwa ein Drittel geht als Gas (N_2, N_2O, NH_3) wieder in die Luft und 5 % werden ins Grundwasser ausgewaschen. Die Stickstoffverluste werden in der Natur durch stickstoffbindende Bakterien oder durch Nitrat-Bildung bei Gewittern ausgeglichen. In der Landwirtschaft werden die Verluste hauptsächlich durch Mineraldünger ersetzt.

A221.2

Knöllchenbakterien bilden aus Luftstickstoff pflanzenverwertbare Stickstoff-Verbindungen. Bakterien sind auch an der Verwesung von pflanzlichen und tierischen Stickstoff-Verbindungen beteiligt. Die denitrifizierenden Bakterien entziehen dem Boden Stickstoff-Verbindungen, indem sie Nitrat in Stickstoff oder Distickstoffmonooxid umwandeln. (Problem: Distickstoffmonooxid ist ein wichtiges Treibhausgas.)

A221.3

Im Durchschnitt stammen 80 kg aus der Verwesung von Pflanzenabfällen, 10 kg aus Knöllchenbakterien, 2 kg aus der Luft und 100 kg aus Mineraldüngern.
Davon nehmen die Pflanzen etwa 120 kg auf. 10 kg entweichen als Ammoniak. Dieselbe Menge wird ins Grundwasser ausgewaschen und 60 kg werden durch denitrifizierende Bakterien abgebaut.

A223.1

Die Pflanzen nehmen die zum Wachstum nötigen Mineralsalze mit den Wurzeln aus dem Boden auf. Wasser und Kohlenstoffdioxid werden über das Blattwerk aufgenommen.

A223.2

NPK-Dünger enthalten eine ausgewogene Mischung aus Stickstoff- (N), Phosphat- (P) und Kalidüngern (K); sie sind deshalb Volldünger.

A223.3

Stickstoffdünger: Ammoniumsulfat, Ammoniumnitrat
Phosphatdünger: Calciumdihydrogenphosphat, Ammoniumhydrogenphosphat
Kalidünger: Kaliumchlorid, Kaliumsulfat
Volldünger: Ammoniumnitrat, Ammoniumhydrogenphosphat, Calciumhydrogenphosphat, Calciumdihydrogenphosphat, Kaliumchlorid, Calciumsulfat

A223.4

Die optimale Nährstoffversorgung für Weizen beträgt 250 kg Stickstoff und 180 kg Kalium pro Hektar. Ein Überschuss an Kalium (250 kg; mittlerer Bildteil) führt nicht zu einem stärkeren Wachstum des Weizens, die Ähren sind genauso groß wie im linken Bildteil. Beträgt die Kalium-Versorgung nur 90 kg pro Hektar, so wird der Weizen nur halb so groß, obwohl die Stickstoff-Versorgung optimal ist. Die Hälfte des Stickstoffs bleibt ungenutzt, da Kalium als Minimumstoff das Wachstum des Weizens begrenzt.

A225.1 oben

Die Reaktion zwischen Stickstoff und Wasserstoff ist sehr langsam, da Stickstoff sehr reaktionsträge ist. Sie konnte durch den Einsatz von Katalysatoren beschleunigt werden.
Die Ausbeute ist nur bei sehr hohen Drücken ausreichend. Daher mussten druckfeste Reaktionsrohre entwickelt werden. Da die Reaktion trotzdem nur unvollständig abläuft, werden die nicht umgesetzten Anteile der Ausgangsstoffe nach Abtrennung des Ammoniaks erneut eingesetzt.

A225.2 oben

Je zwei Stickstoff-Atome werden durch eine Dreifachbindung zusammengehalten. Diese Bindung ist sehr fest; sie kann nur durch Zufuhr von viel Energie gespalten werden.

A225.3 oben

Methan und Wasser reagieren zu Kohlenstoffmonooxid und Wasserstoff. Außerdem bildet Methan mit dem Sauerstoff der Luft ebenfalls Kohlenstoffmonooxid und Wasserstoff. Hierdurch wird der Luft der Sauerstoff entzogen und der benötigte Stickstoff bleibt übrig. In einem weiteren Reaktor wird das Kohlenstoffmonooxid mit Wasser zu Kohlenstoffdioxid und Wasserstoff umgesetzt. Das entstandene Kohlenstoffdioxid wird anschließend mit Wasser unter Druck herausgelöst.

A225.4 oben

Das Ammoniak-Molekül geht durch Aufnahme eines Protons von einem Wasser-Molekül in ein Ammonium-Ion über; dabei wird ein OH⁻-Ion gebildet.

NH_3 (g) + H_2O (l) → NH_4^+ (aq) + OH^- (aq)

V225.1

a) Das Ammoniumcarbonat am Reagenzglasboden verschwindet, da es zerfällt.
Das Indikatorpapier färbt sich blau, da das entstehende Ammoniak-Gas mit Wasser alkalisch reagiert.
An den kalten Teilen des Reagenzglases bilden sich Flüssigkeitströpfchen, da sich Wasser bildet.
Das Kalkwasser trübt sich, da Kohlenstoffdioxid entsteht.

b) $(NH_4)_2CO_3$ (s) → 2 NH_3 (g) + CO_2 (g) + H_2O (l); endotherm

Das Ammonium-Ion gibt ein Proton ab und reagiert als Säure. Das Chlorid-Ion nimmt ein Proton auf und reagiert als Base.

V225.2

a) Das Indikatorpapier färbt sich blau, da das entstehende Ammoniak-Gas mit Wasser alkalisch reagiert.

b)
NH_4Cl (aq) + $NaOH$ (aq) → NH_3 (g) + $NaCl$ (aq) + H_2O (l)

NH_3 (g) + H_2O (l) → NH_4^+ (aq) + OH^- (aq)

Das Wasser löst die Salze, sodass die Ammonium-Ionen mit den Hydroxid-Ionen reagieren können.

A226.1

a) KNO_3 (s) + H_2SO_4 (l) → HNO_3 (l) + $KHSO_4$ (s)

b) Die Salpeterlagerstätten sind weitgehend ausgebeutet. Salpeter könnte allenfalls in kleinen Mengen zu verhältnismäßig hohen Preisen hergestellt werden. Daher wird Salpetersäure heute aus Ammoniak hergestellt.

A226.2

Königswasser ist ein Gemisch aus konzentrierter Salpetersäure und konzentrierter Salzsäure. Sein Name deutet auf seine Fähigkeit hin, sogar Gold, den „König" der Metalle, auflösen zu können.

A226.3

Mit konzentrierter Salpetersäure kann man Gold von Silber und unedlen Metallen trennen („scheiden"), da Gold nicht aufgelöst wird.

A226.4

Ag (s) + 2 HNO_3 (aq) →
NO_2 (g) + $AgNO_3$ (aq) + H_2O (l); exotherm

A226.5

a) HNO_3: H–O̲–N=O mit O̲ (Lewis-Formel)

b) NO: N=O (Lewis-Formel)

c) NO_2: O=N=O (Lewis-Formel)

V227.1

Löslichkeit:
a) Beim Schütteln sinkt die Temperatur um etwa 5 °C und die Salzschicht nimmt um etwa 1 cm ab. Der Lösevorgang ist also endotherm, es entsteht eine gesättigte Lösung.

b) Beim Erhitzen steigt die Löslichkeit stark an.

c) Beim Abkühlen sinkt die Löslichkeit wieder ab und das überschüssige Salz kristallisiert aus.

Erhitzen:
a) Kaliumnitrat schmilzt und es bildet sich ein Gas. Die Aktivkohle glüht hell auf und verschwindet vollständig. Die Schmelze färbt sich grünlich. Es entsteht Sauerstoff, der mit der Aktivkohle zu Kohlenstoffdioxid reagiert.

b)
2 KNO_3 (l) → 2 KNO_2 (l) + O_2 (g); endotherm

C (s) + O_2 (g) → CO_2 (g); exotherm

V227.2

a) Die Metalle lösen sich unter Gasentwicklung auf; dabei wird Wärme frei. Beim vorsichtigen Eindampfen bleibt ein fester Rückstand zurück.

b)
Fe (s) + 2 HNO_3 (aq) → $Fe(NO_3)_2$ (aq) + H_2 (g)

Mg (s) + 2 HNO_3 (aq) → $Mg(NO_3)_2$ (aq) + H_2 (g)

A228.1

a) Bei den meisten Wasserwerken liegt der Nitratgehalt zwischen 10 mg · l⁻¹ und 50 mg · l⁻¹.

A228.2

2 NH_4NO_3 (s) → 2 N_2 (g) + 4 H_2O (l) + O_2 (g); exotherm

A228.3

N_2O: N=N=O (Lewis-Formel)

V229.1

a) In den phosphathaltigen Proben bildet sich beim Erhitzen eine gelbe Trübung. Dieser gelbe, schwer lösliche Stoff setzt sich allmählich ab.

b) Backpulver enthält Natriumdihydrogenphosphat und Natriumhydrogencarbonat, die beim Erhitzen unter Kohlenstoffdioxid-Entwicklung miteinander reagieren. Außerdem ist Stärkepulver als Trennmittel enthalten.

V229.2

a) Natriumphosphat reagiert stark alkalisch, Natriumhydrogenphosphat leicht alkalisch und Kaliumdihydrogenphosphat leicht sauer.
Mit Calciumchlorid ergeben Natriumphosphat und Natriumhydrogenphosphat einen dichten Niederschlag. Im Falle der Natriumhydrogenphosphat-Lösung wird die Mischung dabei sauer.

b)

PO_4^{3-} (aq) + H_2O (l) → HPO_4^{2-} (aq) + OH^- (aq)

HPO_4^{2-} (aq) + H_2O (l) → $H_2PO_4^-$ (aq) + OH^- (aq)

$H_2PO_4^-$ (aq) → HPO_4^{2-} (aq) + H^+ (aq)

c)

2 PO_4^{3-} (aq) + 3 Ca^{2+} (aq) → $Ca_3(PO_4)_2$ (s)

2 HPO_4^{2-} (aq) + 3 Ca^{2+} (aq) → $Ca_3(PO_4)_2$ (s) + 2 H^+ (aq)

A230.1

Stickstoffkreislauf: Stickstoff-Verbindungen befinden sich in der Natur in einem ständigen Kreislauf. Durch den Ackerbau greift der Mensch in diesen Kreislauf ein.

Düngemittel: Nährsalze, die zum Ausgleich der durch die Ernte auftretenden Nährstoffverluste auf den Boden aufgebracht werden.

Pflanzennährstoffe: anorganische Verbindungen, die für das Pflanzenwachstum wichtige Elemente enthalten; vor allem Kalium-, Ammonium-, Magnesium- und Calciumsalze sowie Nitrate und Phosphate.

HABER-BOSCH-Verfahren: Verfahren zur Herstellung von Ammoniak aus Stickstoff und Wasserstoff an einem Katalysator bei erhöhten Temperaturen und erhöhtem Druck.

OSTWALD-Verfahren: Verfahren zur Herstellung von Salpetersäure über die katalytische Verbrennung von Ammoniak

Ammoniak: stechend riechendes, sehr gut wasserlösliches, alkalisch reagierendes Gas; Molekülformel: NH_3. Durch Aufnahme eines Protons bilden sich aus Ammoniak-Molekülen Ammonium-Ionen (NH_4^+), die als Kation in Ammoniumsalzen vorkommen.

Salpetersäure: stark sauer reagierende Flüssigkeit; Molekülformel: HNO_3; die konzentrierte Lösung reagiert auch mit Kupfer und Silber (unter Bildung von Stickstoffoxiden).

Nitrate: Salze der Salpetersäure, enthalten NO_3^--Ionen.

A230.2

NH_3, HNO_3, NH_4NO_3, NO_2, Ca_3PO_4, KH_2PO_4

A230.3

Besonders wichtige Elemente sind Stickstoff, Kalium und Phosphor. Daneben werden beispielsweise Calcium, Magnesium Schwefel, Eisen, Mangan benötigt.

A230.4

Spurenelemente sind Nährstoffe, die nur in sehr geringen Mengen benötigt werden, aber doch für das Pflanzenwachstum von Wichtigkeit sind.

A230.5

Ammoniak wird vor allem für die Produktion von Düngemitteln benötigt. Daneben dient es als Ausgangsstoff für die Herstellung von Kunststoffe, Farbstoffen und Sprengstoffen.
Ammoniak wird bei sehr hohem Druck und hohen Temperaturen an Katalysatoren aus Wasserstoff-Gas und Stickstoff-Gas hergestellt (HABER-BOSCH-Verfahren). Den erforderlichen Wasserstoff gewinnt man durch Reaktion von Methan mit Wasser und durch Reaktion von Methan mit Luft.

A230.6

a) Das Volumen verdoppelt sich, da sich die Zahl der Gasteilchen verdoppelt.

b) 2 NH_3 (g) → N_2 (g) + 3 H_2 (g); endotherm

A230.7

M (NH_4NO_3) = 80 g · mol^{-1}

w (N) = $\frac{2 \cdot 14}{80}$ = 0,35 = 35 %

M (($NH_4)_2SO_4$) = 132 g · mol^{-1}

w (N) = $\frac{2 \cdot 14}{132}$ = 0,21 = 21 %

Ammoniumnitrat enthält 35 % Stickstoff, Ammoniumsulfat nur 21 %.

A230.8

a) Der Minimumstoff (in diesem Beispiel Stickstoff) begrenzt die Verwertung der übrigen Nährstoffe durch die Pflanzen und damit den Ernteertrag. Er muss deshalb durch Düngung zugeführt werden.

b) In diesem Beispiel hat die Zugabe von Phosphatdüngern keinen positiven Effekt, solange das Stickstoffdefizit nicht ausgeglichen wird.

c) In diesem Falle müsste der Landwirt einen Dünger verwenden, der vor allem Stickstoff, aber auch Calcium enthält.

A230.9

Die Bodenuntersuchung gibt Auskunft über den Nährstoffgehalt des Bodens. Ein Vergleich mit dem Nährstoffbedarf der Anbaufrucht zeigt dem Landwirt, womit er in welchen Mengen düngen muss. Er kann auch ermitteln, welche Anbaufrucht mit der geringsten Düngung eine gute Ernte bringt.

A230.10

a) Da Nitrate gut wasserlöslich sind, werden sie leicht ausgewaschen, wenn die Landwirte mehr Gülle auf den Acker aufbringen, als die Pflanzen aufnehmen können.

b) Die Gülle sollte nur in der Wachstumszeit ausgebracht werden und nur in Mengen, die an den Bedarf der Pflanzen angepasst sind.

c) In der Gülleverordnung ist u. a. festgelegt, was generell unter Gülle zu verstehen ist, wie viele Tiere einer bestimmten Art so viel Gülle liefern, wie einer *Dungeinheit* entspricht, und wie das Aufbringen der Gülle auf die Felder geregelt ist.

A230.11

Durch elektrische Entladungen während eines Gewitters können Sauerstoff und Stickstoff zu Stickstoffoxiden reagieren. Diese bilden mit dem Wasser der Wolken Salpetersäure. Die Bedeutung dieses Prozesses für die Landwirtschaft ist gering. In natürlichen Ökosystemen spielt dieser Prozess eine größere Rolle, da er die Auswaschungsverluste teilweise kompensiert.

A230.12

a) Bei hohen Verbrennungstemperaturen reagiert Sauerstoff mit Stickstoff zu Stickstoffmonooxid, das zu Stickstoffdioxid weiter reagieren kann.

b) $6\ NO\ (g) + 4\ NH_3\ (g) \rightarrow 5\ N_2\ (g) + 6\ H_2O\ (g)$

A230.13

a) Zunächst muss eine Anlage zur Synthese von Ammoniak nach dem HABER-BOSCH-Verfahren gebaut werden, in der aus Wasserstoff und Stickstoff Ammoniak gebildet wird. Außerdem wird eine Salpetersäure-Anlage benötigt, in der Ammoniak mit Luftsauerstoff an einem Platin-Katalysator zu Stickstoffmonooxid reagiert. Dieses reagiert mit Wasser und Sauerstoff zu Salpetersäure. In einer dritten Anlage wird Ammoniak in Salpetersäure eingeleitet. Durch Eindampfen der entstehenden Lösung erhält man das gewünschte Ammoniumnitrat.

b) Eine Tonne Ammoniumnitrat (M (NH_4NO_3) = 80 g · mol^{-1}) entspricht 12,5 kmol. Zur Herstellung benötigt man 25 kmol NH_3. Das entspricht 425 kg Ammoniak.

15 Anorganische Kohlenstoff-Chemie

A233.1

Gemeinsamkeiten: brennbar, bei der Verbrennung entsteht Kohlenstoffdioxid, Aufbau aus Kohlenstoff-Atomen

Unterschiede: Härte, Farbe, Anordnung und Abstand der Atome

A233.2

Diamant ist härter als Graphit, weil der Abstand zwischen den Atomen kleiner und der Zusammenhalt stärker ist. Im Graphit sind die Atome in Schichten angeordnet. Die Schichten sind gegeneinander verschiebbar

A233.3

a) Aus dem Atomverband des Graphits lassen sich leicht einzelne Schichten bzw. Stapel von Schichten ablösen, da hier der Abstand zwischen den Schichten besonders groß ist.

Hinweis: Die Anziehungskräfte zwischen den Schichten sind relativ klein.

b) Früher hat man den in Stiften verwendeten Graphit für eine Blei-Verbindung gehalten. Nachdem dieser Irrtum aufgeklärt war, hatte sich der Name „Bleistift" jedoch schon so sehr eingebürgert, dass es bis heute dabei blieb.

A233.4

Die kleineren Moleküle können im Inneren der Fulleren-Moleküle transportiert werden. Ein Beispiel wäre der Transport empfindlicher Arzneimittel-Moleküle im Körper. Man müsste dazu jeweils wirksame Moleküle synthetisieren, die gerade schnell genug ins Innere des Fulleren-Moleküls wandern können und auch wieder heraus können, wenn sie benötigt werden.

A235.1

Mit Kalkwasser ($CaOH_2$ (aq)) bildet sich eine weiße Trübung aus Calciumcarbonat ($CaCO_3$).

A235.2

Zunächst bilden sich Hydrogencarbonat-Ionen (HCO_3^-), bei weiterer Zugabe von Natronlauge werden die Hydrogencarbonat-Ionen in Carbonat-Ionen (CO_3^{2-}) überführt.

A235.3

Ursache ist die in den letzten Jahrzehnten verstärkte Nutzung fossiler Energieträger: Kohle, Erdgas, Heizöl und Benzin sind Kohlenstoff-Verbindungen, bei deren Verbrennung große Mengen an Kohlenstoffdioxid gebildet werden.

A235.4

Man befestigt eine Kerze auf einem Verbrennungslöffel und zeigt zunächst, dass sie weiterbrennt, wenn man sie in den mit Luft gefüllten Standzylinder absenkt. Anschließend versucht man das Kohlenstoffdioxid umzugießen. Man prüft dann mit der brennenden Kerze zunächst den entleerten Standzylinder: Die Kerze brennt weiter. Das Erlöschen der Kerze beim Absenken in den „befüllten" Zylinder zeigt, dass der Versuch gelungen ist.

A235.5

a)

b) Das Ion entspricht einem ebenen Dreieck, denn so haben die Elektronenwolken der Bindungen den größten Abstand voneinander.

A235.6

Man erhält eine weiße Fällung aus schwer löslichem Calciumcarbonat:

$$Ca^{2+} \text{ (aq)} + CO_3^{2-} \text{ (aq)} \rightarrow CaCO_3 \text{ (s)}$$

A235.7

a) m (Kohlenstoff) = V (Heizöl) $\cdot \rho$ (Heizöl) $\cdot w$ (Kohlenstoff)
$$= 2500 \text{ l} \cdot 0,73 \text{ kg} \cdot \text{l}^{-1} \cdot 0,85 = 1551 \text{ kg}$$

Da aus jedem C-Atom (m (C-Atom) = 12 u) ein CO_2-Molekül (m (CO_2-Molekül) = 44 u) entsteht, steht die Masse des Kohlenstoffdioxids zur Masse des Kohlenstoffs im Verhältnis 44 : 12 bzw. 3,67 : 1.

$$m \text{ (Kohlenstoffdioxid)} = 1551 \text{ kg} \cdot \frac{3,67}{1} = 5687 \text{ kg}$$

b) 44 g Kohlenstoffdioxid (= 1 mol) nehmen ein Volumen von 24 l ein, 44 kg dementsprechend 24 m^3.

$$V \text{ (Kohlenstoffdioxid)} = \frac{5687 \text{ kg}}{44 \text{ kg}} \cdot 24 \text{ m}^3 = 3102 \text{ m}^3$$

c) Heizöl besteht aus Wasserstoff-Verbindungen des Kohlenstoffs. Bei der Verbrennung (mit Sauerstoff) wird der im Heizöl gebundene Wasserstoff in Wasser überführt.

A235.8

Die Energiegewinnung im Körper beruht auf der Oxidation der Nährstoffe durch Sauerstoff aus der Luft. Da es sich bei den Nährstoffen um Kohlenstoff-Verbindungen handelt, wird dabei Kohlenstoffdioxid gebildet, der beim Ausatmen abgegeben wird. Die Erhöhung des Kohlenstoffdioxid-Anteils entspricht der Abnahme des Sauerstoff-Anteils.

V235.1

a) Beim Zutropfen der Salzsäure bilden sich Gasbläschen auf dem Kalksteinstückchen. Am Ende des Gasableitungsrohres bilden sich größere Blasen, die im Kalkwasser aufsteigen. Allmählich entsteht eine weiße Trübung, die Gasentwicklung hört schließlich auf und die Trübung im Kalkwasser setzt sich langsam ab.

b) $CaCO_3$ (s) + 2 H^+ (aq) → Ca^{2+} (aq) + CO_2 (g) + H_2O (l)

Ca^{2+} (aq) + 2 OH^- (aq) + CO_2 (g) → $CaCO_3$ (s) + H_2O (l)

V235.2

a) Zu Beginn des Erhitzens entweichen einige Gasblasen durch das Kalkwasser (erwärmte Luft). Dann bilden sich weitere Gasblasen und das Kalkwasser trübt sich allmählich. Gleichzeitig entsteht ein Wasserbeschlag an der oberen kühleren Hälfte des Reagenzglases.

b) 2 $NaHCO_3$ (s) → Na_2CO_3 (s) + CO_2 (g) + H_2O (g)

Ca^{2+} (aq) + 2 OH^- (aq) + CO_2 (g) → $CaCO_3$ (s) + H_2O (l)

c) Natriumhydrogencarbonat zerfällt bei der hohen Temperatur im Backofen. Dabei entstehen Kohlenstoffdioxid-Bläschen, die den Teig lockern.

Hinweis: Backpulver enthalten neben Natriumhydrogencarbonat auch „Säuerungsmittel" (z. B. Weinsäure oder $Na_2H_2P_2O_7$), sodass die Kohlenstoffdioxid-Entwicklung schon während der Teigbereitung einsetzt. Eine rein thermolytische Bildung von Kohlenstoffdioxid ist bei den im Teig erreichten Temperaturen praktisch ohne Bedeutung.

A236.1

Zunächst werden Ton und Kalkstein zerkleinert und dann in einem Drehrohr zu Klinker gebrannt. Der Klinker wird mit Gips gemischt, erneut gemahlen und dann als fertiger Zement verladen.

A236.2

Vorteil: Zement bindet auch unter Luftabschluss und sogar unter Wasser ab.

Nachteil: Wegen der hohen Reaktionstemperaturen wird bei der Herstellung mehr Energie verbraucht.

A236.3

$Ca(OH)_2$ (s) + CO_2 (g) → $CaCO_3$ (s) + H_2O (l); exotherm

A237.1

Bildung von wasserunlöslichen Kalkseifen, Kesselsteinbildung in Warmwasserrohren, Heißwasserspeichern und Heißwassergeräten

A237.2

Kesselstein lässt sich durch Aufkochen mit einer sauren Lösung (z. B. Essig) entfernen. Handelsübliche Entkalker enthalten meist Zitronensäure, Weinsäure oder Amidosulfonsäure.

A237.3

Durch den Zusatz von Soda werden dem Waschwasser die Calcium-Ionen entzogen, es fällt Calciumcarbonat aus. Die löslichen Natriumsalze stören den Waschvorgang nicht.

2 Na^+ (aq) + CO_3^{2-} (aq) + Ca^{2+} (aq) → $CaCO_3$ (s) + 2 Na^+ (aq)

A237.4

In der Schwäbischen Alb durchdringt das Wasser auf dem Weg zum Grundwasser kalkhaltige Schichten. Calciumhydrogencarbonat wird dabei im Wasser gelöst. Der Schwarzwald ist kein Kalkgebirge (überwiegend Granit).

A237.5

Die Waschmittel enthalten Wasserenthärter, die Calcium-Ionen binden.

S. 238 f.

Vollentsalzung. Vollentsalztes („demineralisiertes") Wasser wird überwiegend mit Hilfe von Ionenaustauschern gewonnen. Für die Vollentsalzung benötigt man eine Mischung von Kationenaustauschern mit Anionenaustauschern.

Die Kationenaustauscher werden in der H^+-Form eingesetzt; sie geben also Protonen an das Wasser ab, während sie Kationen (Ca^{2+}, Na^+) aufnehmen. Die in der OH^--Form eingesetzten Anionenaustauscher geben Hydroxid-Ionen ab, während sie Anionen (HCO_3^-, Cl^-, SO_4^{2-}) aus dem Wasser aufnehmen.

Die von den Ionenaustauschern abgegebenen Ionen (H^+, OH^-) reagieren miteinander zu Wasser-Molekülen. Vollentsalztes Wasser weist daher nur einen geringen Restgehalt an Ionen auf, sodass die Leitfähigkeit sehr gering ist. Die Funktionsfähigkeit von Vollentsalzern wird deshalb in der Regel durch Messung der Leitfähigkeit überwacht. Sobald ein bestimmter Grenzwert überschritten wird, tauscht man die Harzfüllung aus. Das weitgehend „erschöpfte" Harz wird im Allgemeinen beim Gerätehersteller regeneriert.

Teilenthärtung durch Wasserfilter. Wasserfilter sollen die Qualität des Trinkwassers verbessern, indem sie die Wasserhärte verringern und Chlor sowie Umweltschadstoffe wie Blei aus Bleileitungen, Nitrat oder Pestizide entfernen. Als Filtermaterial enthalten sie Aktivkohle sowie Kationenaustauscher, gelegentlich auch Anionenaustauscher. Aktivkohle soll unpolare Stoffe wie beispielsweise Pestizide, Kohlenwasserstoffe oder Chlor adsorbieren. Ionenaustauscher enthärten das Wasser und binden Blei-, Aluminium- oder Nitrat-Ionen. Manche Wasserfilter sind mit Silber-Ionen versetzt, um eine Verkeimung zu verhindern.

Das Filtermaterial befindet sich in auswechselbaren Patronen, durch die das Leitungswasser in einen Vorratsbehälter läuft.

Ob es sinnvoll ist, solche Wasserfilter einzusetzen, ist allerdings umstritten. So ist das von den Wasserwerken gelieferte Wasser oft bereits ausreichend enthärtet. Calcium- und Magnesium-Ionen sind aus medizinischer Sicht wichtige Mineralien, sodass Trinkwasser nicht unter 8,4 °d enthärtet werden darf. Allerdings sollen einige Teesorten besser schmecken, wenn sie mit besonders weichem Wasser zubereitet werden. Zum Blumengießen verwendet man besser Regenwasser, da sonst der Gehalt an Calcium-Ionen im Blumentopf sehr schnell ansteigt.

Chlor wird von den handelsüblichen Filtern in der Regel gut zurückgehalten. Das Filtervermögen für die anderen Stoffe ist je nach Zusammensetzung des Filtermaterials unterschiedlich. Es gibt keinen Wasserfilter, der alle denkbaren Schadstoffe gleichermaßen gut entfernt.

Wenn man Wasserfilter benutzt, muss man die empfohlenen Betriebsbedingungen genau einhalten. Die Filterwirkung lässt mit der Zeit deutlich nach. Wechselt man die Patronen zu spät oder steht das Wasser zu lange, kann es durch Vermehrung von Mikroorganismen zur Verkeimung kommen. Bei unsachgemäßem Gebrauch können sich aus einigen Filtern organische Stoffe lösen; auch können Silber-Ionen freigesetzt werden.

Geschirrspülmittel. Für das Spülen in der Maschine benötigt man in der Regel drei unterschiedliche Produkte: *Reiniger*, *Klarspüler* und *Regeneriersalz*.

Reiniger lösen den Schmutz vom Geschirr und halten ihn fein verteilt in der Schwebe, bis er mit dem Wasser fortgespült wird. Dabei muss die chemische Wirkung des Reinigers stärker als die eines Handspülmittels sein, denn die mechanische Wirkung einer Spülbürste entfällt in der Maschine. Reiniger enthalten beispielsweise Natriumsilicat, Soda, Natriumtriphosphat, Natriumcitrat sowie nichtionische Tenside. Das Gemisch reagiert deutlich alkalisch (pH 12–13). Einige Reiniger enthalten Bleichmittel auf Sauerstoffbasis. So werden Keime abgetötet. Enzyme bauen stärkehaltige Verschmutzungen ab.

In letzter Zeit kamen umweltverträglichere Konzentrate in den Handel, in denen das ätzende Natriumsilicat durch das mildere Natriumdisilicat ersetzt ist. Probleme können entstehen, wenn der Ionenaustauscher die Calcium- und Magnesium-Ionen nicht ganz entfernt, sodass Gläser nach dem Spülen trübe sind und sich ein Belag auf dem Geschirr bildet.

Klarspüler werden nach dem Reinigungsgang zugesetzt. Tenside setzen die Oberflächenspannung des Wassers auf dem Geschirr herab, sodass es tropfenfrei abfließt. Klarspülmittel enthalten auch organische Säuren wie Zitronensäure, um Reste des alkalischen Reinigers zu neutralisieren und Kalkablagerungen zu vermeiden.

Das *Regeneriersalz* muss zugesetzt werden, um den Ionenaustauscher funktionsfähig zu halten. Die Calcium- und Magnesium-Ionen des harten Wassers ersetzen die Natrium-Ionen des Austauscherharzes, sodass Kalkablagerungen in der Maschine verhindert werden. Wenn die Kapazität des Ionenaustauschers nach einiger Zeit erschöpft ist, müssen die Calcium- und Magnesium-Ionen wieder durch Natrium-Ionen in hoher Konzentration verdrängt werden. Zur Regenerierung setzt man sehr reines Kochsalz zu.

Abflussreiniger. *Feste Reiniger* enthalten Natriumhydroxid oder Kaliumhydroxid. Bei Berührung mit Wasser wird durch die Hydratation sehr viel Wärme frei: Es entsteht eine heiße, stark alkalische Lösung. Fetthaltiger Schmutz wird unter diesen Bedingungen angelöst.

Rohrreiniger enthalten manchmal zusätzlich granuliertes Aluminium. Es reagiert in alkalischer Lösung unter Bildung von Wasserstoff. Durch die Gasentwicklung wird der Schmutz auf mechanischem Wege gelockert.

Um die Bildung von explosivem Knallgas zu vermeiden, enthalten einige Reiniger zusätzlich Nitrate, sodass sich neben Wasserstoff zusätzlich Ammoniak bildet.

Hinweis: Dieser in der Literatur angeführte Zusammenhang erscheint allerdings zweifelhaft: Der Nitratzusatz dürfte im Wesentlichen die Reaktion verlangsamen, sodass die Bildung von Ammoniak nur als (unerwünschte) Nebenreaktion einzuschätzen ist.

Flüssige Reiniger sind ebenfalls stark alkalisch. Sie enthalten zusätzlich Tenside und Natriumhypochlorit, das besonders Verstopfungen durch Haare löst.

Abflussreiniger enthalten also sehr aggressive Chemikalien, sie müssen daher genau nach Vorschrift verwendet werden. Mit mechanischen Mitteln wie Saugglocke, Spiralfeder oder Rohrzange lassen sich Verstopfungen ebenfalls unproblematisch und sicherer beseitigen. Mit Hilfe eines Siebs kann man von vornherein verhindern, dass Abflüsse verstopfen.

Alkalische Sanitärreiniger. Fetthaltiger Schmutz auf Fliesen, Keramik und Armaturen kann mit alkalischen Sanitärreinigern entfernt werden. Sie enthalten neben Tensiden oft bleichende und desinfizierende Wirkstoffe wie Wasserstoffperoxid.

Saure WC-Reiniger. Gegen Ablagerungen von Kalk oder Urinstein werden meist saure WC-Reiniger eingesetzt. Es sind meist Pulver, die Zitronensäure, Natriumhydrogensulfat oder Amidosulfonsäure enthalten. Ein Zusatz von Natriumhydrogencarbonat führt zur Gasentwicklung; das damit verbundene Aufschäumen unterstützt den Reinigungsvorgang. Zumeist enthalten saure Reiniger noch Tenside sowie Desinfektionsmittel und Duftstoffe.

Allzweckreiniger. Wichtigster Bestandteil von Allzweckreinigern sind Tenside oder Seifen. *Neutralreiniger* haben einen pH-Wert von etwa 7. Sie sind besonders für empfindliche Oberflächen geeignet. Sie sind bei Hautkontakt unproblematisch. Die pH-Werte von *Salmiakreinigern* liegen bei etwa 10. Sie enthalten Ammoniak. *Essigreiniger* reagieren leicht sauer. Mit ihnen kann vor allem Kalk beseitigt werden.

Alkoholreiniger bestehen zu etwa 30 % aus Alkohol, beispielsweise Isopropanol. Sie eignen sich vor allem für glänzende Flächen und Glas. Sie trocknen schnell und streifenfrei.

Seifenreiniger enthalten Seifenflocken oder auch flüssige Schmierseife. Sie sind vielseitig einsetzbar.

Man kann mit Allzweckreinigern nahezu alles reinigen. Damit machen sie viele Spezialmittel überflüssig. Moderne Allzweckreiniger enthalten keine Phosphate. Ihre Tenside werden in kurzer Zeit vollständig abgebaut. Damit gehören sie zu den Reinigungsmitteln, die die Umwelt nur wenig belasten. Dabei sind Reiniger mit Seifen als Hauptbestandteil hervorzuheben, weil diese in Kläranlagen leicht als Kalkseifen entfernt werden können.

Materialien:

KATALYSE e.V., Das Umweltlexikon, Kiepenheuer & Witsch, Köln 1993

STIFTUNG WARENTEST, Ratgeber Umwelt, Zenit Pressevertrieb, Stuttgart

J. ELKINGTON, J. HAILES, Umweltfreundlich einkaufen, Droemer-Knaur, München 1990

Verbraucherzentralen der einzelnen Bundesländer

Arbeitsgemeinschaft der Verbraucher e.V. Heilsbachstr. 20, 53123 Bonn.

Industrieverband Körperpflege und Waschmittel e.V. (IKW) Karlstraße 21, 60329 Frankfurt a.M.

G. VOLLMER, M. FRANZ: Chemie in Haus und Garten, dtv, München (1994)

A240.1

Kohlenstoff befindet sich
– im Kohlenstoffdioxid, das in der Luft und im Wasser gelöst enthalten ist,
– im Kalkstein ($CaCO_3$),
– in der organischen Substanz und in fossilen Energieträgern wie Kohle, Erdöl und Erdgas.

A240.2

Pflanzen nehmen bei der Photosynthese Kohlenstoffdioxid aus der Umgebung auf und bauen den darin gebundenen Kohlenstoff in organische Verbindungen ein. Man spricht von Kohlenstoff-Assimilation. Durch die Atmung (Kohlenstoff-Dissimilation) werden organische Substanzen wieder in anorganische Stoffe umgewandelt. Dabei wird auch Kohlenstoffdioxid an die Umgebung abgegeben.

A240.3

a) Die Strahlung der Sonne erwärmt die Erdoberfläche. Die Erde gibt diese Wärme wieder an den Weltraum ab. Doch bestimmte Gase wie Kohlenstoffdioxid und Wasserdampf halten die Wärme zum Teil zurück. Dadurch wird die Wärmeabgabe verzögert und die Lufthülle erwärmt sich. Dieser Erwärmungseffekt wird als (natürlicher) Treibhauseffekt der Erde bezeichnet.

b) Außer Kohlenstoffdioxid und Wasserdampf aus Verbrennungsprozessen sind Methan und Lachgas an der Verstärkung des Treibhauseffektes beteiligt. Diese Gase entstehen vor allem bei der Landwirtschaft.

A241.1

Graphit, Diamant: Verschiedene Erscheinungsformen (Modifikationen) des Kohlenstoffs:

Graphit ist schwarz und glänzend, dabei sehr weich und leicht spaltbar. Die Atome bilden Schichten, in denen jedes Atom mit drei benachbarten Atomen durch Elektronenpaarbindungen verknüpft ist. Die Schichten sind leicht gegeneinander verschiebbar.

Diamant ist durchsichtig und stark lichtbrechend, dabei sehr hart und spröde. Die Atome bilden ein räumliches Netzwerk, in dem jedes Atom mit vier benachbarten Atomen durch Elektronenpaarbindungen verknüpft ist.

Kohlenstoffoxide: Farblose Gase, die bei der Verbrennung von Kohlenstoff oder Kohlenstoff-Verbindungen entstehen. Dabei wird überwiegend *Kohlenstoffdioxid* (CO_2) gebildet. Bei sehr hohen Temperaturen und Sauerstoffmangel kann auch das brennbare, giftige *Kohlenstoffmonooxid* (CO) gebildet werden. Kohlenstoffdioxid löst sich relativ gut in Wasser, die Lösung reagiert schwach sauer.

Kohlensäure: Bezeichnung für die schwach sauer reagierende wässerige Lösung von Kohlenstoffdioxid; enthält zu einem geringen Anteil Wasserstoff-Ionen (H^+ (aq)) und Hydrogencarbonat-Ionen (HCO_3^- (aq)).

Hydrogencarbonate: Salze, in denen als Anion das Hydrogencarbonat-Ion HCO_3^- vorliegt.

Carbonate: Salze, in denen als Anion das Carbonat-Ion CO_3^{2-} vorliegt.

Wasserhärte: Maß für den Gehalt an Calcium-Ionen und Magnesium-Ionen im Wasser. Ein Grad deutscher Härte (1 °d) bedeutet: 100 Liter Wasser enthalten ebenso viele Calcium-Ionen wie ein Gramm Calciumoxid; das entspricht c (Ca^{2+}) = 0,18 mmol · l^{-1}.

Kohlenstoffkreislauf: Zwischen der Luft, dem Wasser, dem Gestein und den Lebewesen findet ständig ein Austausch von Kohlenstoff-Verbindungen statt. Beteiligt sind dabei vor allem Kohlenstoffdioxid, organische Stoffe und Kalk. Zwischen der Atmosphäre und dem Meerwasser wird Kohlenstoffdioxid ausgetauscht. Bei der Photosynthese wandeln Pflanzen Kohlenstoffdioxid in organische Nährstoffe um, die bei der Atmung und Verwesung wieder zu Kohlenstoffdioxid reagieren. Gebildeter Kalk in Gesteinen kann durch vulkanische Aktivität wieder als Kohlenstoffdioxid in die Atmosphäre gelangen.

Kalkmörtel: Baustoff aus Löschkalk ($Ca(OH)_2$), Sand und Wasser

Zementmörtel: Baustoff aus gebranntem Kalk (CaO), Silicaten und Gips

A241.2

Kohlenstoffmonooxid

Kohlenstoffdioxid

Carbonat-Ion

Hydrogencarbonat-Ion

A241.3

Kaliumcarbonat:	K_2CO_3
Calciumcarbonat:	$CaCO_3$
Magnesiumhydrogencarbonat:	$Mg(HCO_3)_2$
Natriumhydrogencarbonat:	$NaHCO_3$

A241.4

Reaktion von Calciumchlorid-Lösung mit einer Natriumcarbonat-Lösung:

$$Ca^{2+} (aq) + CO_3^{2-} (aq) \rightarrow CaCO_3 (s)$$

Reaktion von Löschkalk mit Kohlenstoffdioxid:

$$Ca(OH)_2 (s) + CO_2 (g) \rightarrow CaCO_3 (s) + H_2O (l)$$

Reaktion von Kalkwasser mit Kohlenstoffdioxid:

$$Ca^{2+} (aq) + 2 OH^- (aq) + CO_2 (g) \rightarrow CaCO_3 (s) + H_2O (l)$$

A241.5

Die Geologen können kalkhaltiges Gestein erkennen: Beim Auftropfen der Salzsäure entweicht Kohlenstoffdioxid und an der Auftropfstelle schäumt es.

$$CaCO_3 (s) + 2 H^+ (aq) + 2 Cl^- (aq) \rightarrow$$
$$Ca^{2+} (aq) + 2 Cl^- (aq) + H_2O (l) + CO_2 (g)$$

A241.6

Koksöfen liefern das zum Abbinden notwendige Kohlenstoffdioxid und beschleunigen außerdem das Verdunsten des entstehenden Wassers.

A241.7

a) $CaCO_3 (s) + H_2O (l) + CO_2 (aq) \rightarrow$
$$Ca^{2+} (aq) + 2 HCO_3^- (aq)$$

b) $Ca^{2+} (aq) + 2 HCO_3^- (aq) \rightarrow$
$$CaCO_3 (s) + H_2O (l) + CO_2 (g)$$

16 Chemie der Kohlenwasserstoffe

A243.1 oben

Am Aufbau organischer Verbindungen sind immer Kohlenstoff-Atome beteiligt:
$^{12}_{6}C$: 6 Protonen, 6 Elektronen und 6 Neutronen;
IV. Hauptgruppe, 2. Periode

A243.2 oben

Zuckerkohle ist das Zersetzungsprodukt von Zucker; sie besteht aus Kohlenstoff.

A243.3 oben

Kunststoffe zersetzen sich beim Erhitzen. Dabei entsteht eine kohleartige Masse.

A243.1 unten

BERZELIUS hat die Stoffe pflanzlicher und tierischer Herkunft als organische Verbindungen und die der unbelebten Natur als anorganische Stoffe bezeichnet.

A243.2 unten

Harnstoff ist ein Abbauprodukt des (Eiweiß-)Stoffwechsels, das über die Nieren ausgeschieden wird.

A244.1

a) CH_4 (g) + 2 O_2 (g) → CO_2 (g) + 2 H_2O (g)

b) CH_4 (g) + 4 CuO (s) → CO_2 (g) + 2 H_2O (g) + 4 Cu (s)

c) CO_2 (g) + $Ca(OH)_2$ (aq) → $CaCO_3$ (s) + H_2O (l)

V247.3

a) Im Schülerversuch werden maximal 60 % des Heizwerts von Erdgas erreicht.

b) Der Heizwert von Biogas beträgt etwa 25 MJ · m^{-3} verglichen mit 34 MJ · m^{-3} für Erdgas. Der Unterschied kommt im Wesentlichen durch Zusammensetzung von Biogas zu Stande: Unveredelt besteht es nur zu 50 – 70 % aus Methan. Neben Spuren von Schwefelwasserstoff, Stickstoff, Wasserstoff und Kohlenstoffmonooxid liegt Kohlenstoffdioxid als wichtigster Nebenbestandteil vor.

A247.1 oben

Während sich die bei der Verbrennung gewonnene Wärmemenge von Kohle über Erdgas zu Wasserstoff jeweils fast oder mehr als verdoppelt, verringert sich die freiwerdende CO_2-Menge auf die Hälfte. Bei der Verbrennung von Wasserstoff wird gar kein Kohlenstoffdioxid freigesetzt.

A247.2 oben

Wasserstoff hat den höchsten Heizwert und verursacht die geringste Umweltbelastung. Er ist aber wesentlich teurer als Kohle oder Erdgas.

A247.1 Mitte

Methan entsteht durch Abbau von Biomasse, wie sie bei die Photosynthese grüner Pflanzen gebildet wird. Biomasse kann nachwachsen.

A 247.1 unten

Die organischen Abfälle werden entsorgt, dabei kann Energie gewonnen werden. Dadurch werden die fossilen Rohstoffe geschont.

A247.2 unten

Biogasanlagen erfordern hohe Investitions- und Betriebskosten. Nur größere Anlagen können wirtschaftlich arbeiten.

A248.1

Verbrennung:
2 C_4H_{10} (g) + 13 O_2 (g) → 8 CO_2 (g) + 10 H_2O (g)

thermolytische Zersetzung:
C_4H_{10} (g) → 4 C (s) + 5 H_2 (g)

A248.2

Aus der Reaktionsgleichung der Verbrennung ergibt sich:

n (C_4H_{10}) : n (CO_2) : n (H_2O) = 1 : 4 : 5

n (C_4H_{10}) = $\dfrac{m\,(C_4H_{10})}{M\,(C_4H_{10})}$ = $\dfrac{10\text{ g}}{58\text{ g} \cdot \text{mol}^{-1}}$ = 0,17 mol

n (CO_2) = 4 · 0,17 mol = 0,68 mol

m (CO_2) = n (CO_2) · M (CO_2) = 0,68 mol · 44 g · mol^{-1} = 29,9 g

n (H_2O) = 5 · 0,17 mol = 0,85 mol

m (H_2O) = n (H_2O) · M (H_2O) = 0,85 mol · 18 g · mol^{-1} = 15,3 g

A248.3

Man erhält drei Ausschläge (Peaks).

A248.4

Das verflüssigte Butan verdampft und entzündet sich durch Zündfunken.

A249.1

Die verschiedenen Moleküle einer Probe werden in der mobilen Phase (im Trägergasstrom) gleichmäßig durch die Trennsäule transportiert. Aufgrund ihrer unterschiedlichen Eigenschaften (Polaritäten) treten sie in verschieden starke Wechselwirkung mit den Lösungsmittel-Molekülen der stationären Phase. Daher verweilen sie unterschiedlich lange in der Trennsäule und kommen nacheinander an deren Ende an.

A249.2

Die Verwendung des unbrennbaren Gases Helium ist gefahrlos, bei Wasserstoff kann es zu einer Knallgasexplosion kommen.

A250.1

Bei den gesättigten Kohlenwasserstoffen liegen zwischen den C-Atomen nur Einfachbindungen vor, während bei ungesättigten Kohlenwasserstoffen auch C/C-Mehrfachbindungen auftreten.

A250.2

Pentadecan, $C_{15}H_{32}$

A250.3

$C_{390}H_{782}$

A250.4

Methyl-Gruppe CH_3-
Ethyl-Gruppe C_2H_5-
Propyl-Gruppe C_3H_7-
Butyl-Gruppe C_4H_9-
allgemeine Formel der Alkyl-Gruppe: $(C_nH_{2n+1})-$

A251.1

Methan   Ethan   Propan

Butan   Pentan

A251.2

Bei der linken Konformation befinden sich die Wasserstoff-Atome der beiden Kohlenstoff-Atome direkt hintereinander. Bei der rechten Konformation stehen sie dagegen „auf Lücke", sie sind um 60° gegeneinander gedreht. Diese Konformation ist wegen der geringeren räumlichen Behinderung stabiler.

A252.1

$CH_3-CH_2-CH_2-CH_2-CH_2-CH_2-CH_3$
n-Heptan

2-Methylhexan

3-Methylhexan

2,3-Dimethylpentan   2,4-Dimethylpentan

2,2-Dimethylpentan   3,3-Dimethylpentan

3-Ethylpentan   2,2,3-Trimethylbutan

A252.2

Die verschiedenen Hexan-Isomere besitzen aufgrund ihrer unterschiedlichen Molekülstruktur unterschiedliche Eigenschaften. Infolge der unterschiedlichen Form unterscheidet sich die Wechselwirkung mit den Lösungsmittelteilchen der stationären Phase, sodass die Isomeren unterschiedlich lange im Gas-Chromatografen verweilen.

A252.3

$$CH_2 \diagup\!\!\!\backslash\, CH_2$$ Cyclopropan

$$CH_2 - CH_2$$
$$CH_2 - CH_2$$ Cyclobutan

Cyclopentan

A252.4

Butan-Gas besteht aus zwei Isomeren. Das verzweigte Isomer besitzt die niedrigere Siedetemperatur. Beim Abkühlen kondensiert n-Butan bei $-1\ °C$ und iso-Butan bei $-12\ °C$.

A252.5

Die Wannenform ist energetisch ungünstiger, weil sich die an den Spitzen nach innen zeigenden Wasserstoff-Atome gegenseitig räumlich stören.

A253.1

n-Pentan, 2-Methylbutan, 2,2-Dimethylpropan

A253.2

n-Pentan hat die gleiche Molekülformel wie 2,2-Dimethylpropan.

A253.3

3-Ethylpentan

3-Ethyl-2-methylhexan

2,2,4-Trimethylpentan

2,2,3-Trimethyl-4-propylheptan

A253.4

n-Propyl-Gruppe

iso-Propyl-Gruppe

A253.5

a) 2,3-Dimethylhexan

b) 2,3,3,4-Tetramethylpentan

c) 3,4-Diethyl-2-methyl-4-iso-propylheptan

A254.1 a)

2-Methylpentan

2,2-Dimethylbutan

A254.1 b)

Die beiden Moleküle haben die gleiche Molekülformel.

A254.1 c)

2-Methylpentan hat die höhere Siedetemperatur. Die Moleküle sind weniger verzweigt als 2,2-Dimethylbutan. Die mögliche Berührungsfläche ist größer, die VAN-DER-WAALS-Bindungen daher stärker.

A254.2

Brom-Moleküle und Heptan-Moleküle sind unpolar. Die beiden Stoffe Brom und Heptan mischen sich also, weil sie eine ähnliche Polarität haben.
Kaliumbromid besteht aus Ionen, ist polar und löst sich daher nicht in unpolaren Lösungsmitteln.

A254.3

Bei VAN-DER-WAALS-Bindungen handelt es sich um Anziehungskräfte zwischen unpolaren Molekülen.
Wasserstoffbrückenbindungen sind Bindungen zwischen polaren Molekülen, an denen polar gebundene H-Atome mit positiver Teilladung und stark elektronegative Atome mit einem freien Elektronenpaar (z. B. O-Atome) beteiligt sind. Sie sind wesentlich stärker als VAN-DER-WAALS-Bindungen.

A254.4

a) Die Siedetemperaturen der n-Alkane nehmen mit der Anzahl der C-Atome wegen der stärker werdenden VAN-DER-WAALS-Bindungen zu. Am Anfang ist die Zunahme stärker, da sich hier die Unterschiede deutlicher bemerkbar machen.

b) 2-Methylbutan und 2,2-Dimethylpropan haben die gleiche Molekülmasse, aber unterschiedliche Siedetemperaturen.

V255.1

a) Im U-Rohr bilden sich Wassertröpfchen; die wässerige Calciumhydroxid-Lösung trübt sich.

b)

CH_4 (g) + 2 O_2 (g) → CO_2 (g) + 2 H_2O (g)

CO_2 (g) + $Ca(OH)_2$ (aq) → $CaCO_3$ (s) + H_2O (l)

V255.2

a) Speisefett, Kerzenwachs, Iod, Sudanrot

b) Natriumchlorid ist eine Ionenverbindung, die sich gut in polaren Lösungsmitteln wie Wasser löst.
Iod besteht aus unpolaren Molekülen und löst sich daher gut in unpolaren Lösungsmitteln wie Heptan.

c) Heptan läuft schneller aus als Dodecan. Mit zunehmender Molekülgröße nehmen die VAN-DER-WAALS-Bindungen und damit auch die Viskosität zu.

V255.3

In der Reihenfolge Heptan, Petroleum und Paraffinöl nimmt die Entflammbarkeit ab.

A256.1

Man nannte diese Verbindungen Paraffine, weil sie reaktionsträge sind.

A256.2

Bei Substitutionsreaktionen wird ein Atom oder eine Atomgruppe durch ein anderes Atom oder durch eine andere Atomgruppe ersetzt.

A256.3

C_5H_{12} (l) + 8 O_2 (g) → 5 CO_2 (g) + 6 H_2O (g)

C_5H_{12} (l) + Cl_2 (g) → $C_5H_{11}Cl$ (l) + HCl (g)

A256.4

a)

$$\overset{\overset{\displaystyle Br}{|}}{CH_2}-CH_2-CH_2-CH_2-CH_2-CH_2-CH_3$$
1-Bromheptan

$$CH_3-\overset{\overset{\displaystyle Br}{|}}{CH}-CH_2-CH_2-CH_2-CH_2-CH_3$$
2-Bromheptan

$$CH_3-CH_2-\overset{\overset{\displaystyle Br}{|}}{CH}-CH_2-CH_2-CH_2-CH_3$$
3-Bromheptan

$$CH_3-CH_2-CH_2-\overset{\overset{\displaystyle Br}{|}}{CH}-CH_2-CH_2-CH_3$$
4-Bromheptan

b)

$$\overset{\overset{\displaystyle Br}{|}}{CH_2}-\overset{\overset{\displaystyle Br}{|}}{CH}-CH_2-CH_2-CH_2-CH_2-CH_3$$
1,2-Dibromheptan

$$\overset{\overset{\displaystyle Br}{|}}{CH_2}-\overset{\overset{\displaystyle Br}{|}}{CH}-\overset{\overset{\displaystyle Br}{|}}{CH}-CH_2-CH_2-CH_2-CH_3$$
1,2,3-Tribromheptan

$$\overset{\overset{\displaystyle Br}{|}}{CH_2}-\overset{\overset{\displaystyle Br}{|}}{CH}-\overset{\overset{\displaystyle Br}{|}}{CH}-\overset{\overset{\displaystyle Br}{|}}{CH}-CH_2-CH_2-CH_3$$
1,2,3,4-Tetrabromheptan

$$\overset{\overset{\displaystyle Br}{|}}{CH_2}-\overset{\overset{\displaystyle Br}{|}}{C}-\overset{\overset{\displaystyle Br}{|}}{\underset{\underset{\displaystyle Br}{|}}{C}}-CH_2-CH_2-CH_2-CH_3$$
1,2,2,3,3-Pentabromheptan

c) Bei der Halogenierung von Alkanen entstehen Gemische verschiedener Isomere und unterschiedlich stark substituierter Halogenalkane. Daher ist die Halogenierung von Alkanen zur Herstellung einer ganz bestimmten Verbindung ohne praktische Bedeutung, da diese erst aus dem Produktgemisch isoliert werden muss.

A256.5

m (Heptan) = $\varrho \cdot V$ = 0,68 g · ml^{-1} · 1000 ml = 680 g

n (Heptan) = $\dfrac{m \text{ (Heptan)}}{M \text{ (Heptan)}}$ = $\dfrac{680\,g}{100\,g \cdot mol^{-1}}$ = 6,8 mol

Verbrennung von Heptan:
C_7H_{16} (l) + 11 O_2 (g) → 7 CO_2 (g) + 8 H_2O (g)

Für die Verbrennung von 6,8 mol Heptan sind also 6,8 mol · 11 = 74,8 mol Sauerstoff nötig.

Daraus ergibt sich bei Raumtemperatur das folgende Volumen:
V (Sauerstoff) = n (O_2) · V_m (20 °C, 1013 hPa)
= 74,8 mol · 24 l · mol^{-1} = 1795 l

Geht man davon aus, dass etwa ein Fünftel der Luft aus Sauerstoff besteht, so ergibt sich ein benötigtes Luftvolumen von rund 9000 Litern.

A256.6

Man mischt dem Erdgas Tetrahydrothiophen bei, einen an Knoblauch erinnernden Geruchsstoff:

$$\begin{array}{c} CH_2-CH_2 \\ | \qquad\quad | \\ CH_2 \qquad CH_2 \\ \diagdown \quad \diagup \\ \underline{\underline{S}} \end{array}$$

A257.1

Dichlormethan: CH_3Cl + Cl_2 → CH_2Cl_2 + HCl

Trichlormethan: CH_2Cl_2 + Cl_2 → $CHCl_3$ + HCl

Tetrachlormethan: $CHCl_3$ + Cl_2 → CCl_4 + HCl

A257.2

Bromethan   1,1-Dibromethan   1,2-Dibromethan

1,1,1-Tribromethan   1,1,2-Tribromethan   1,1,1,2-Tetrabromethan

1,1,2,2-Tetrabromethan   Pentabromethan   Hexabromethan

A258.1

a) CF_2Cl_2 Treibgas und Kälteflüssigkeit

b) $CFCl_3$ Treibgas und Kälteflüssigkeit

c) $CBrF_3$ Feuerlöschmittel

d) CHI_3 Desinfektionsmittel

e) CCl_3-CH_3 Lösungsmittel

f) $CF_3-CHClBr$ Narkosemittel

g) CH_3-CH_2Cl Vereisungsmittel

A258.2

CKW: alle H-Atome durch Cl-Atome ersetzt

FKW: alle H-Atome durch F-Atome ersetzt

FCKW: alle H-Atome durch Cl-Atome und F-Atome ersetzt

H-FCKW: Fluorchlorkohlenwasserstoffe, bei denen nicht alle H-Atome ersetzt sind

H-FKW: Fluorkohlenwasserstoffe, bei denen nicht alle H-Atome ersetzt sind

A258.3

z. B. unter: http://www.umweltbundesamt.de

A259.1

oberes Bild: Spaltung und Bildung von Ozon

$$O_3 \xrightarrow{\text{UV-Strahlung}} O + O_2$$

$$O + O_2 \rightarrow O_3$$

Die auf die Erde treffende UV-Strahlung nimmt dadurch ab.

unteres Bild: Zerstörung der Ozonschicht durch Reaktion der Ozon-Moleküle mit Fluorchlorkohlenwasserstoff-Molekülen

$$CFCl_3 \xrightarrow{\text{UV-Strahlung}} \cdot CFCl_2 + Cl\cdot$$

$$Cl\cdot + O_3 \rightarrow ClO\cdot + O_2$$

$$ClO\cdot + O_3 \rightarrow 2\,O_2 + Cl\cdot$$

$$Cl\cdot + O_3 \rightarrow \ldots$$

A260.1

C_3H_6

A260.2

Penta-1,3-dien und *cis*-Pent-2-en

A260.3

$$CH_2=CH-CH_2-CH_2-CH_3$$
Pent-1-en

cis-Pent-2-en   *trans*-Pent-2-en

2-Methylbut-1-en   3-Methylbut-1-en   2-Methylbut-2-en

A260.4

Mit den jeweils zwei Elektronen der beiden C–H-Bindungen und den insgesamt vier Elektronen der C=C-Zweifachbindung ergeben sich für die beiden C-Atome acht Valenzelektronen.

A260.5

Durch die Begasung mit Ethen reifen die Bananen schneller.

A261.1

$$CH_2=CH-CH_3 + Cl_2 \rightarrow CH_2Cl-CHCl-CH_3$$
1,2-Dichlorpropan

$$CH_2=CH-CH_3 + H_2 \rightarrow CH_3-CH_2-CH_3$$
Propan

$$CH_2=CH-CH_3 + HCl \rightarrow CH_3-CHCl-CH_3$$
2-Chlorpropan

A261.2

$$CH_3-CH_2-CH_2-CH_3 \rightarrow CH_2=CH-CH_2-CH_3 + H_2$$

Neben But-1-en können auch But-2-en und Buta-1,3-dien entstehen.

A261.3

H–C≡C–H

C_2H_2

A261.4

H H H H H H
···C–C–C–C–C–C···
H H H H H H

A262.1

H–C≡C–$\overset{\overset{\text{H}}{|}}{\underset{\underset{\text{H}}{|}}{\text{C}}}$–H   H–C≡C–$\overset{\overset{\text{H}}{|}}{\underset{\underset{\text{H}}{|}}{\text{C}}}$–$\overset{\overset{\text{H}}{|}}{\underset{\underset{\text{H}}{|}}{\text{C}}}$–H   H–$\overset{\overset{\text{H}}{|}}{\underset{\underset{\text{H}}{|}}{\text{C}}}$–C≡C–$\overset{\overset{\text{H}}{|}}{\underset{\underset{\text{H}}{|}}{\text{C}}}$–H

Propin   But-1-in   But-2-in

A262.2

a) $CH≡CH + Br_2 → CHBr=CHBr$

b) $CH≡CH + H_2 → CH_2=CH_2$

$CH_2=CH_2 + H_2 → CH_3–CH_3$

c) $CH≡CH + HCl → CH_2=CHCl$

A262.3

An den beiden Kohlenstoff-Atomen der C≡C-Dreifachbindung befindet sich jeweils nur ein Atom oder eine Atomgruppe. Daher ist keine *cis/trans*-Isomerie möglich.

A262.4

$4\ CH_4\ (g) + 3\ O_2\ (g) → 2\ C_2H_2\ (g) + 6\ H_2O\ (g)$

A262.5

Wasser tropft auf Calciumcarbid, dadurch bildet sich Ethin. Dieses wird entzündet und brennt vor einem verspiegelten Strahler.

V263.1

a) Die violette Lösung entfärbt sich allmählich; gleichzeitig entsteht ein brauner Niederschlag.

b) Bei der BAYER-Probe handelt es sich um eine Redoxreaktion. Dabei werden Permanganat-Ionen (Oxidationszahl des Mangans: VII) zu Manganoxid (Oxidationszahl des Mangans: IV) reduziert.

c) Mit Ethin verläuft die BAYER-Probe positiv.

V263.2

a) Das Bromwasser wird in beiden Fällen entfärbt. Dabei verläuft die Reaktion mit Octen schneller als die Reaktion mit Octin.

b)

Oct-1-en

1,2-Dibromoctan

Oct-1-in

1,2-Dibromoct-1-en

V263.3

a) Am schnellsten reift die Banane in dem Beutel, in den Ethen gespritzt wurde. Am zweitschnellsten reift die Banane in dem Beutel, der zusätzlich eine bereits reife Banane enthält. Die beiden anderen Bananen reifen langsamer.

b) Die Banane in dem mit Ethen versetzten Beutel reift besonders schnell. Daraus kann man schließen, dass Ethen den Reifungsprozess beschleunigt. Der Reifungsprozess der Banane in dem Beutel, der zusätzlich eine bereits reife Banane enthält, verläuft schneller als erwartet. Auch hier wurde der Reifungsprozess beschleunigt. Als Ursache kann man eine Ethen-Abgabe der reifen Banane vermuten.

c) Bereits reif geerntete Bananen würden auf dem langen Transportweg verderben.

A263.1

a) $CaC_2\ (s) + 2\ H_2O\ (l) → C_2H_2\ (g) + Ca(OH)_2\ (aq)$

Die Lösung ist nach der Reaktion alkalisch.

b) $2\ C_2H_2\ (g) + 5\ O_2\ (g) → 4\ CO_2\ (g) + 2\ H_2O\ (g)$

Ethin hat einen höheren Kohlenstoff-Gehalt als Ethan. Bei der Verbrennung von Ethin bildet sich daher mehr Kohlenstoff als bei der Verbrennung von Ethen: Die Ethin-Flamme rußt stärker.

c) $CaO\ (s) + 3\ C\ (s) → CaC_2\ (s) + CO\ (g)$

d) $^-|C≡C|^-$

e) $2\ AgNO_3\ (aq) + C_2H_2\ (g) →$

$Ag_2C_2\ (aq) + 2\ H^+\ (aq) + 2\ NO_3^-\ (aq)$

A264.1

$2 C_6H_6 (l) + 15 O_2 (g) \rightarrow 12 CO_2 (g) + 6 H_2O (g)$; exotherm

A264.2

Wie die Alkene addiert Cyclohexen Brom an die C=C-Zweifachbindung. Durch die besonderen Bindungsverhältnisse reagiert Benzol dagegen wie ein Alkan in einer Substitutionsreaktion.

Additionsreaktion an Cyclohexen:

Substitutionsreaktion an Benzol:

A264.3

Das Symbol F+ weist auf die Gefahr hoch entzündlicher Benzindämpfe hin.

A266.1

organische Chemie: Chemie der Kohlenstoff-Verbindungen

Kohlenwasserstoffe: Verbindungen, deren Moleküle nur Kohlenstoff-Atome und Wasserstoff-Atome enthalten.

Alkane: Kohlenwasserstoffe, deren Moleküle nur C–C-Einfachbindungen besitzen (C_nH_{2n+2}).

Alkene: Kohlenwasserstoffe, deren Moleküle eine oder mehrere C=C-Zweifachbindungen besitzen (C_nH_{2n}).

Alkine: Kohlenwasserstoffe, deren Moleküle eine oder mehrere C≡C-Dreifachbindungen besitzen (C_nH_{2n-2}).

homologe Reihe: Anordnung von Verbindungen nach steigender C-Anzahl, wobei jedes Glied der Reihe eine CH_2-Gruppe mehr enthält als das vorhergehende Molekül.

Isomerie: Erscheinung, dass Verbindungen die gleiche Molekülformel haben, aber unterschiedliche Strukturformeln besitzen.

cis/trans-Isomere: Isomere, die sich in der Lage der Atome/Atomgruppen zur C=C-Zweifachbindung unterscheiden.

VAN-DER-WAALS-Bindungen: relativ schwache Wechselwirkungen zwischen unpolaren Molekülen

Substitution: chemische Reaktion, bei der in einem Molekül ein Atom durch ein anderes Atom ersetzt wird.

Radikale: sehr reaktionsfähige Teilchen mit ungepaarten Elektronen

Halogenkohlenwasserstoffe: Verbindungen, bei deren Moleküle im Vergleich zu den zu Grunde liegenden Kohlenwasserstoffen Wasserstoff-Atome durch Halogen-Atome ersetzt sind.

Addition: chemische Reaktion, bei der ein Molekül an die Mehrfachbindung eines zweiten Moleküls angelagert wird.

Eliminierung: chemische Reaktion, bei der von einem Molekül ein kleineres Molekül unter Ausbildung einer Mehrfachbindung abgespalten wird.

Benzol: einfachster aromatischer Kohlenwasserstoff. Benzol hat die Molekülformel C_6H_6 und geht Substitutionsreaktionen ein.

A266.2

Gesättigte Kohlenwasserstoffe haben nur C–C-Einfachbindungen, ungesättigte Kohlenwasserstoffe besitzen C/C-Mehrfachbindungen.

A266.3

Kohlenstoffmonooxid (CO), Kohlenstoffdioxid (CO_2), Kohlensäure (H_2CO_3) und ihre Salze, die Carbonate (CO_3^{2-}).

A266.4

a) Der Hauptbestandteil von Ruß ist Kohlenstoff.

b) Die verschiedenen C_2-Kohlenwasserstoffe haben unterschiedliche Kohlenstoffanteile. Der Kohlenstoffanteil nimmt vom Ethan über das Ethen zum Ethin hin zu, sodass in dieser Reihenfolge die Flammen zunehmend rußen.

A266.5

2,2,3,3-Tetramethylbutan

A266.6

2-Chlor-3-methylbutan und 2-Methylbutan

A266.7

Substitution:

$CH_3–CH_2–CH_3 + Br_2 \rightarrow CH_3–CH_2–CH_2Br + HBr$

Brompropan

Addition:

$CH_2=CH–CH_3 + Br_2 \rightarrow CH_2Br–CHBr–CH_3$

1,2-Dibrompropan

Addition:
$CH{\equiv}C{-}CH_3 + Br_2 \rightarrow CHBr{=}CBr{-}CH_3$

1,2-Dibrompropen

$CHBr{=}CBr{-}CH_3 + Br_2 \rightarrow CHBr_2{-}CBr_2{-}CH_3$

1,1,2,2-Tetrabrompropan

A266.8

a) Der Nachweis mit Silbernitrat-Lösung beruht auf der Reaktion von hydratisierten Halogenid-Anionen mit dem Silber-Kation zu schwer löslichen Silberhalogeniden.
Bei den organischen Halogen-Verbindungen handelt es sich jedoch um Molekülverbindungen (und nicht um Ionenverbindungen).

b) Organische Halogen-Verbindungen lassen sich mit der BEILSTEIN-Probe nachweisen: Man gibt etwas Halogenalkan auf ein Kupferblech und hält es in die Brennerflamme. Die Brennerflamme ist dann grün gefärbt.

A266.9

Addition:
$CH_2{=}CH{-}CH_3 + H_2 \rightarrow CH_3{-}CH_2{-}CH_3$

Eliminierung:
$CH_3{-}CH_2{-}CH_3 \rightarrow CH_2{=}CH{-}CH_3 + H_2$

A266.10

$CH_2{=}CH{-}CH_3 + HCl \rightarrow CH_3{-}CHCl{-}CH_3$

2-Chlorpropan

$CH_2{=}CH{-}CH_3 + HCl \rightarrow CH_2Cl{-}CH_2{-}CH_3$

1-Chlorpropan

A266.11

Penta-1,2-dien (kumuliert):
$CH_2{=}C{=}CH{-}CH_2{-}CH_3$

Penta-1,3-dien (konjugiert):
$CH_2{=}CH{-}CH{=}CH{-}CH_3$

Penta-1,4-dien (isoliert):
$CH_2{=}CH{-}CH_2{-}CH{=}CH_2$

A266.12

a)

cis-1,2-Dichlorethen   *trans*-1,2-Dichlorethen

b) Das *cis*-Isomere ist polar. Das *trans*-Isomere ist unpolar, weil sich die Polaritäten der beiden gegenüber liegenden C–Cl-Bindungen gegenseitig aufheben. Die VAN-DER-WAALS-Bindungen sind schwächer und die Siedetemperatur deshalb niedriger.

A266.13

Beim Überlaufen brennt die Milch an, sie wird erst braun und dann schwarz (Verkohlung organischer Verbindungen).

A266.14

a) Durch die Zersetzung organischen Materials kann es zur Bildung von Methan-Gas kommen.

b) Schlagende Wetter sind hochexplosive Methan/Luft-Gemische in Bergwerken.

c) Im Hochsommer kann es zur Entzündung des Sumpfgases kommen, sodass man nachts kleine Flämmchen über dem Moor sehen kann.

A266.15

Propan und Butan lassen sich unter Druck leicht verflüssigen und kommen in dieser Form in den Handel.

A266.16

Zunächst unterlegt man den Ölfleck mit saugfähigem Material (Papier, Stoff). Nun tropft man ein unpolares Lösungsmittel (Heptan) auf. Das Lösungsmittel löst das Öl vom Stoff, die Lösung wird von der Unterlage aufgesaugt.

A266.17

Bei starker Kälte scheiden sich Paraffinkristalle ab. Dadurch werden Filter verstopft, sodass die Kraftstoffversorgung des Motors unterbrochen wird.

17 Energie und Umwelt

A269.1

Kohle, Erdöl und Erdgas sind fossile Energieträger, die in geologischen Zeiträumen aus den pflanzlichen Organismen (Bäume, Sträucher, Plankton) von Sümpfen entstanden: Nach dem Absterben bildete sich aus dem organischen Material ein Faulschlamm, der durch Sand und Ton abgedeckt wurde, sodass keine Luft hinzu treten konnte. Diese Schichten wurden durch Bewegungen der Erdkruste in die Tiefe verlagert. Dort bildeten sich unter hohem Druck und hohen Temperaturen schließlich Kohle, Erdöl und Erdgas durch eine Reihe von chemischen Reaktionen.

A269.2

Bei der Umwandlung von Pflanzenmaterial in Kohle entweichen flüchtige Verbindungen. Der nicht flüchtige Kohlenstoff bleibt zurück und reichert sich an.

A269.3

Anthrazit enthält 92 % Kohlenstoff.

A269.4

Land	Erdöl-Fördermenge in Millionen Tonnen (1999)	Erdgas-Fördermenge in Milliarden Kubikmetern (1999)
Saudi-Arabien	412	42
USA	355	530
Russland	305	591
Iran	175	49
China	159	25
Norwegen	155	52
Mexiko	153	37
Venezuela	145	30
Großbritannien	137	99
Irak	126	
Kanada	122	163
Vereinigte Arabische Emirate	104	22
Nigeria	103	
Kuwait	85	
Indonesien	78	79
Libyen	73	
Algerien	40	66
Malaysia	38	38
Deutschland	3	24
Niederlande		72
Usbekistan		56

A270.1

Durch fraktionierte Destillation wird ein Gemisch in einem Destillationsvorgang in verschiedene Anteile (Fraktionen) zerlegt. Hierzu verwendet man eine Destillationskolonne. Das ist eine aufrecht stehende Röhre, die in Böden unterteilt ist. Die Dämpfe des Gemischs steigen in der Kolonne auf und kondensieren je nach ihrer Siedetemperatur in verschiedener Höhe. Im unteren Bereich verflüssigen sich die Anteile mit höherer Siedetemperatur, weiter oben kondensieren die niedriger siedenden Anteile.

A270.2

Bei einer Vakuumdestillation wird in der Destillationsapparatur ein Unterdruck (Vakuum) erzeugt. Dadurch erniedrigt sich die Siedetemperatur, sodass auch Stoffe unzersetzt destilliert werden können, deren Siedetemperatur bei normalem Luftdruck zu hoch wäre.

A270.3

a) Benzin besteht aus Kohlenwasserstoffen, deren Moleküle fünf bis zwölf Kohlenstoff-Atome enthalten.

b) Aus dem Destillationsturm entweichen folgende Gase:

Methan (CH_4), Ethan (C_2H_6), Propan (C_3H_8)

A270.4

Unter dem Begriff „Petrochemie" fasst man die Zweige der organisch-chemischen Technik zusammen, die Erdöl, Erdgas und die daraus gewonnenen Primärprodukte (z. B. Rohbenzin, Flüssiggase) als Ausgangsstoffe verarbeiten.

A270.5

Bitumen ist wasserundurchlässig. Der Anstrich verhindert, dass Wasser in das Mauerwerk eindringt.

A271.1

Schweröldämpfe kommen bei einer Temperatur von 650 °C in einem Reaktor mit umher wirbelnden Katalysator-Perlen zusammen. An der Oberfläche der Katalysator-Perlen zerbrechen die Öl-Moleküle und es entstehen niedriger siedende Kohlenwasserstoff-Verbindungen, die den Reaktor verlassen. Ein Teil des Katalysators wird ständig in einen Regenerator geleitet. Dort verbrennt der anhaftende Ruß und der Katalysator wird regeneriert (wieder wirksam gemacht).

A271.2

a) Ein Radikal ist ein Molekülbruchstück mit einem oder mehreren ungepaarten Elektronen.

b) Radikale sind kurzlebige Zwischenprodukte beim Crack-Prozess. Sie wandeln sich auf verschiedene Weise zu Molekülen um:
– Sie entreißen anderen Molekülen Wasserstoff-Atome.
– Sie bilden Moleküle mit Zweifachbindungen wie Ethen-Moleküle.
– Sie bilden ringförmige Moleküle wie Cyclohexan-Moleküle.

A271.3

a) Auf den Katalysator-Perlen scheidet sich Kohlenstoff (Ruß) ab.

b) $C\ (s) + O_2\ (g) \rightarrow CO_2\ (g)$

A271.4

Beim Cracken können sich auch solche Radikale bilden, die nicht an ihrem Molekülende, sondern in der Mitte des Moleküls ein ungepaartes Elektron besitzen. Lagert sich hier in zweites Radikal an, so entsteht ein Molekül mit verzweigter Kohlenstoffkette.

A271.5

Während des Crack-Prozesses wird stets ein Teil der Katalysator-Perlen in einen Regenerator geleitet. Dort verbrennt der anhaftende Ruß mit Luftsauerstoff. Die regenerierten Katalysator-Perlen werden in den Reaktor zurückgeführt.

A271.7

Der zugefügte Wasserstoff reagiert mit den Radikalen. Dadurch wird die Ausbeute an niedriger siedenden Kohlenwasserstoffen erhöht und gleichzeitig die Rußbildung vermindert.

A272.1

a) vgl. Lehrbücher der Physik

b) Bei einer Frühzündung verbrennt ein Kraftstoff/Luft-Gemisch, bevor der Kolben den oberen Umkehrpunkt erreicht. Bei der hohen Temperatur, die sich bei der Kompression des Kraftstoff/Luft-Gemisches bildet, entzündet sich das Gemisch, bevor der Zündfunke ausgelöst wird.

c) Durch das Klopfen erhält der Kolben in der Aufwärtsbewegung einen Schlag, der ihn und das Getriebe schädigen kann.

A272.2

a) Bio-Kraftstoffe werden aus Pflanzenprodukten – also biologisch – gewonnen. So stellt man Bio-Diesel aus Rapsöl und Bio-Alkohol durch Vergären von Zucker und anderen Kohlenhydraten her.

b) Preise März 2004: 1 Liter Bio-Diesel etwa 0,75 Euro, 1 Liter Diesel etwa 0,85 Euro. Bio-Diesel ist billiger, die Herstellungskosten von Bio-Diesel sind zwar höher, aber Bio-Diesel ist von der Mineralölsteuer befreit.

A272.3

$$CH_3-\overset{\overset{\displaystyle CH_3}{|}}{\underset{\underset{\displaystyle CH_3}{|}}{C}}-CH_2-\overset{\overset{\displaystyle CH_3}{|}}{CH}-CH_3$$

Das Molekül enthält acht C-Atome. Es gehört daher zu den Octan-Isomeren.

A272.4

Die Gewinnung durch Vergären von Zucker aus dem nachwachsenden Rohstoff Zuckerrohr ist kostengünstig und umweltfreundlich. Außerdem wird die wirtschaftliche und politische Abhängigkeit vom Erdöl gemindert. Ein Problem ist der hohe Bedarf an Anbauflächen für Zuckerrohr.

A273.1

$$C_8H_{18}\ (l) + 12\tfrac{1}{2}\ O_2\ (g) \rightarrow 8\ CO_2\ (g) + 9\ H_2O\ (g)$$

A273.2

Ein Abgaskatalysator oxidiert unverbrannte Kohlenwasserstoffe zu Kohlenstoffdioxid und Wasser. Außerdem setzt er Kohlenstoffmonooxid mit Stickstoffoxiden um. Dabei entstehen Kohlenstoffdioxid und Stickstoff.

A273.3

a) Die λ-Sonde misst den Sauerstoffgehalt der Abgase und gibt den ermittelten Wert an einen Regler weiter.

b) Während einer Fahrt ändert sich häufig der Kraftstoffbedarf des Motors und damit auch die für eine vollständige Verbrennung erforderliche Luftmenge. Das elektronische Regelsystem sorgt dafür, dass das Kraftstoff/Luft-Gemisch stets die richtige Zusammensetzung hat.

A273.4

$$2\ CO\ (g) + 2\ NO\ (g) \rightarrow 2\ CO_2\ (g) + N_2\ (g)$$

Kohlenstoffmonooxid nimmt Sauerstoff auf, wird also oxidiert. Stickstoffmonooxid gibt Sauerstoff ab und wird reduziert. Da beide Vorgänge gleichzeitig ablaufen, spricht man von einer Redoxreaktion.

A273.5

Bei zu hohem Sauerstoffgehalt im Kraftstoff/Luft-Gemisch steigt der Anteil an Stickstoffmonooxid an. Bei zu geringem Sauerstoffgehalt nimmt der Anteil an Kohlenstoffmonooxid zu.

A274.1

In einer Brennstoffzelle werden Wasserstoff und Sauerstoff in einer freiwillig ablaufenden Reaktion miteinander zu Wasser umgesetzt:

Minuspol: $\quad 2\,H_2\,(g) \dashrightarrow 4\,H^+\,(aq) + 4\,e^-$

Pluspol: $\quad O_2\,(g) + 2\,H_2O\,(l) + 4\,e^- \dashrightarrow 4\,OH^-\,(aq)$

Gesamtreaktion: $2\,H_2\,(g) + O_2\,(g) \rightarrow 2\,H_2O\,(l)$; exotherm

A274.2

Bei der Verbrennung von Wasserstoff wird nur umweltverträglicher Wasserdampf als „Abgas" erzeugt.

A274.3

$$CH_3OH\,(l) \xrightarrow{\text{250 °C, Katalysator}} 2\,H_2\,(g) + CO\,(g)$$

$$C_6H_{14}\,(l) + 3\,O_2\,(g) \xrightarrow{\text{800 °C, Katalysator}} 7\,H_2\,(g) + 6\,CO\,(g)$$

A274.4

Die Entwicklung leistungsfähiger Brennstoffzellen war langwierig und sehr teuer. Für die Entwicklung einer zuverlässigen Stromversorgung für Satelliten und Raumkapseln wurden die hohen Kosten investiert.

A274. 5

Es gibt u.a. Prototypen von BMW und Daimler Benz. Als Kraftstoff dient Wasserstoff. BMW verwendet flüssigen Wasserstoff, Daimler Benz arbeitet mit gasförmigem Wasserstoff unter hohem Druck.

A275.1

Eine Solarzelle besteht aus einer dünnen Silicium-Schicht, die einen sehr kleinen Anteil anderer Atome (vor allem Phosphor in der n-Schicht; Bor in der p-Schicht) enthält. Fällt Licht auf diese Schicht, so entsteht zwischen der Oberseite und der Unterseite der Solarzelle eine elektrische Spannung.

A275.2

Solarzellen erkennt man am bläulichen Glanz ihrer Oberflächen. Wenn sie belichtet werden, erzeugen sie eine elektrische Spannung. Solarzellen dienen der Stromerzeugung.

Sonnenkollektoren sind flache, schwarze Behälter, in denen sich eine Flüssigkeit befindet. Durch die Strahlung der Sonne wird die Flüssigkeit erwärmt. Mit Sonnenkollektoren erzeugt man warmes Wasser.

A275.3

Geeignete Ansprechpartner sind die Stadtwerke der Kommune. Dort erfährt man, welche Beträge das Land oder der Bund zuschießt, wenn man Solarzellen oder Sonnenkollektoren einsetzen möchte.

A275.4

Bei der Warmwasserbereitung fallen normalerweise Heizkosten an, weil elektrische Energie, Erdgas, Öl oder andere Energieträger eingekauft werden müssen. Durch die Verwendung eines Sonnenkollektors werden die Heizkosten verringert.

A275.5

Der Preis für eine Kilowattstunde, die vom Stromversorger geliefert wird, beträgt zwischen 9 und 15 Cent.

A276.1

Kohle, Erdöl, Erdgas: Kohle, Erdöl und Erdgas sind fossile Brennstoffe. Sie entstanden unter Luftabschluss und hohem Druck aus abgestorbenem Pflanzenmaterial.

fraktionierte Destillation: Destillationsverfahren, bei dem ein Rohölgemisch in Fraktionen, d. h. Bestandteile mit ähnlicher Siedetemperatur, zerlegt wird.

Vakuumdestillation: Destillation unter vermindertem Druck

Cracken: Beim Crack-Prozess werden höher siedende Rohöl-Fraktionen in Benzin umgewandelt. Dazu werden 650 °C heiße Schweröldämpfe auf Katalysator-Perlen geleitet, an deren Oberfläche langkettige Moleküle in kurzkettige zerbrechen.

Radikale: reaktive Teilchen mit ungepaarten Elektronen

Energieträger: Stoffe wie Kohle, Erdöl und Erdgas, die zur Energiegewinnung dienen.

Solarzellen, Sonnenkollektoren: Solarzellen bestehen aus dünnen Silicium-Schichten, die bei Belichtung eine elektrische Spannung erzeugen. Sonnenkollektoren sammeln Sonnenwärme und übertragen sie auf eine Flüssigkeit.

Wasserstoff-Technologie: moderne Verfahren zur Gewinnung von Energie aus der Umsetzung von Wasserstoff mit Sauerstoff

Brennstoffzelle: elektrochemische Spannungsquelle, bei der Wasserstoff-Atome an einer Elektrode Elektronen abgeben, die an der anderen Elektrode von Sauerstoff-Atomen aufgenommen werden.

A276.2

Die bei der Destillation zurück bleibenden Stoffe zersetzen sich, wenn man sie höher erhitzt. Bei erniedrigtem Druck verdampfen sie dagegen unzersetzt.

A276.3

Während des Crack-Prozesses wird stets ein Teil der Katalysator-Perlen in einen Regenerator geleitet. Dort verbrennt der anhaftende Ruß mit Luftsauerstoff. Der regenerierte Katalysator wird in den Reaktor zurückgeführt.

A276.4

Solarzellen sind dünne, flache Scheiben. Sie dienen der Erzeugung von elektrischem Strom. Sonnenkollektoren sind flache Kästen, in denen Sonnenwärme auf wasserführende Rohre übertragen wird. Es wird also warmes Wasser erzeugt.

A276.5

Für die Energie gilt der Erhaltungssatz: Energie kann weder *erzeugt*, noch *vernichtet* werden. Darum sollte man nicht von der „Erzeugung" oder vom „Verbrauch" der Energie, sondern von *Umwandlung* und *Nutzung* der Energie sprechen.

A276.6

a) Radikale sind Molekülbruchstücke mit ungepaarten Elektronen.

b) Beim Crack-Prozess werden Kohlenwasserstoff-Moleküle gespalten. Die dadurch entstehenden Bruchstücke sind Radikale. Sie können sich auf verschiedene Weise wieder in vollständige Moleküle umwandeln:
– Sie entreißen anderen Molekülen Wasserstoff-Atome, bis sie gesättigt sind,
– sie bilden ungesättigte Kohlenwasserstoffe,
– sie schließen sich zu ringförmigen Kohlenwasserstoff-Verbindungen zusammen.

c) Die ungepaarten Elektronen kombinieren miteinander. Es entsteht eine Zweifachbindung. Das Produkt heißt Pent-2-en.

A276.7

a) Kohlenstoff kommt im Kohlenstoffdioxid der Luft vor, im Kalkstein ($CaCO_3$) und in organischen Stoffen.

b) Der natürliche Kohlenstoffkreislauf wird durch Lebewesen in Gang gehalten: Grüne Pflanzen nehmen Kohlenstoffdioxid aus der Luft auf und assimilieren den darin vorhandenen Kohlenstoff. Es entstehen organische Verbindungen.

Durch die Atmung der Lebewesen werden die organischen Stoff wieder in anorganische Stoffe umgewandelt (Dissimilation). Dabei wird wieder Kohlenstoffdioxid freigesetzt.

c) Werden fossile Energieträger verbrannt, so gelangt zusätzliches Kohlenstoffdioxid in die Luft. Beim Verbrennen von Holz kommt nur so viel Kohlenstoffdioxid in Luft, wie der Luft zuvor von grünen Pflanzen entnommen wurde.

A276.8

Kohle, Erdöl und Erdgas sind fossile Energieträger, die in geologischen Zeiträumen aus den pflanzlichen Organismen (Bäume, Sträucher, Plankton) von Sümpfen entstanden: Nach dem Absterben bildete sich aus dem organischen Material ein Faulschlamm, der durch Sand und Ton abgedeckt wurde, sodass keine Luft hinzu treten konnte. Diese Schichten wurden durch Bewegungen der Erdkruste in die Tiefe verlagert. Dort bildeten sich unter hohem Druck und hohen Temperaturen schließlich Kohle, Erdöl und Erdgas durch eine Reihe von chemischen Reaktionen.

A276.9

Steinkohle entstand im Erdaltertum (Karbonzeit). Sie ist härter und kohlenstoffreicher als die später entstandene Braunkohle. Steinkohle besitzt einen höheren Brennwert als Braunkohle.

A276.10

Lagerstätten von Erdöl und Erdgas werden durch seismologische Untersuchungen aufgespürt: Man führt eine Sprengung durch, deren Erschütterungswellen in den Boden eindringen und von Gesteinsschichten in unterschiedlicher Tiefe reflektiert werden. Messgeräte nehmen die nach und nach zurückkehrenden Schwingungen auf. Die grafische Auswertung der Daten liefert ein Bild vom Schichtenbau des Untergrundes.

A276.11

Beim Recycling ausgedienter Autokatalysatoren geht es vor allem darum, die katalytisch wirksamen Metalle Platin und Rhodium zurückzugewinnen. Beide Metalle sind relativ teuer.

A276.12

a) Brennstoffzellen sind elektrochemische Geräte, die aus einem Energieträger (Wasserstoff, Methanol, Benzin) und Sauerstoff elektrische Energie gewinnen.

b) In einer Brennstoffzelle wird der Energieträger (z. B. Wasserstoff) einer Elektrode zugeführt. Dort gibt er Elektronen ab, wird also oxidiert. An der anderen Elektrode nimmt Sauerstoff die Elektronen auf. Als Endprodukt bildet sich Wasser. Die Elektronen fließen über einen elektrischen Leiter und treiben einen Elektromotor an.

c) Wasserstoff kann aus Benzin oder Methanol gewonnen werden.

$$CH_3OH\ (l) \xrightarrow{\text{250 °C, Katalysator}} 2\ H_2\ (g) + CO\ (g)$$

Das dabei gebildete Kohlenstoffmonooxid wird dann katalytisch mit Wasserdampf zu Kohlenstoffdioxid oxidiert, wobei weiterer Wasserstoff entsteht.

d) Pkws, die von Brennstoffzellen angetrieben werden, erzeugen als Abgas Wasserdampf und, falls Methanol oder Benzin als Energieträger verwendet werden, auch Kohlenstoffdioxid. Umweltschädliche Abgase wie Kohlenstoffmonooxid und Stickstoffoxid bilden sich nicht.

A276.13

In Weltraumstationen wird Wasser mit Hilfe elektrischer Energie aus Solarzellen elektrolytisch in Wasserstoff und Sauerstoff gespalten. Dadurch steht Sauerstoff zum Atmen zur Verfügung. Der freigesetzte Wasserstoff wird als Energieträger in Brennstoffzellen eingesetzt, wenn die Sonnenpaddel nicht funktionieren. Das ist zum Beispiel der Fall, wenn sich ein Raumschiff vorübergehend auf der Nachtseite der Erde aufhält.

18 Alkohole

A279.1

Die Enzyme von Hefepilzen setzen Traubenzucker zu Alkohol und Kohlenstoffdioxid um.

A279.2

$$M\,(C_2H_6O) = 2 \cdot M\,(C) + 6 \cdot M\,(H) + M\,(O)$$
$$= 24\,g \cdot mol^{-1} + 6\,g \cdot mol^{-1} + 16\,g \cdot mol^{-1} = 46\,g \cdot mol^{-1}$$

A279.3

$2\,Na + 2\,C_2H_5OH \rightarrow 2\,NaC_2H_5O + H_2$; exotherm

A279.4

Nach einiger Zeit setzt die alkoholische Gärung ein. Dabei entwickelt sich Kohlenstoffdioxid. Durch die Entwicklung des Gases steigt der Druck in der Flasche stark an. Die Flasche könnte platzen.

A281.1

Beispiel: 2-Methylpropan-2-ol: Die längste Kohlenwasserstoff-Kette bildet den Stammnamen: -*propan*. Weil es sich um einen Alkohol handelt, wird die Endung -*ol* angehängt. Vor der Endung, durch Bindestrich getrennt, gibt man durch eine Zahl an, an welches C-Atom der Hauptkette die Hydroxyl-Gruppe gebunden ist.
Gibt es einen Alkyl-Rest als Seitenkette, dann steht dessen Name vor dem Stammnamen. Eine Zahl vor dem Alkyl-Rest bezeichnet die Stellung an der Hauptkette.

A281.2

$CH_3-CH_2-CH_2-CH_2-CH_2-OH$
Pentan-1-ol

$CH_3-CH_2-CH_2-\underset{\underset{OH}{|}}{CH}-CH_3$
Pentan-2-ol

$CH_3-CH_2-\underset{\underset{OH}{|}}{CH}-CH_2-CH_3$
Pentan-3-ol

$CH_3-CH_2-\underset{\overset{|}{CH_3}}{CH}-CH_2-OH$
2-Methylbutan-1-ol

$CH_3-\underset{\overset{|}{CH_3}}{CH}-CH_2-CH_2-OH$
3-Methylbutan-1-ol

$CH_3-CH_2-\underset{\underset{OH}{|}}{\overset{\overset{CH_3}{|}}{C}}-CH_3$
2-Methylbutan-2-ol

$CH_3-\underset{\underset{OH}{|}}{CH}-\overset{\overset{CH_3}{|}}{CH}-CH_3$
3-Methylbutan-2-ol

$CH_3-\underset{\underset{CH_3}{|}}{\overset{\overset{CH_3}{|}}{C}}-CH_2-OH$
2,2-Dimethylpropan-1-ol

A281.3

Im Propylalkohol (Propan-1-ol) ist der Alkyl-Rest ein *n*-Propyl-Rest. Bei Isopropanol (Propan-2-ol) handelt es sich um einen sekundären Alkohol, die Hydroxyl-Gruppe befindet sich am C-2-Atom.

A281.4

1. Der Alkyl-Rest kann bereits Isomerie aufweisen
2. Die Hydroxyl-Gruppe kann an C-Atomen mit einem, zwei oder drei Alkyl-Resten gebunden sein.

A281.5

a) $CH_2=CH-CH_3 + H_2O \longrightarrow CH_3-\underset{\overset{|}{OH}}{CH}-CH_3$
Propen $\qquad\qquad\qquad\qquad\qquad$ Propan-2-ol

$CH_2=\underset{\underset{CH_3}{|}}{C}-CH_3 + H_2O \longrightarrow CH_3-\underset{\underset{CH_3}{|}}{\overset{\overset{OH}{|}}{C}}-CH_3$
Isobuten $\qquad\qquad\qquad\qquad\qquad$ *tert*-Butanol

b) Es handelt sich um Additionsreaktionen.

A281.6

Folgende alkoholische Getränke unterliegen in der EU einer Verbrauchsteuer: Bier, Spirituosen, Schaumwein und Zwischenerzeugnisse (z. B. Sherry).

Bier: Die Steuer hängt vom Stammwürzegehalt ab.
Steuer für ein normales Bier: 0,09 e pro Liter

Spirituosen: 13,03 € pro Liter reinen Alkohols.
Das entspricht einer Steuer von 3,65 € für eine 0,7-Liter-Flasche bei einem Alkoholgehalt von 40 % Vol.

Schaumwein:
– 1,36 € pro Liter bei einem Alkoholgehalt von 6 % Vol und mehr. Das entspricht einer Steuer von 1,02 € für eine 0,75-Liter-Flasche.
– 0,51 € pro Liter bei einem Alkoholgehalt von weniger als 6 % Vol. Das entspricht einer Steuer von 0,38 € für eine 0,75-Liter-Flasche.

Wein: Für Wein wird in Deutschland keine Verbrauchsteuer erhoben.

A282.1

Unpolare Alkyl-Reste können mit Wasser-Molekülen keine Wasserstoffbrückenbindungen bilden und sind deshalb wasserabstoßend. Die polaren Hydroxyl-Gruppen bilden dagegen mit Wasser-Molekülen Wasserstoffbrückenbindungen aus.

A282.2

Methanol löst sich in Wasser; der Alkyl-Rest ist klein, der Einfluss der polaren Hydroxyl-Gruppe ist entscheidend. Heptanol ist dagegen unlöslich in Wasser. Entscheidend ist der lange unpolare Alkyl-Rest der Heptanol-Moleküle.

A282.3

Im Schema wird die Löslichkeit eines Alkanols mit langem Alkyl-Rest (Heptan-1-ol) mit der eines Alkohols mit kurzem Alkyl-Rest (Ethanol) verglichen. Als Lösungsmittel stehen das unpolare, hydrophobe Heptan und das polare, hydrophile Wasser zur Verfügung.
Folgende Kernaussagen werden gemacht:
- Das unpolare Heptanol ist in unpolaren Lösungsmitteln löslich.
- Ethanol ist in unpolaren und polaren Lösungsmitteln löslich. Bei ihm treten die Alkyl-Reste mit unpolaren Molekülen beziehungsweise die Hydroxyl-Gruppen mit Wasser-Molekülen in Wechselwirkung.

A282.4

Große Moleküle bilden stärkere VAN-DER-WAALS-Bindungen aus als kleine Moleküle. Die Differenz der molaren Massen zwischen Methan und Methanol beträgt nur 16 g · mol^{-1}. Die Differenz zwischen den Siedetemperaturen beträgt aber über 220 °C. Der große Unterschied wird durch die Hydroxyl-Gruppen der Methanol-Moleküle bewirkt, die Wasserstoffbrückenbindungen ausbilden. Von Methanol über Ethanol zu Decanol nehmen die VAN-DER-WAALS-Bindungen zu. Deshalb nähern sich die Siedetemperaturen langkettiger Alkanole den Siedetemperaturen vergleichbarer Alkane.

A283.1

$$CH_3-CH_2-CH_2-\overset{\displaystyle C_2H_5}{\underset{\displaystyle}{CH}}-\overset{\displaystyle OH}{\underset{\displaystyle}{CH}}-CH_3$$

A283.2

Die C-Atome 1 bis 3 bilden den längsten Alkyl-Rest, einen Propyl-Rest: Stammname: -propan.
Die Hydroxyl-Gruppe befindet sich am zweiten C-Atom: -propan-2-ol, die Endung -ol wird dem Stammnamen nachgestellt.
Die Seitenkette ist ein Methyl-Rest, der sich am zweiten C-Atom befindet, der Name der Seitenkette wird dem Stammnamen vorangestellt: 2-Methylpropan-2-ol.

A283.3

2-Methylpropan-2-ol: tertiäres C-Atom
Butan-2-ol: sekundäres C-Atom
2-Methylpropan-1-ol: primäres C-Atom

A283.4

Die Viskosität hängt davon ab, wie stark die zwischenmolekularen Bindungen sind. Je länger die Alkyl-Reste sind, desto stärker werden die VAN-DER-WAALS-Bindungen. Bei Alkanen nimmt deshalb die Viskosität mit der Länge der Alkyl-Reste zu. Das Gleiche gilt für Alkanole mit langen Alkyl-Resten.

A283.5

Methanol ist mit Wasser mischbar, weil Wasserstoffbrücken zwischen Wasser-Molekülen durch Wasserstoffbrücken zwischen Wasser-Molekülen und Methanol-Molekülen ersetzt werden können.

A283.6

Der Alkyl-Rest bei 2-Methylpropan-2-ol ist annähernd kugelförmig. Die Berührungsfläche der Alkyl-Reste ist dadurch kleiner, die VAN-DER-WAALS-Bindungen sind schwächer, der Einfluss der Hydroxyl-Gruppe ist größer als beim primären Butanol.

A283.7

schlecht löslich: Methanol
teilweise löslich: Ethanol, Propanole, 2-Methylpropan-2-ol
löslich: Butan-1-ol, Butan-2-ol, 2-Methylpropan-1-ol

V284.1

a) Nach dem Einspritzen nimmt das Gasvolumen im Kolbenprober langsam zu. Bei etwa 38 ml bleibt das Volumen konstant. Nach dem Druckausgleich mit Hilfe des Manometers kann man ein Volumen von knapp 40 ml ablesen.

b) Berechnung mit dem gemessenen Gasvolumen analog dem Rechenbeispiel

c) Mit dem kleinen Volumen ist das vollständige Verdampfen des Ethanols gewährleistet.

d)

$n \text{ (Ethanol)} = \dfrac{m \text{ (Ethanol)}}{M \text{ (Ethanol)}} = \dfrac{0,1 \text{ g}}{46 \text{ g} \cdot \text{mol}^{-1}} = 0,002 \text{ mol}$

$V \text{ (Ethanol)} = n \text{ (Ethanol)} \cdot V_m = 0,002 \text{ mol} \cdot 24 \text{ l} \cdot \text{mol}^{-1} = 48 \text{ ml}$

V284.2

Alkanol	Mischbarkeit mit Wasser	Mischbarkeit mit Heptan
Ethanol	*mischbar* Begründung: Die hydrophile OH-Gruppe bildet mit Wasser-Molekülen Wasserstoffbrückenbindungen aus.	*mischbar* Begründung: Der Alkyl-Rest bildet mit der Kohlenwasserstoff-Kette VAN-DER-WAALS-Bindungen aus.
Butan-1-ol	*wenig löslich* Begründung: Der hydrophobe Alkyl-Rest ist so lang, dass sich sein Einfluss bemerkbar macht.	*mischbar* Begründung: Der Alkyl-Rest bildet mit der Kohlenwasserstoff-Kette VAN-DER-WAALS-Bindungen aus.
Hexadecan-1-ol	*unlöslich* Begründung: Der Alkyl-Rest hat einen größeren Einfluss als die Hydroxyl-Gruppe.	*mischbar* Begründung: Der lange Alkyl-Rest bildet mit der Kohlenwasserstoff-Kette VAN-DER-WAALS-Bindungen aus.

Butanol und Ethanol sind mischbar.

V284.3

a) Im Gärbehälter bilden sich Gasbläschen. Dieses Gas entweicht über das Gärrohr und durchströmt dabei das Kalkwasser. Das Kalkwasser trübt sich durch einen weißen Niederschlag.

b) Ansatz ohne Hefe: keine oder stark verzögerte Gärung (Saft vor dem Ansatz abkochen)

c) Destillation des Gäransatzes und Auffangen des Produktes. Dabei ist die Temperaturkontrolle bei der Destillation äußerst wichtig. Die Dampftemperatur sollte die Siedetemperatur des Ethanols nur unwesentlich unterschreiten oder überschreiten. Erneut destillieren. Das Destillat könnte anschließend mit einer Verbindung umgesetzt werden, die

Wasser absorbiert oder mit Wasser reagiert, z. B. wasserfreies Kupfersulfat. Danach kann das wasserfreie Ethanol vom Feststoff abdestilliert werden.

A285.1

$w = \dfrac{18,75 \text{ g}}{0,6 \cdot 50 \text{ kg}} = 0,625 \text{ ‰}$

A285.2

a) $w \text{ (Alkohol im Blut)} = \dfrac{m \text{ (Alkohol) (in g)}}{r \cdot m \text{ (Körper) (in kg)}}$

$m \text{ (Alkohol)} = w \text{ (Alkohol im Blut)} \cdot r \cdot m \text{ (Körper)}$

Alkoholabbau innerhalb einer Stunde:
$m \text{ (Alkohol)} = 0,15 \text{ ‰} \cdot 0,7 \cdot 70 \text{ kg} = 7,35 \text{ g}$

Alkoholportion bei 0,5 Promille:
$m \text{ (Alkohol)} = 0,5 \text{ ‰} \cdot 0,7 \cdot 70 \text{ kg} = 24,5 \text{ g}$

Gesamtportion:
$m \text{ (Alkohol)} = 7,35 \text{ g} + 24,5 \text{ g} = 31,85 \text{ g}$

$\dfrac{V \text{ (Bier)}}{31,85 \text{ g}} = \dfrac{0,3 \text{ l}}{11,7 \text{ g}}$

$V \text{ (Bier)} = 0,8 \text{ l}$

b) Die Berechnung basiert auf durchschnittlichen Erfahrungswerten bezogen auf verschiedene Personen. Die individuelle Abbaurate und Wirkung kann so nicht erfasst werden. Sie muss immer auf den jeweiligen Menschen und seine physiologischen Bedingungen bezogen werden.

A285.3

Es wird in allen Fällen von einer Mitverschuldung ausgegangen. Versicherungsleistungen werden ausgesetzt oder eingeschränkt.

A285.4

z. B.: Informationen aus Biologie-Lehrbüchern; Aufklärungsmaterialien der Bundeszentrale für gesundheitliche Aufklärung.
Die Informationen können sich auf Testreihen mit Probanden beziehen, deren eingeschränkte Reaktionsfähigkeit auch bei einem Blutalkoholgehalt von unter 0,5 ‰ nachgewiesen wird.

A285.6/A285.7

z. B.:
http://www.eav.admin.ch/d/n_binge.htm
http://www.iogt.ch/deutsch/charta.htm

A286.1

Propan-1,2-diol ist ein zweiwertiger Alkohol, weil er zwei OH-Gruppen enthält. Die eine OH-Gruppe ist an ein primäres C-Atom gebunden, die andere an ein sekundäres C-Atom.

A286.2

An jedem C-Atom befindet sich eine OH-Gruppe. Die Alkohol-Moleküle können deshalb Wasserstoffbrückenbindungen zu Wasser-Molekülen ausbilden.

A286.3

ϑ_b (Ethanol) = 78 °C
ϑ_b (Ethandiol) = 198 °C
ϑ_b (Propantriol) = 290 °C

Mit der Zahl der OH-Gruppen steigt die Zahl möglicher Wasserstoffbrückenbindungen zwischen den Molekülen.

A286.4

a) vierwertiges Alkanol

$$HOCH_2 - \underset{\underset{CH_2OH}{|}}{\overset{\overset{CH_2OH}{|}}{C}} - CH_2OH$$

b) Sorbit ist ein sechswertiges Alkanol, Pentaerythrit ein vierwertiges Alkanol. Die große Zahl an OH-Gruppen ermöglicht viele Wasserstoffbrückenbindungen. Wegen dieser starken zwischenmolekularen Kräfte handelt es sich um kristalline Feststoffe.

A287.1

Dimethylether: CH_3-O-CH_3
Ethylmethylether: $CH_3-O-CH_2-CH_3$
Diethylether: $CH_3-CH_2-O-CH_2-CH_3$

A287.2

Dimethylether besitzt keine OH-Gruppe zur Ausbildung von Wasserstoffbrückenbindungen.

A287.3

Die Löslichkeit beruht auf Wasserstoffbrückenbindungen zwischen den Sauerstoff-Atomen der Ether-Moleküle und den Wasserstoff-Atomen der Wasser-Moleküle.

A287.4

$$HO-CH_2-CH_2-OH + HO-CH_2-CH_2-OH \rightarrow$$
$$HO-CH_2-CH_2-O-CH_2-CH_2-OH + H_2O$$

A287.5

Isobuten   Methanol   Methyl-*tert*-butylether

A287.6

Ether verteilt sich mit dem Wasser im Ablaufsystem des Labors. Aufgrund seiner eingeschränkten Löslichkeit in Wasser und seiner niedrigen Siedetemperatur können Ether-Dämpfe aus allen Ausgüssen des Labors austreten. Da Ether extrem leicht entzündlich ist, besteht bei Funkenbildung überall im Labor Brand- und Explosionsgefahr.

A288.1

Alkanol: Organische Verbindung, deren Moleküle formal aus Alkan-Molekülen entstehen, indem mindestens ein Wasserstoff-Atom durch eine Hydroxyl-Gruppe ersetzt wird.

Hydroxyl-Gruppe (auch OH-Gruppe): polare funktionelle Gruppe aller Alkohole.

funktionelle Gruppe: Teil eines Moleküls, der aus einem oder mehreren Atomen besteht. Die beteiligten Atome und speziellen Bindungen in funktionellen Gruppen bestimmen das Reaktionsverhalten und die Löslichkeit des Moleküls.

hydrophil: Wasser anziehend, z. B. Teilchen oder funktionelle Gruppen, die Wasserstoffbrückenbindungen ausbilden können.

hydrophob: Wasser abstoßend, z. B. ein Alkyl-Rest wegen seiner unpolaren Struktur.

primäres Alkanol: Alkanol mit einer endständigen Hydroxyl-Gruppe

sekundäres Alkanol: Alkanol mit einer Hydroxyl-Gruppe an einem Kohlenstoff-Atom mit zwei benachbarten Kohlenstoff-Atomen

tertiäres Alkanol: Alkanol mit einer Hydroxyl-Gruppe an einem Kohlenstoff-Atom mit drei benachbarten Kohlenstoff-Atomen

mehrwertige Alkohole: Alkohole mit mehr als einer Hydroxyl-Gruppe

alkoholische Gärung: biochemischer Prozess, bei dem Mikroorganismen und Pilze durch Abbau organischer Stoffe Alkohol erzeugen.

Blutalkoholgehalt: Massenanteil des Alkohols im Blut in Promille

Ether: Verbindungsklasse, die aus Alkohol-Molekülen durch Abspaltung von Wasser-Molekülen entsteht.

A288.2

Methanol

Ethanol

Propan-1-ol

Butan-1-ol

A288.3

Methanol lässt sich mit Borsäure verestern. Das Produkt Borsäuremethylester brennt mit grüner Flamme. Ethanol lässt sich dagegen nur in Anwesenheit von Schwefelsäure mit Borsäure verestern.

A288.4

a), b)

Butan-1-ol
(einwertig)

Butan-2,3-diol
(zweiwertig)

Butan-1,2,3-triol
(dreiwertig)

2-Methylpropan-2-ol
(einwertig)

primäres C-Atom

sekundäres C-Atom

tertiäres C-Atom

A288.5

a)

Butan-1-ol

Diethylether

b)

Experiment	Butan-1-ol	Diethylether
Prüfung der Siedetemperatur	ϑ_b (Butanol) > ϑ_b (Ether)	
Reaktion mit Natrium	positiv	negativ
Entflammbarkeit	schwer	leicht

c) Dimethylether und Ethanol; Ethylmethylether und Propanol.

A288.6

Zwischen Ethan-Molekülen gibt es nur äußerst schwache VAN-DER-WAALS-Bindungen, bei Ethanol-Molekülen liegen zusätzlich starke Wasserstoffbrückenbindungen vor.

A288.7

a) Propan-1-ol; Propan-2-ol

b) Es handelt sich um Additionsreaktionen.

A288.8

a) Zündtemperatur: Temperatur, bei der sich ein Stoff an der Luft selbst entzündet und dauernd weiterbrennt.

b) Diethylether ist wesentlich leichter flüchtig als Butan-1-ol, denn die Moleküle bilden in geringerem Umfang zwischenmolekulare Bindungen aus. Diethylether vermischt sich deshalb bei wesentlich niedrigeren Temperaturen mit der Luft und damit mit dem Reaktionspartner Sauerstoff.

A288.9

a) m (Ethanol) $= \varrho$ (Ethanol) $\cdot V$ (Ethanol)
$= 380 \text{ cm}^3 \cdot 0,78 \text{ g} \cdot \text{cm}^{-3} = 296,4 \text{ g}$

b) Das Aräometer ist ein mit einer Dichteskala versehenes Glasrohr, das unten eine mit Bleischrot gefüllte Erweiterung hat. Mit dem Bleischrot wurde das Aräometer kalibriert. Beim Eintauchen in die Flüssigkeit stellt sich das Aräometer senkrecht. Die Eintauchtiefe hängt dabei von der Dichte der Flüssigkeit ab. Eine große Dichte führt zu einem großen Auftrieb, die Spindel taucht dann nicht so weit in die Flüssigkeit ein.

A288.10

Alkohol, der noch Restwasser enthält, wird mit wasserfreiem Kupfersulfat umgesetzt und anschließend von dem Kupfersulfat dekantiert oder abdestilliert.

A288.11

$2 \text{ C}_2\text{H}_5\text{OH} + 2 \text{ Na} \rightarrow 2 \text{ NaC}_2\text{H}_5\text{O} + \text{H}_2$

A288.12

Glycerin ist viskos und bildet auf dem Glasrohr einen Gleitfilm, sodass das Rohr besser durch das Loch gesteckt werden kann.

A288.13

Holz wurde unter Luftabschluss erhitzt, im Destillat befand sich auch Methanol (Holzgeist).

A288.14

V (Raum) = 5 m · 5 m · 2,5 m = 62,5 m^3

untere Zündgrenze: 1,7 %, d. h. 1,06 m^3

$$n \text{ (Ether)} = \frac{V \text{ (Ether-Gas)}}{V_m} = \frac{1060 \text{ l}}{24 \text{ l} \cdot \text{mol}^{-1}} = 44,2 \text{ mol}$$

m (Ether) = M (Ether) · n (Ether) = 74 g · mol^{-1} · 44,2 mol
= 3271 g

$$V \text{ (Ether)} = \frac{m \text{ (Ether)}}{\varrho \text{ (Ether)}} = \frac{3271 \text{ g}}{0,71 \text{ g} \cdot \text{cm}^{-3}} = 4607 \text{ cm}^3 \approx 4,6 \text{ l}$$

A288.15

a) Spiritus ist mit Wasser mischbar, der Verdünnungseffekt und die Abkühlung führen zum Erlöschen der Flamme. Fettalkohole sind wie Fette hydrophob und schwimmen brennend auf dem Löschwasser oder verspritzen wie Frittierfett. Die Flammen werden so flächig verteilt und nicht gelöscht.

b) Die Sauerstoffzufuhr muss unterbunden werden durch Zudecken mit einem Metalldeckel oder Aufsprühen von Löschpulver oder Kohlenstoffdioxid.

A288.16

Die alkoholische Gärung ist ein anaerober Vorgang, benötigt also keinen Sauerstoff. Sauerstoff sorgt höchstens für Fehlgärungen. Des Weiteren sollen keine Mikroorganismen in den Gäransatz gelangen. Das Gärrohr dient also zum Verschluss, lässt aber das entstehende Kohlenstoffdioxid austreten. Die Kugelrohre sind so angeordnet, dass die Sperrflüssigkeit dabei nicht herausgedrückt werden kann.

A288.17

a) Ein Liter Bier (5 %) enthält 39 g Ethanol.

Berechnung für den Mann mit 90 kg:

$$w \text{ (Alkohol im Blut)} = \frac{m \text{ (Alkohol) (in g)}}{r \cdot m \text{ (Körper) (in kg)}} = \frac{39 \text{ g}}{0,7 \cdot 90 \text{ kg}} = 0,62 \text{ ‰}$$

Innerhalb einer Stunde wurden 0,15 ‰ abgebaut. Der Alkoholgehalt beträgt somit 0,47 ‰.

Berechnung für den Mann mit 60 kg:
w (Alkohol im Blut) = 0,93 ‰;
Alkoholgehalt nach einer Stunde: 0,78 ‰

b) Schon bei 0,4 ‰ ist die Reaktionszeit deutlich verlängert. Die Stimmung ist euphorisch, d. h. dem Fahrer fehlt die notwendige Selbstkontrolle.

19 Oxidationsprodukte der Alkohole

A291.1

Alkanole: Hydroxyl-Gruppe $-\overline{\underline{O}}-H$

Alkanale: Aldehyd-Gruppe $-C\begin{smallmatrix} \overline{\underline{O}}| \\ \\ H \end{smallmatrix}$

A291.2

Methanal kann aus Methanol hergestellt werden.

A291.3

Bei der Reaktion entsteht metallisch glänzendes Kupfer. Der Geruch des Propanols wird von einem stechenden Geruch überdeckt.

A291.4

$$CH_3-CH_2-CH_2-CH_2-C\begin{smallmatrix} \overline{\underline{O}}| \\ \\ H \end{smallmatrix}$$

Pentan-1-al

$$CH_3-CH_2-\underset{\underset{H}{|}}{\overset{CH_3}{\overset{|}{C}}}-C\begin{smallmatrix} \overline{\underline{O}}| \\ \\ H \end{smallmatrix}$$

2-Methylbutanal

$$CH_3-CH-CH_2-C\begin{smallmatrix} \overline{\underline{O}}| \\ \\ H \end{smallmatrix}$$
$\overset{|}{CH_3}$

3-Methylbutanal

$$CH_3-\underset{\underset{CH_3}{|}}{\overset{CH_3}{\overset{|}{C}}}-C\begin{smallmatrix} \overline{\underline{O}}| \\ \\ H \end{smallmatrix}$$

2,2-Dimethylpropanal

A291.5

Man führt mit beiden Lösungen die FEHLING-Probe durch. Nur bei Ethanal scheidet sich rotes Kupfer(I)-oxid ab.

A291.6

$$2 \; H-\underset{\underset{H}{|}}{\overset{H}{\overset{|}{C}}}-\underset{\underset{H}{|}}{\overset{H}{\overset{|}{C}}}-\overline{\underline{O}}-H + O_2 \longrightarrow 2 \; H-\underset{\underset{H}{|}}{\overset{H}{\overset{|}{C}}}-C\begin{smallmatrix} \overline{\underline{O}}| \\ \\ H \end{smallmatrix} + 2 \; H_2O$$

Ethanol → Ethanal

$$C_2H_5OH + 3 \; O_2 \rightarrow 2 \; CO_2 + 3 \; H_2O$$

A291.7

Die FEHLING-Probe wird häufig genutzt, um Traubenzucker in Lebensmitteln nachzuweisen.

A292.1

$$H-C\begin{smallmatrix} \overline{\underline{O}}| \\ \\ H \end{smallmatrix} \qquad H-\underset{\underset{H}{|}}{\overset{H}{\overset{|}{C}}}-C\begin{smallmatrix} \overline{\underline{O}}| \\ \\ H \end{smallmatrix}$$

Methanal   Ethanal

A292.2

Die C–O-Bindung ist polar, der Carbonyl-Sauerstoff ist partiell negativ geladen. Dadurch sind die Voraussetzungen vorhanden, unter denen Wasserstoffbrückenbindungen zwischen Wasser-Molekülen und Methanal-Molekülen entstehen. Der hydrophobe Alkyl-Rest ist sehr kurz und beeinflusst die Löslichkeit kaum.

A292.3

In der Wohnraumluft darf die Konzentration von Formaldehyd den Wert von 0,1 ppm (d. h. 1/10 000 000) nicht überschreiten.

V (Raum) = 5 m $\cdot$ 6 m $\cdot$ 2,5 m = 75 m^3

V_{max} (Formaldehyd) = 75 m^3 $\cdot$ 0,1 cm^3 $\cdot$ m^{-3} = 7,5 cm^3

$$n = \frac{V}{V_m}$$

$$n_{max} \text{ (Formaldehyd)} = \frac{7,5 \text{ cm}^3}{24 \text{ cm}^3 \cdot \text{mmol}^{-1}} = 0,3 \text{ mmol}$$

$$n = \frac{m}{M}; \quad m = n \cdot M$$

M (Formaldehyd) = 30 g $\cdot$ mol^{-1}

m_{max} (Formaldehyd) = 0,3 mmol $\cdot$ 30 mg $\cdot$ mmol^{-1} = 9 mg

Hinweis: Dabei wird eine gleichmäßige Verteilung dieser Stoffportion im gesamten Raum vorausgesetzt.

A292.4

$$4 \; CH_3-C\begin{smallmatrix} \overline{\underline{O}}| \\ \\ H \end{smallmatrix} \xrightarrow{H^+} \text{Metaldehyd}$$

Ethanal   Metaldehyd

A293.1

Der sekundäre Alkohol Propan-2-ol wird zu Propanon (Aceton) oxidiert. Kupferoxid wird zu Kupfer reduziert.

A293.2

$$CH_3-CH_2-CH_2-CH_2 \quad CH_3-CH_2-CH-CH_3 \quad CH_3-\underset{\underset{CH_3}{|}}{\overset{\overset{CH_3}{|}}{C}}-CH_3$$
$$\quad\quad\quad |\quad\quad\quad\quad\quad\quad |\quad\quad\quad\quad\quad OH$$
$$\quad\quad\quad OH\quad\quad\quad\quad\quad OH$$

Butan-1-ol   Butan-2-ol   *tert*-Butanol
(2-Methylpropan-2-ol)

a) Butan-1-ol und Butan-2-ol können dehydriert werden. Bei 2-Methyl-propan-2-ol ist keine Dehydrierung zum Keton oder Aldehyd möglich.

b)
$$CH_3-CH_2-CH_2-C\!\!\!\overset{\overset{\bar{O}I}{\|}}{\underset{H}{\diagdown}} \quad\quad CH_3-CH_2-\underset{\underset{O}{\|}}{C}-CH_3$$

Butanal   Butan-2-on

A293.3

a), b)
Butan besitzt die niedrigste Siedetemperatur ($\vartheta_b = -0,5\,°C$): Zwischen den Molekülen existieren nur VAN-DER-WAALS-Bindungen.
Butanon hat eine höhere Siedetemperatur($\vartheta_b = 80\,°C$): Die größere molare Masse bewirkt etwas stärkere VAN-DER-WAALS-Bindungen. Die Polarität der Carbonyl-Gruppe ermöglicht zusätzlich Dipol-Dipol-Bindungen. Anziehungskräfte wirken zwischen den partiell geladenen Atomen.
Butanol ($\vartheta_b = 117\,°C$) besitzt die höchste Siedetemperatur: Zusätzlich zu den VAN-DER-WAALS-Bindungen bilden sich zwischenmolekulare Wasserstoffbrückenbindungen aus.

A293.4

Butanon, Pentan-2-on

A293.5

Aceton besitzt zwei kurze unpolare Alkyl-Reste und eine polare Carbonyl-Gruppe.
Die Alkyl-Reste bilden mit Heptan-Molekülen VAN-DER-WAALS-Bindungen aus. Daher löst sich Aceton in Heptan. Die Carbonyl-Gruppe bildet mit Wasser-Molekülen Wasserstoffbrückenbindungen aus. Die Alkyl-Reste sind so klein, dass ihre hydrophobe Eigenschaft die Löslichkeit im Wasser nicht beeinträchtigt.

A293.6

a)
EN (O) = 3,5
EN (C) = 2,5
$\Rightarrow \Delta$EN = 1,0

---

b) Die Polarität der Carbonyl-Gruppe wirkt sich auf die physikalischen Eigenschaften der Alkanone aus. Sie haben höhere Siedetemperaturen als vergleichbare Alkane und ihre Löslichkeit in Wasser und in anderen polaren Lösungsmitteln ist größer als die der entsprechenden Alkane.

V294.1

a) Die Oxidschicht des Kupfers verschwindet. Das Kupfer-Netz wird blank. Es riecht nach Aldehyd.

b) $CH_3-CH_2-CH_2-OH + CuO \longrightarrow$

$$CH_3-CH_2-C\!\!\!\overset{\overset{\bar{O}I}{\|}}{\underset{H}{\diagdown}} + Cu + H_2O$$

V294.2

a) TOLLENS-Probe: Mit Propanal bildet sich ein Silberspiegel im Reagenzglas, mit Propanon ist keine Reaktion zu beobachten. FEHLING-Probe: Nur mit Propanal bildet sich ein ziegelroter Niederschlag.
SCHIFFsche-Probe: Mit Propanal bildet sich eine klare, rot gefärbte Lösung.

b) $CH_3-CH_2-C\!\!\!\overset{\overset{\bar{O}I}{\|}}{\underset{H}{\diagdown}} + 2\,Ag^+ + 2\,OH^- \longrightarrow$

$$CH_3-CH_2-C\!\!\!\overset{\overset{\bar{O}I}{\|}}{\underset{O-H}{\diagdown}} + 2\,Ag + H_2O$$

c) Die Keto-Gruppe kann nicht weiter oxidiert werden. Ketone wirken daher nicht reduzierend.

V294.3

a)

	Butan-1-ol	Butan-2-ol	2-Methyl-propan-2-ol
3 Tropfen	sofortige Entfärbung	Entfärbung	Die Farbe der Lösung bleibt unverändert.
10 Tropfen	vollständige Farbänderung nach braun	langsame Farbänderung nach braun	Die Farbe der Lösung bleibt unverändert.
1 ml	Farbänderung nach braun	keine weitere Farbänderung mehr. Die Farbe der Lösung mischt sich mit der braunen Farbe.	Die Farbe der Lösung bleibt unverändert.

b)

$$CH_3-CH_2-CH_2-\underset{\underset{OH}{|}}{CH_2} \qquad CH_3-CH_2-\underset{\underset{OH}{|}}{CH}-CH_3 \qquad CH_3-\underset{\underset{OH}{\overset{\overset{CH_3}{|}}{C}}}{}-CH_3$$

Butan-1-ol   Butan-2-ol   *tert*-Butanol
                                         (2-Methylpropan-2-ol)

c) Butan-1-ol ist ein primäres Alkanol; es kann über Butanal bis zur Butansäure oxidiert werden. Bei der Reaktion wird das zugesetzte Oxidationsmittel fast vollständig umgesetzt.
Butan-2-ol ist ein sekundäres Alkanol. Es kann nur zu Butanon oxidiert werden. Gibt man weiteres Oxidationsmittel hinzu, wird dieses daher nicht mehr umgesetzt.
2-Methylpropan-2-ol kann als tertiäres Alkanol nicht oxidiert werden.

d) Kaliumpermanganat dehydriert die Alkanole. Es handelt sich um eine Redoxreaktion, bei der das Permanganat-Ion zum Mangan-Ion (Mn^{2+}) reduziert wird; es oxidiert dabei das Alkanol.

V295.4

a) In der Salzfüllung schlägt sich gelbbraunes Kondensat nieder. Drückt man das Gas aus dem Kolbenprober auf die präparierte Folie, färbt sich der Folienabschnitt rosa bis rot.

b) Der Zigarettenrauch enthält Alkanale oder vergleichbar reagierende Stoffe. Dies müsste mit weiteren Nachweisverfahren geklärt werden.

c) Das Kochsalz wird mit gelbbraunem Kondensat belegt. Die Kochsalzfüllung wirkt als Filter, der die Teerstoffe des Zigarettenrauches auffängt.

V295.5

a) Arbeitsschritt 3: Das Gemisch erwärmt sich.
Arbeitsschritt 5: Die Farbe des Permanganats verschwindet. Es tritt eine Braunfärbung auf. Das SCHIFF-Reagenz auf der DC-Folie wird rotviolett: Die SCHIFFsche Probe auf Aldehyde ist demnach positiv.
Arbeitsschritt 8: Die Farbe des Universalindikator-Papiers schlägt nach rot um.

b) Die SCHIFFsche Probe dient hier dem Nachweis des Zwischenprodukts Ethanal.

c) Die Temperatur, die beim Überdestillieren der Flüssigkeit gemessen wird, entspricht nicht genau der Siedetemperatur der Essigsäure, weil auch noch weitere Stoffe überdestillieren.

A295.1

a) Kohlenstoffdioxid, Methanol, Propanon (Aceton), Methanal (Formaldehyd), Kupferoxid, Natriumchlorid, Ethanol, Lithiumfluorid, Methansäure (Ameisensäure), Methan, Schwefeldioxid, Kupferoxid, Ethan, Schwefeltrioxid, Wasserstoff, Ethansäure (Essigsäure), Propan-2-ol

b) Ionenverbindungen:
CuO: Cu^{2+}, O^{2-}
NaCl: Na^+, Cl^-
LiF: Li^+, F^-
Cu_2O: Cu^+, O^{2-}

c) $CH_4 \Rightarrow CH_3OH \Rightarrow HCHO \Rightarrow HCOOH \Rightarrow CO_2$

$C_2H_6 \Rightarrow CH_3CH_2OH \Rightarrow CH_3COOH \Rightarrow CO_2$

$CH_3CH(OH)CH_3 \Rightarrow CH_3COCH_3 \Rightarrow CO_2$

A295.2

$CH_3COCH_3 + 4\,O_2 \rightarrow 3\,CO_2 + 3\,H_2O$

Kohlenstoffdioxid lässt sich durch Einleiten der Verbrennungsgase in Kalkwasser nachweisen. Der Wasserdampf lässt sich durch ein Eiswasserbad abkühlen und kondensieren.

A295.3

a) Ethanal

b) Cr^{3+}-Ion

c) Kupferoxid lässt sich nur in der Hitze durch Ethanol reduzieren. Bei Raumtemperatur kann die Reaktion daher nicht als Nachweis für Ethanol genutzt werden.

A296.1

Die Gewinnung von Essigsäure aus Ethanol ist eine katalytisch gesteuerte Reaktion. Als Katalysatoren fungieren dabei Enzyme der Essigsäurebakterien.

A296.2

Bei der biotechnologischen Essigsäureherstellung wird Luft durch eine Verteilungsturbine in das Reaktionsgemisch eingeblasen, um eine bessere Durchmischung zu erzielen.

A296.3

Abbé ROZIER arbeitete mit einem definierten Volumen an Luft. Dieses verringerte sich im Verlauf der Essiggärung. Er schloss daraus, es seien Bestandteile der Luft notwendig.

A297.1

Essigsäure erstarrt bereits bei 17 °C zu einem festen Stoff, der gefrorenem Wasser ähnelt.

A297.2

Die polare Bindung zwischen dem Sauerstoff-Atom und dem Wasserstoff-Atom der Carboxyl-Gruppe ermöglicht die Abspaltung eines Protons und die Bildung eines Wasserstoff-Ions.

A297.3

Bei schwachen Säuren geben nur wenige Moleküle ein Proton ab. Die übrigen Säure-Moleküle liegen unverändert vor.

A297.4

In einer Essigsäure-Lösung liegen stets noch Essigsäure-Moleküle vor, die ihr Proton nicht abgegeben haben. Einige davon gelangen in den Gasraum oberhalb der Lösung und lösen die Geruchsempfindung aus.

A297.5

$2\ CH_3COOH\ (aq) + Mg\ (s) \rightarrow Mg(CH_3COO)_2\ (aq) + H_2\ (g)$

A298.1

Ameisensäure ist der Trivialname für Methansäure. Diese Säure ist in den Giftdrüsen der Ameisen enthalten.

A298.2

Bei der Reaktion bildet sich Magnesiumacetat:

$2\ CH_3COOH\ (aq) + Mg\ (s) \rightarrow Mg(CH_3COO)_2\ (aq) + H_2\ (g)$

A298.3

Aluminiumacetat: $Al(CH_3COO)_3$

A298.4

$CaCO_3\ (s) + 2\ HCOOH\ (aq) \rightarrow$
$Ca^{2+}\ (aq) + 2\ HCOO^-\ (aq) + CO_2\ (g) + H_2O\ (l)$

A298.5

Pentansäure   2-Methylbutansäure

A299.1

Die Löslichkeit von Carbonsäuren wird von der Carboxyl-Gruppe und von dem Alkyl-Rest bestimmt. Die Carboxyl-Gruppe ist entscheidend für die Löslichkeit in Wasser und in anderen polaren Lösungsmitteln. Je größer der Alkyl-Rest ist, desto besser löst sich eine Carbonsäure in einem unpolaren Lösungsmittel.

A299.2

Ethansäure kann aufgrund ihres unpolaren Alkyl-Restes und der polaren Carboxyl-Gruppe mit dem unpolaren Lösungsmittel Heptan und dem polaren Lösungsmittel Wasser gemischt werden. Dagegen ist der Alkyl-Rest von Heptansäure so groß, dass sie trotz der Carboxyl-Gruppe nicht mit Wasser mischbar ist.

A299.3

Essigsäure bildet wie andere Carbonsäuren Doppelmoleküle, die nach außen hin unpolar sind:

Zwischen diesen größeren „Molekülen" herrschen relativ starke VAN-DER-WAALS-Bindungen, die für die hohe Siedetemperatur verantwortlich sind.

A299.4

Hexadecan ($\vartheta_m = 18,2\ °C$) ist ein Alkan. Zwischen den Alkan-Molekülen wirken nur VAN-DER-WAALS-Bindungen. Zwischen den Molekülen von Hexadecansäure ($\vartheta_m = 63\ °C$) wirken zusätzlich Wasserstoffbrückenbindungen.

A299.5

Der Universalindikator ändert seine Farbe kaum, denn Stearinsäure löst sich schlecht in Wasser. Außerdem ist Stearinsäure eine schwache Säure: Nur wenige Moleküle geben ihr H^+-Ion ab.

A299.6

a) Es bildet sich eine Phasengrenze zwischen Wasser (unten) und Lösung (oben). Nur bei der Lösung von Propansäure in Heptan, kann man erkennen, dass sich Schlieren bilden, die unter der Phasengrenze in das Wasser absinken. Propansäure zeigt aufgrund des kurzen Alkyl-Restes eine gute Wasserlöslichkeit.

b) Die Moleküle der Stearinsäure ordnen sich als monomolekulare Schicht so an, dass die Carboxyl-Gruppen in das Wasser ragen und die Alkyl-Reste in das Heptan.

A300.1

In Rhabarber ist Oxalsäure enthalten. Diese Säure ist giftig, denn mit Calcium-Ionen bildet sich schwer lösliches Calciumoxalat. Dadurch kommt es zu einer Verstopfung der Nierenkanälchen.
Beim Kochen zersetzt sich Oxalsäure.

A300.2

K(OOC–CHOH–CHOH–COOH)

A300.3

M (Oxalsäure) = 90 g $\cdot$ mol^{-1}

m (Oxalsäure) = 0,9 g

n (Oxalsäure) = $\frac{m}{M}$ = $\frac{0,9 \text{ g}}{90 \text{ g} \cdot \text{mol}^{-1}}$ = 0,01 mol

n (H$^+$-Ionen) = 0,02 mol

Neutralisation:
n (OH$^-$-Ionen) = 0,02 mol

$c = \frac{n}{V}$

$V = \frac{n}{c}$ = $\frac{0,02 \text{ mol}}{1 \text{ mol} \cdot \text{l}^{-1}}$ = 0,02 l = 20 ml

A301.1

Bei Wasserzugabe beginnt Brausepulver zu schäumen. Weinsäure bildet mit Wasser eine saure Lösung, die mit Natriumhydrogencarbonat zu Kohlenstoffdioxid reagiert.

A301.2

Vor allem Käse, Margarine, Majonäse, Backwaren, Marmeladen, Fischmarinaden und Fischkonserven enthalten organische Säuren als Konservierungsmittel oder Säuerungsmittel.

A301.3

Man unterscheidet chemische Verfahren wie Salzen, Pökeln, Säuern, Räuchern und Zusatz von Konservierungsstoffen von physikalischen Verfahren. Hierzu gehören Kältebehandlung durch Kühlen und Gefrieren und Hitzebehandlung beim Pasteurisieren und Sterilisieren. Außerdem können Lebensmittel durch Wasserentzug oder durch Bestrahlung haltbar gemacht werden.

A301.4

a) Dickmilch, Jogurt und Quark enthalten Milchsäure.

b) Bei der Vergärung von Milchzucker durch Milchsäurebakterien entsteht Milchsäure.

c) Sauermilcherzeugnisse sind fest oder dickflüssig, da das Eiweiß durch die Milchsäure gerinnt.

A301.5

a) Die Bananen und Apfelscheiben werden an der Luft schnell braun, da sie leicht oxidiert werden. Wenn man sie mit Zitronensaft beträufelt, behalten sie länger ihr frisches Aussehen, da die Ascorbinsäure (Vitamin C) der Zitrone die Oxidationsvorgänge einige Zeit verhindert, da sie selbst mit dem Luftsauerstoff reagiert.

b) Zitronensäure-Lösung enthält keine Ascorbinsäure, daher kann sie nicht vor Oxidation durch Luftsauerstoff schützen.

V302.1

a) Der pH-Wert liegt unter pH 3.

Essigsäure   Acetat-Ion

b)

c) CH$_3$COOH (aq) + Na$^+$ (aq) + OH$^-$ (aq) →
CH$_3$COO$^-$ (aq) + Na$^+$ (aq) + H$_2$O (l)

Natriumacetat   Wasser

V302.2

a) *Verbrauch an Natronlauge:*
V (Natronlauge) = 16,7 ml

c (Essigsäure) = $\frac{0,1 \text{ mol} \cdot \text{l}^{-1} \cdot 16,7 \text{ ml}}{20 \text{ ml}}$ = 0,0835 mol $\cdot$ l^{-1}

Konzentration vor dem Verdünnen von 10 ml Lösung auf 100 ml Lösung:
c (Essigsäure) = 0,835 mol $\cdot$ l^{-1}

b) m (Essigsäure) = n (Essigsäure) $\cdot$ M (Essigsäure)
m (Essigsäure) = 0,835 mol $\cdot$ 60 g $\cdot$ mol^{-1} = 50 g

Ein Liter Lösung der Dichte ϱ = 1 g $\cdot$ cm^{-3} enthält 50 g Essigsäure. ⇒ w = 5 %

V302.3

a) V (Natronlauge) = 19 ml
n (OH$^-$-Ionen) = c (OH$^-$-Ionen) $\cdot$ V (Natronlauge)
= 0,1 mol $\cdot$ l^{-1} $\cdot$ 0,019 l = 0,0019 mol = 1,9 mmol

b) *Neutralisation:*
in 20 g Jogurt: n (H$^+$-Ionen) = n (OH$^-$-Ionen) = 1,9 mmol
in 100 g Jogurt: n (H$^+$-Ionen) = 5 $\cdot$ 1,9 mmol = 9,5 mmol

c) m (Milchsäure) = $M \cdot n$ = 90 mg $\cdot$ mmol^{-1} $\cdot$ 9,5 mmol
= 855 mg

w (Milchsäure) = $\frac{0,855 \text{ g}}{100 \text{ g}}$ $\cdot$ 100 % = 0,855 %

exp. Hausaufgabe S. 302

1. z. B. Salz, Zucker, Essig

2. Arbeitsprinzip: Von Lebensmittelproben (Wurst, Brot, Obst ...) werden Referenzansätze vorbereitet. Weitere Proben werden mit adäquaten Konservierungsmitteln (Früchte mit Zucker, Wurst mit Salz und Essig) versetzt, dabei kann auch mit verschiedenen Konzentrationsabstufungen gearbeitet werden.

A303.1

A304.1

Propansäuremethylester

A304.2

$CH_3CH_2CH_2-COOH + HOCH_3 \rightarrow CH_3CH_2CH_2-\boxed{COO}CH_3 + H_2O$

Ester-Gruppe

Butansäuremethylester

A304.3

Im Gegensatz zu den Molekülen der Ausgangsstoffe können Ester-Moleküle untereinander keine Wasserstoffbrückenbindungen eingehen. Die zwischenmolekularen Kräfte sind daher kleiner als bei den Molekülen der Ausgangsstoffe: Die Siedetemperatur ist niedriger.

A304.4

Ester-Moleküle sind nahezu unpolar, deshalb sind sie in einem unpolaren Lösungsmittel gut löslich.

V305.1

a) Nach dem Erhitzen destilliert bei etwa 77 °C eine wasserklare Flüssigkeit über, die wie „Alleskleber" riecht.

b)

c) Der experimentelle Wert der Siedetemperatur von Essigsäureethylester stimmt recht gut mit dem Literaturwert überein, insbesondere wenn man langsam erhitzt und dann die Destillationstemperatur relativ konstant hält.

d) Ester sind in Wasser schwer löslich, da die unpolaren Molekülteile überwiegen. In unpolaren Lösungsmitteln lösen sie sich daher gut.

V305.2

a) Salicylsäure ergibt im Gegensatz zu Aspirin mit Eisenchlorid-Lösung eine intensive Violettfärbung.
Nachdem die Aspirin-Lösung mit Natronlauge erhitzt wurde, lässt sich die Violett-Färbung wieder nachweisen.

b) Bei der Reaktion von Aspirin mit Natronlauge wird der Ester in Salicylsäure und Essigsäure gespalten.

c)

V305.3

a), b)

A306.1

Aldehyd: Oxidationsprodukt eines primären Alkohols mit der Aldehyd-Gruppe als funktioneller Gruppe:

$$-C\underset{H}{\overset{\overline{O}|}{\diagdown}}$$

Keton: Oxidationsprodukt eines sekundären Alkohols mit der Keto-Gruppe als funktioneller Gruppe:

$$\underset{R}{\overset{R}{\diagdown}}C=O\rangle$$

Formaldehyd: Molekülformel: HCHO, systematischer Name: Methanal, einfachster Aldehyd, gesundheitsschädliches Gas, besitzt große Bedeutung für die Synthese von Kunststoffen.

Aceton: systematischer Name: Propanon, einfachstes Keton, bedeutsames Lösungsmittel für polare und unpolare Stoffe.

Carbonyl-Gruppe: funktionelle Gruppe der Aldehyde und Ketone: $C=O\rangle$; Bestandteil der Carboxyl-Gruppe.

Essigsäure: wichtige Alkancarbonsäure mit der –COOH-Gruppe als funktioneller Gruppe, Oxidationsprodukt von Ethanol.

Acetat: Salz der Essigsäure

Carbonsäuren: organische Verbindungen, deren Moleküle eine –COOH-Gruppe besitzen; Oxidationsprodukte von primären Alkoholen und Aldehyden.

Dicarbonsäuren: organische Verbindungen, deren Moleküle zwei Carboxyl-Gruppen aufweisen.

Hydroxycarbonsäuren: organische Verbindungen, deren Moleküle (mindestens) eine Carboxyl-Gruppe und eine Hydroxyl-Gruppe aufweisen.

Ester: organische Verbindungen, deren Moleküle eine Ester-Gruppe aufweisen:

$$R-C\underset{O-R}{\overset{\overline{O}|}{\diagdown}}$$

Sie bilden sich bei der Reaktion einer Carbonsäure mit einem Alkohol. Diese *Veresterung* ist umkehrbar. Die Rückreaktion bezeichnet man als *Esterspaltung*.

Kondensation, Hydrolyse: Unter einer Kondensationsreaktion versteht man die Verknüpfung zweier Moleküle unter Abspaltung eines Wasser-Moleküls. Die Umkehrreaktion bezeichnet man als Hydrolyse.

A306.2

Propansäure (Propionsäure)

A306.3

Ethanal (Acetaldehyd)

A306.4

$$2\ CH_3-CH_2-\underset{OH}{CH}-CH_3 + O_2 \longrightarrow 2\ CH_3-CH_2-\underset{\overset{\|}{O}}{C}-CH_3 + 2\ H_2O$$

Butan-2-ol   Butanon

A306.5

Methansäure-Moleküle sind polar, Pentansäure-Moleküle besitzen dagegen einen großen unpolaren Alkyl-Rest, dessen Einfluss gegenüber der polaren Carboxyl-Gruppe überwiegt.

A306.6

Oxalsäure:

$$\underset{H-\underline{O}}{\overset{|\overline{O}}{\diagdown}}C-C\underset{\underline{O}|}{\overset{\overline{O}-H}{\diagup}}$$

A306.7

$$CH_3-CH_2-CH_2-C\underset{\underline{O}H}{\overset{\overline{O}|}{\diagdown}} + H-\overline{\underline{O}}-CH_2-CH_2-CH_2-CH_3 \underset{\text{Esterspaltung}}{\overset{\text{Veresterung}}{\rightleftharpoons}}$$

$$CH_3-CH_2-CH_2-C\underset{\underline{O}-CH_2-CH_2-CH_2-CH_3}{\overset{\overline{O}|}{\diagdown}} + H_2O$$

A306.8

Aceton ist ein gutes Lösungsmittel für viele organische Stoffe, da es hydrophobe Alkyl-Reste und eine polare Carbonyl-Gruppe besitzt. Auch viele Kunststoffe lassen sich daher in Aceton auflösen.

A306.9

a) Die Oberphase besteht hauptsächlich aus Propansäure-propylester.

b) $$CH_3-CH_2-C\underset{OH}{\overset{\overline{O}|}{\diagdown}} + HO-CH_2-CH_2-CH_3 \xrightarrow{H_2SO_4}$$

$$CH_3-CH_2-C\underset{\underline{O}-CH_2-CH_2-CH_3}{\overset{\overline{O}|}{\diagdown}} + H_2O$$

A306.10

In Essigsäure liegen Doppelmoleküle vor. Dabei sind die Einzelmoleküle durch Wasserstoffbrückenbindungen zwischen den Carboxyl-Gruppen miteinander verknüpft. Zwischen den Doppelmolekülen herrschen wegen der Molekülgröße recht starke VAN-DER-WAALS-Bindungen. Eisessig schmilzt daher erst bei 17 °C.

A306.11

Die O–H-Bindung der Carboxyl-Gruppe ist durch die benachbarte Carbonyl-Gruppe stärker polarisiert als bei Alkoholen. Daher kann leichter ein H^+-Ion abgespalten werden.

A306.12

Im Essigsäure-Molekül trägt das C-Atom in Position 1 zwei H-Atome weniger als im Ethanol-Molekül. Solch eine Abspaltung von Wasserstoff-Atomen ist eine besondere Form der Oxidation.

A306.13

Carbonsäure- Alkohol   Ester   Chlorwasserstoff
chlorid

Es bildet sich Chlorwasserstoff-Gas.

A306.14

Reines Formaldehyd ist bei Raumtemperatur gasförmig.

A306.15

Es bilden sich (komplexe) Eisensalze der Oxalsäure, die sehr gut wasserlöslich sind.

A306.16

a) Die pH-Änderung beruht auf der Bildung von Milchsäure aus dem Milchzucker der Rohmilch durch die Wirkung von Bakterien.

b) Beim Abkochen werden die Bakterien abgetötet.

c) Im sauren Bereich können sich Bakterien nicht so gut vermehren wie im neutralen Bereich.

20 Chemie rund um die Nährstoffe

A311.1

Bei *Kondensationsreaktionen* werden Wasser-Moleküle abgespalten.

Die Spaltung eines Moleküls durch Reaktion mit Wasser bezeichnet man als *Hydrolyse*.

Emulgatoren sind Stoffe, die die Entmischung polarer und unpolarer Flüssigkeiten verhindern.

Als *Verseifung* bezeichnet man die Fettspaltung mit Laugen.

Die Moleküle *ungesättigter Fettsäuren* sind langkettige Carbonsäuren mit mindestens einer C=C-Zweifachbindung.

A311.2

Ester entstehen bei der Reaktion von Alkoholen und Säuren. Glycerin gehört zur Stoffklasse der Alkohole, Fettsäuren sind organische Säuren (Carbonsäuren).

A311.3

a)

b) Es können sechs verschiedene Produkte entstehen.

A311.4

Bei dieser Verseifungsreaktion entstehen neben Glycerin die Natriumsalze der Fettsäuren.

V312.1

Wenn man das Papier mit dem Fettfleck gegen das Licht hält, ist der Fettfleck durchscheinend. Ein Fettfleck verdunstet im Gegensatz zu einem Wasserfleck nicht.

V312.2

Wasserstoffnachweis: Das Oxidationsprodukt Wasser schlägt sich an den Wänden des trockenen Becherglases nieder.

Kohlenstoffnachweis: Das Oxidationsprodukt Kohlenstoffdioxid reagiert mit dem Kalkwasser zu Calciumcarbonat. Dieses erzeugt eine milchige Trübung des Kalkwassers.

V312.3

Olivenöl ist wegen der unpolaren Alkyl-Reste nicht in Wasser löslich. Daher trennen sich die beiden Stoffe nach dem Mischen rasch wieder voneinander. Seifenlösung und Eigelb wirken als Emulgatoren, die zwischen den unpolaren Resten der Fett-Moleküle und den polaren Wasser-Molekülen vermitteln. Es bilden sich stabile Emulsionen.

V313.4

Altes Olivenöl enthält einen höheren Anteil freier Fettsäuren als frisches. Zur Neutralisation der Säuren muss daher bei altem Olivenöl mehr Kaliumhydroxid-Lösung hinzugefügt werden.

V313.5

a) Speiseöl enthält ungesättigte Fettsäuren. Die C=C-Zweifachbindung addiert Brom. Dadurch wird die Bromlösung entfärbt. Stearinsäure ist eine gesättigte Fettsäure. Es tritt keine Entfärbung der Bromlösung auf.

b) $C_{17}H_{33}COOH + Br_2 \rightarrow C_{17}H_{33}Br_2COOH$

A314.1

Nahrungsfette sind Energielieferanten. Im Körper werden sie als Depotfette angelegt und dienen dort als Energiereserve. Außerdem sind Fette Träger von fettlöslichen Vitaminen und Geschmacksstoffen.

A314.2

Margarine ist mit dem höchsten Anteil an mehrfach ungesättigten Fettsäuren und einem ausgewogenen Verhältnis der übrigen Fettsäuren als Nahrungsfett optimal. Das Schlusslicht bildet die Butter mit einem deutlich zu hohem Anteil an gesättigten Fettsäuren.

A314.3

a) Bei der Fetthärtung werden ungesättigte Fettsäure-Reste durch Reaktion mit Wasserstoff in gesättigte Fettsäure-Reste umgewandelt. Derartig veränderte Fette sind daher bei Raumtemperatur fest.

b) Bei dieser Hydrierung handelt es sich um eine Additionsreaktion.

A315.2

Eine herkömmliche Waage ermittelt nur das Körpergewicht. Zwei Menschen können jedoch bei gleichem Gewicht unterschiedliche Anteile an Fett- und Muskelgewebe aufweisen. Den prozentualen Fettanteil ermittelt nur die Körperfettwaage. Da dieser Wert für die Gesundheit von zentraler Bedeutung ist, kann man die Körperfettwaage als ideale Waage bezeichnen.

A315.3

Cholesterin ist ein essentieller Baustoff, der vom Körper selbst nicht synthetisiert wird. Nachteilig wirkt sich jedoch eine vermehrte Zufuhr mit der Nahrung aus. Dann wird das überschüssige Cholesterin in den Gefäßen abgelagert. Dies kann dann zu Folgeerkrankungen wie Bluthochdruck und Herzinfarkt führen.

A315.4

Ballaststoffreiche Ernährung, vorwiegend pflanzliche Fette mit einem hohen Anteil mehrfach ungesättigter Fettsäuren sowie sportliche Betätigung helfen, den Cholesterin-Spiegel zu senken.

A316.1

Fettsäure:
langkettige Carbonsäure

Fett:
Ester aus Glycerin und Fettsäuren

Seife:
Alkalisalz einer Fettsäure

Vergleich: Gemeinsam sind allen Teilchen unpolare Alkyl-Reste und polare Gruppen. Wegen der Alkyl-Reste sind alle Verbindungen hydrophob. Die negativ geladenen Carboxylat-Gruppen der Seifen-Anionen können jedoch hydratisiert werden. Deshalb kann Seife als Emulgator wirken. Bei den Fettsäuren wird die Wirkung der polaren Carboxyl-Gruppe von der Wirkung der unpolaren Alkyl-Reste überdeckt. Bei den Fetten sind die Ester-Gruppen noch weniger polar. Fett-Moleküle weisen daher insgesamt die geringste Polarität auf.

A316.2

a) Bei der *Verseifung* werden die Fette mit Natronlauge oder Kalilauge gekocht (Seifensieden). Durch Zugabe von gesättigter Kochsalzlösung flockt die Seife aus und kann abgetrennt werden. In einer Vakuum-Kammer wird das anhaftende Wasser verdampft. Dabei bildet sich ein Seifenfilm. Die Seifenmasse wird mit Parfümölen und Farbstoffen vermischt und schließlich zu Seifenstücken verarbeitet.

Beim *Hydrolyse-Verfahren* werden die Fette mit Wasserdampf unter Überdruck gespalten. Dabei bilden sich neben Glycerin Fettsäuren. Die Fettsäuren werden anschließend durch Destillieren gereinigt und dann mit Natronlauge oder Kalilauge neutralisiert. Die weitere Verarbeitung – beginnend mit der Zugabe von Kochsalzlösung – entspricht dem *Verseifungsverfahren.*

b)
Verseifung:
Fett + Lauge → Glycerin + Seife

Hydrolyse:
Fett + Wasserdampf → Glycerin + Fettsäuren
Fettsäuren + Lauge → Wasser + Seife

c) Die Reaktion beruht auf der alkalischen Reaktion der Lauge: Die Hydroxid-Ionen greifen die Esterbindungen der Fett-Moleküle an.

A316.3

Bei Motoröl handelt es um Gemische von Kohlenwasserstoffen. Die Moleküle haben weder Ester-Gruppen noch Carboxyl-Gruppen.

V317.1

a) Nach einigen Minuten setzt sich an der Oberfläche des Gemisches Seifenleim ab. Nach Zugabe der Kochsalzlösung schwimmt die Seife auf der Lösung. Gibt man eine Probe der Seife in warmes Wasser, so bildet sich ein haltbarer Schaum.

V317.2

a) *Wasser:* löslich, Schaumbildung
Spiritus: löslich, kaum Schaumbildung
Benzin: unlöslich, keine Schaumbildung

b) *Wasser:* leitfähig
Spiritus: leitfähig
Benzin: keine Leitfähigkeit

Die Ionenkonzentration ist in wässeriger Lösung am größten. Es bilden sich frei bewegliche Seifen-Anionen und Hydroxid-Ionen mit hoher Wanderungsgeschwindigkeit. In Spiritus (enthält bis zu 6 % Wasser), aber auch in reinem Ethanol liegen Ionen aus der Seife vor, die Lösungen sind leitfähig. Im Benzin/Seifen-Gemisch liegen keine Ionen vor.

A319.1

a) Beim Spülen besetzen Seifen-Anionen folgende Grenzflächen: Wasser/Luft, Wasser/Fetttröpfchen und Wasser/ungelöste Feststoffe. Die hydrophile Seite der Seifen-Anionen ist dabei stets zu den Wasser-Molekülen gerichtet.

b) Unter Grenzflächenaktivität eines Stoffes versteht man seine Fähigkeit, sich an den Grenzflächen zwischen flüssigen, festen und gasförmigen Stoffen anzureichern.

c) Die Grenzflächenaktivität der Seifen-Anionen beruht auf ihrer Struktur: Der polare Teil tritt mit polaren Teilchen einer Mischung in Wechselwirkung, der unpolare mit unpolaren Teilchen.

A319.2

a), b) Das unpolare Öl ist in Wasser unlöslich. Von Seifen-Anionen werden die Öl-Moleküle emulgiert und dann vom Wasser weggespült.

A319.3

Bei höherer Waschtemperatur bewegen sich Wasser-Teilchen und Tensid-Teilchen schneller. Sie stoßen öfter und heftiger auf die Schmutz-Teilchen. Dadurch wird das Benetzen, die Tropfenbildung, das Ablösen der Schmutzpartikel und der Abtransport der Schmutztröpfchen beschleunigt. Durch das Bewegen des Gewebes wird das Ablösen und der Abtransport des Schmutzes ebenfalls beschleunigt.

A321.1

Mono-, Di- und Polysaccharide sind die gebräuchlichen Bezeichnungen für Einfach-, Zweifach- und Vielfachzucker. Die Vorsilben Mono, Di und Poly geben also an, wie viele Zuckerbausteine miteinander verknüpft sind.

A321.2

Die Bezeichnung Kohlenhydrate wie auch die angegebene Molekülformel könnten zu der Annahme führen, dass es sich hierbei um Verbindungen aus Kohlenstoff-Atomen und Wasser-Molekülen handelt. Tatsächlich handelt es sich jedoch um Polyhydroxyaldehyde bzw. Polyhydroxyketone.

A321.3

Obwohl beide Zucker-Moleküle dieselbe Molekülformel aufweisen, ergeben sich durch unterschiedliche Verknüpfungen der beteiligten Atome unterschiedliche Strukturen. In beiden Teilen bilden fünf Kohlenstoff-Atome und ein Sauerstoff-Atom einen sechsgliedrigen Ring. Die Hydroxyl-Gruppen an den Kohlenstoff-Atomen sind jedoch unterschiedlich angeordnet. In Verbindungen können Fructose-Reste auch als fünfgliedrige Ringe aus vier Kohlenstoff-Atomen und einem Sauerstoff-Atom vorliegen.

A321.4

Rohrzucker + Wasser → Glucose + Fructose

A321.5

$C_6H_{12}O_6 + C_6H_{12}O_6 \rightarrow C_{12}H_{22}O_{11} + H_2O$
Glucose   Fructose   Saccharose   Wasser

A321.6

Stärke weist eine spiralige und (im Falle des Amylopektins) eine verzweigte Kette aus Glucose-Einheiten auf. Cellulose enthält zahlreiche, parallel angeordnete Stränge aus linearen Glucose-Ketten.

A321.7

Die gute Wasserlöslichkeit und die hohen Schmelztemperaturen sind auf Wasserstoffbrückenbindungen und damit auf die Hydroxyl-Gruppen zurückzuführen.

A321.8

Die charakteristische Blaufärbung tritt nur auf, wenn beide Stoffe, also Iod-Lösung und Stärke, zusammengegeben werden. Will man Iod nachweisen, so gibt man Stärke hinzu, beim Stärke-Nachweis fügt man Iod-Lösung hinzu.

A321.9

a) Stärke schmeckt nicht süß. Kaut man das Brot aber für längere Zeit, so spalten Enzyme des Speichels die Stärke in die Glucose-Einheiten auf.

b) Zucker wirkt hygroskopisch. Er entzieht Schimmelpilzen und anderen Fäulniserregern das Wasser, das sie zum Leben brauchen. Zucker dient daher bei der Herstellung von Marmeladen u. a. als Konservierungsstoff. Bei Diät-Marmelade wird der Zucker gegen Süßstoffe ausgetauscht. Diese besitzen keine konservierenden Eigenschaften.

A321.10

Cellulose ist ein unverdaulicher Ballaststoff, der die Darmtätigkeit fördert.

A322.1

Inhaltsstoffe in 100 g Nudeln:

Inhalts-stoff	Nudeln ohne Ei	Nudeln mit Ei	Vollkornnudeln ohne Ei	Vollkornnudeln mit Ei
Wasser	10,0 g	10,7 g	10,5 g	11,0 g
Eiweiß	12,5 g	12,3 g	13,4 g	12,5 g
Fett	1,2 g	2,8 g	2,5 g	4,2 g
Kohlenhydrate	70,4 g	68,3 g	60,6 g	60,3 g
Cholesterin	0 mg	94 mg	0 mg	74 mg
Vitamin A	0 µg	63 µg	0 µg	34 µg

A322.2

Getreide	Wasser	Eiweiß	Fett	Stärke	Mineral-stoffe	Masse von 1000 Körnern
Weizen	13,2 g	11,7 g	2,2 g	59,2 g	1,5 g	37 g
Roggen	13,7 g	11,6 g	1,7 g	52,4 g	1,9 g	21 g
Gerste	11,7 g	10,6 g	2,1 g	52,2 g	2,3 g	37 g
Hafer	13,0 g	12,6 g	5,7 g	40,1 g	2,9 g	32 g
Reis	13,1 g	7,4 g	2,4 g	70,4 g	1,2 g	27 g
Mais	12,5 g	9,2 g	3,8 g	62,0 g	1,8 g	285 g
Hirse	12,1 g	10,6 g	4,1 g	64,4 g	1,6 g	23 g

A322.3

Hartweizen hat einen höheren Kleberanteil als Weichweizen und ergibt koch- und bissfestere Nudeln. Weichweizen hat einen höheren Stärkegehalt. Die Stärkekörner sind schwächer gebunden und quellen stärker. Der Teig wird dadurch weicher und die Nudeln nehmen beim Kochen mehr Wasser auf.

A322.4

Zöliakie ist die Folge einer Unverträglichkeit von Eiweiß aus Weizen, Roggen und Gerste. Die Krankheit äußert sich bei Kleinkindern durch chronische Durchfälle, die durch Darmschleimhautentzündungen hervorgerufen werden. Der Bauch wird aufgeschwellt und die Gliedmaßen wirken extrem dünn. Das Wachstum ist verzögert. Ursache der Zöliakie ist eine erblich bedingte Störung der Eiweißspaltung im Darm.

A322.5

Die Zahl der Mehltype gibt an, wie viel Milligramm Mineralstoffe in 100 g Mehl enthalten sind. Je stärker ein Mehl gemahlen wird, desto höher ist sein Ausmahlungsgrad und sein Gehalt an Eiweißen, Fett, Mineralstoffen, Vitaminen und Ballaststoffen.

A322.6

Nur aus Weizenmehl kann nach Zugabe von Wasser ein elastischer Teig geknetet werden. Ursache ist der Gehalt an Weizenkleber (lat. *gluten:* Leim), der sich beim Anteigen des Weizenmehls bildet. Der Kleber besteht zu 90 % aus Proteinen, die den elastischen Zusammenhalt des Teiges bewirken.

V322.1

a) Glucose ist in Wasser löslich, in Heptan dagegen schwer löslich. Eine wässerige Zuckerlösung reagiert neutral; sie leitet den elektrischen Strom nicht. Die gleichen Beobachtungen kann man bei Saccharose machen. Saccharose zersetzt sich beim Schmelzen (Braunfärbung, Karamelisierung).

b) Glucose und Saccharose sind keine Ionenverbindungen, sondern Molekülverbindungen. Zwischen den Molekülen liegen verhältnismäßig starke zwischenmolekulare Bindungen vor (Wasserstoffbrückenbindungen).

c) Herstellung von Karamel, Bonbons, Braunfärbung des Teiges beim Backen von Brot.

V322.2

a) Im Reagenzglas mit Ansatz bilden sich farblose Flüssigkeitströpfchen, das Kupfersulfat wird blau. Das Kalkwasser im zweiten Reagenzglas trübt sich.

b) Kupferoxid liefert als Oxidationsmittel den notwendigen Sauerstoff und wird selbst zu elementarem Kupfer reduziert.

c) Bei der Oxidation mit Kupferoxid reagiert der Kohlenstoff in den Spagetti zu Kohlenstoffdioxid. Das entstandene Kohlenstoffdioxid wird durch die Trübung von Kalkwasser nachgewiesen.
Der Wasserstoff in den Spagetti wird zu Wasser oxidiert. Das entstandene Wasser reagiert mit weißem wasserfreiem Kupfersulfat zu blauem Kupfersulfat-Hydrat.
Beide Nachweise sind indirekte Nachweise.

V322.3

a) Die Iod-Lösung färbt die Flüssigkeiten schwarzblau.

b) Stärke + Iod → Iod/Stärke-Komplex

V323.4

a) Der Glucose-Test, die FEHLING-Probe und die TOLLENS-Probe verlaufen mit Glucose aus hydrolysierter Stärke positiv, aber nicht so stark wie mit reiner Glucose. Nicht hydrolysierte Stärke-Lösung ergibt überall negative Test-Ergebnisse.

b) Stärke + Wasser → Glucose

V323.5

Amylose $\xrightarrow{\text{Amylase}}$ Glucose

A324.1

Kartoffeln, Nudeln, Reis und Brot sind stärkehaltige Lebensmittel. Sie werden im Körper schrittweise zu Glucose umgebaut. Dadurch steigt der Blutzucker-Spiegel nur allmählich an, die Sättigung tritt langsam, aber dauerhaft ein. Süßigkeiten enthalten zumeist Saccharose, die den Blutzucker-Spiegel schnell ansteigen lässt. Eine schnelle Sättigung aber auch eine Ausschüttung von Insulin sind die Folge. Letzteres erzeugt dann ein erneutes Hungergefühl.

A324.2

Ballaststoffe fördern die Verdauung, indem sie im Darm Wasser aufnehmen und dadurch quellen. Auf diese Weise wird ein mechanischer Reiz auf die Darmwände ausgeübt. Eine verstärkte Darmtätigkeit ist die Folge.

A324.3

Ein niedriger Blutzucker-Spiegel löst ein Hungergefühl aus. Nimmt man mit der Nahrung Zucker zu sich, so steigt der Blutzucker-Spiegel an. Es entsteht ein Sättigungsgefühl. Gleichzeitig führt der erhöhte Blutzucker-Spiegel zur Ausschüttung des Hormons Insulin. Dieses führt dann zur Senkung des Blutzucker-Spiegels und zum erneuten Hungergefühl.

A324.4

Glucose wird im Körper vollständig zu Kohlenstoffdioxid und Wasser oxidiert:

$$C_6H_{12}O_6 + 6\ O_2 \rightarrow 6\ CO_2 + 6\ H_2O$$

A324.5

Ideal ist das Frühstück mit Frischkornmüsli und Früchten, da es den Blutzucker-Spiegel nur allmählich ansteigen lässt und länger andauernd sättigt. Verantwortlich hierfür sind der Vielfachzucker Stärke, der Einfachzucker Fructose und die Ballaststoffe in diesem Frühstück. Mit wachsendem Anteil an Haushaltszucker und Mangel an Ballaststoffen steigt auch der Blutzucker-Spiegel schneller kurzfristig an, ohne dass aber eine länger anhaltende Sättigung erreicht wird.

A325.1

Normalerweise enthält Blut etwa 0,1 % Traubenzucker. Fehlt dem Körper Insulin und wird deshalb dieser Wert überschritten, so liegt eine Überzuckerung vor. Sinkt der Blutzucker-Spiegel durch zu viel Insulin, so kommt es zur Unterzuckerung.

A325.2

Insulin ist ein Hormon der Bauchspeicheldrüse, das die Aufnahme von Glucose aus dem Darm und seine Speicherung als Polysaccharid in der Leber reguliert. Bei Zuckerkranken fehlt Insulin oder es wird nicht in ausreichender Menge produziert. Die Folge ist eine Erhöhung des Blutzucker-Spiegels. Zuckerkranke müssen daher Insulin spritzen.

A325.3

Die Unverträglichkeit von Milchzucker (Lactose) wird als Lactose-Intoleranz bezeichnet. Sie beruht auf einem genetisch bedingten Enzym-Defekt.

A325.4

Stärke muss zunächst durch die Enzyme des Mundspeichels in die zahnschädigenden Einfachzucker und Zweifachzucker zerlegt werden. Die potentielle Gefahr einer Zahnschädigung tritt daher, wenn überhaupt, erst verzögert auf.

A325.5

Zuckeraustauschstoffe haben einen vergleichbaren Energiegehalt wie Kohlenhydrate.

A326.1

a) Bei der Produktion von nachwachsenden Rohstoffen müssen oft umweltbelastende Düngemittel und Pflanzenschutzmittel eingesetzt werden.

b) Die landwirtschaftlich zur Verfügung stehende Fläche reicht nicht aus, um die benötigten Mengen an Brennstoffen zu produzieren.

A326.2

a) *Vorteile:* Biodiesel erzeugt etwas weniger Schadstoffe als Erdöl-Diesel, er ist biologisch abbaubar und kann als Treibstoff in umweltsensiblen Bereichen eingesetzt werden. Die Kohlenstoffdioxid-Bilanz ist ausgeglichen.

Nachteile: Die Produktionskosten für Bio-Diesel sind höher, zur Nahrungsmittelproduktion nutzbare landwirtschaftliche Flächen werden zum Raps-Anbau genutzt, es werden große Mengen an Düngemitteln und Pflanzenschutzmitteln benötigt.

b) Er könnte als Treibstoff für Motoren verwendet werden, die in umweltsensiblen Bereichen wie in Wasserschutzgebieten oder im Ackerbau eingesetzt werden.

c) Das Umweltbundesamt fördert den Einsatz von Bio-Diesel.

A327.1

Bio-Diesel ist Rapsölmethylester, Bio-Sprit ist ein Gemisch aus Ethanol und Benzin.

A327.2

Bei der Verbrennung dieser Stoffe wird nur so viel Kohlenstoffdioxid freigesetzt, wie beim Wachstum der entsprechenden Pflanzen gebunden wurde.

A327.3

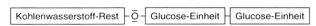

| Kohlenwasserstoff-Rest | –O– | Glucose-Einheit | Glucose-Einheit |

A328.1

Mit holzfreiem Papier ist Papier gemeint, das nur noch aus Cellulose besteht. Der Holzstoff (Lignin) wurde vollständig entfernt.

A328.2

a)
Einwohner Westdeutschland: 60 Millionen
Einwohner Gesamt-Deutschland: 80 Millionen

	Jahres-verbrauch an Papier in 10^6 t	Wasser-verbrauch in 10^9 m³	Energie-einsatz in 10^9 kWh
1950	12,9 (West)	1,935	103
1999	12,9 (West)	0,155	38,7
1999	17,2 (Gesamt)	0,206	52

b)
– Erhöhung des Anteils an Recycling-Papier
– „papierfreies" Büro durch den Einsatz von Computern

A329.1

Stärke + Wasser → Maltose

A329.2

$C_6H_{12}O_6 \rightarrow 2\ C_2H_5OH + 2\ CO_2$
Glucose   Ethanol   Kohlenstoffdioxid

A329.3

Dass Hefe für die Gärung notwenig ist, war 1516 noch nicht bekannt. Erst als Ende des 17. Jahrhunderts Mikroskope entwickelt wurden, konnten die Hefepilze nachgewiesen werden.

A329.4

§ 4 Jugendschutzgesetz:
(1) In Gaststätten, Verkaufsstellen oder sonst in der Öffentlichkeit dürfen
1. Branntwein, branntweinhaltige Getränke oder Lebensmittel, die Branntwein in nicht nur geringfügiger Menge enthalten, an Kinder und Jugendliche,
2. andere alkoholische Getränke an Kinder und Jugendliche unter sechzehn Jahren
weder abgegeben noch darf ihnen der Verzehr gestattet werden.
(2) Absatz 1 Nr. 2 gilt nicht, wenn Jugendliche von einem Personensorgeberechtigten begleitet werden.
(3) In der Öffentlichkeit dürfen alkoholische Getränke nicht in Automaten angeboten werden. Dies gilt nicht, wenn ein Automat in einem gewerblich genutzten Raum aufgestellt und durch Vorrichtungen oder durch ständige Aufsicht sichergestellt ist, dass Kinder und Jugendliche unter sechzehn Jahren alkoholische Getränke nicht aus dem Automaten entnehmen können.

A331.1

Als Peptidbindung wird die Bindung zwischen zwei Aminosäuren bezeichnet. Werden zahlreiche (mehr als 10) Aminosäuren miteinander verknüpft, so entsteht ein Polypeptid. Die Reihenfolge der einzelnen Aminosäuren innerhalb eines Polypetids bzw. Proteins nennt man Aminosäuresequenz.

A331.2

Die Aminosäuren Glycin und Alanin besitzen unpolare Seitenketten, die Aminosäuren Cystein und Glutamin verfügen über polare Seitenketten. Glutaminsäure besitzt eine saure, Lysin und Arginin eine basische Seitenkette.

A331.3

Alanin

Cystein

A331.4

a) $CO(NH_2)_2 + H_2O \rightarrow CO_2 + 2\,NH_3$

b) Enzyme werden durch hohe Temperaturen, Säuren, Ethanol oder Schwermetall-Ionen denaturiert.

A332.1

Ein Schüler von 50 kg Körpergewicht hat einen täglichen Eiweißbedarf von 55 g.

A332.2

Bei Kleinkindern ist der relative Bedarf höher, da hier die Wachstumsprozesse mit erhöhtem Eiweißbedarf (Muskel- und Organaufbau) deutlich im Vordergrund stehen.

A332.3

a) Edamer-Käse und Rinderfilet besitzen neben einer hohen biologischen Wertigkeit auch einen hohen Eiweißgehalt.

b) Es müssten etwa 600 g Rinderfilet gegessen werden, um damit 100 g körpereigenes Eiweiß aufbauen zu können.

A332.4

Die Muskelmasse besteht hauptsächlich aus Eiweißen. Eine zusätzliche Aufnahme an Eiweißen ist eigentlich unnötig, da wir ohnehin mit unserer Nahrung deutlich zu viel Eiweiß zu uns nehmen.

V333.1

a) Das Indikatorpapier zeigt eine alkalische Reaktion an, das Bleiacetat-Papier färbt sich schwarz.

b) Eiweiß + Natronlauge → Ammoniak
Bleiacetat + Schwefelwasserstoff → Bleisulfid

V333.2

Die gelben Flecken entstehen, wenn konzentrierte Salpetersäure mit der Haut in Kontakt kommt. Dabei reagiert die Salpetersäure mit dem Eiweiß der Hornsubstanz der Haut. Es bildet sich Xanthoprotein.

V333.3

Eiweiß wird durch Zugabe von Alkohol, Säure, Schwermetall-Ionen oder konzentrierter Salzlösungen sowie durch Erhitzen denaturiert. Die Denaturierung ist irreversibel.

V333.4

a) Bäckerhefe enthält das Enzym Katalase. Dieses katalysiert die Spaltung von Wasserstoffperoxid zu Wasser und Sauerstoff. Der entstehende Sauerstoff wird über die Glimmspanprobe nachgewiesen.

b) $2\,H_2O_2 \xrightarrow{\text{Katalase}} 2\,H_2O + O_2$

A334.1

Kondensation: Reaktion, die unter Abspaltung eines kleinen Moleküls (häufig Wasser-Molekül) verläuft.

Hydrolyse: Reaktion, bei der Moleküle mit Hilfe von Wasser-Molekülen gespalten werden.

Fette: Ester, die bei der Reaktion von Glycerin mit Fettsäuren entstehen.

gesättigte Fettsäuren: langkettige Carbonsäuren, die nur C–C-Einfachbindungen enthalten, *ungesättigte Fettsäuren* besitzen dagegen eine oder mehrere C=C-Zweifachbindungen.

Seife: Natrium- oder Kaliumsalze langkettiger Fettsäuren. Seifen-Anionen sind Tensid-Teilchen mit einem polarem Teil (Carboxyl-Gruppe) und einem unpolaren Teil (Alkyl-Rest).

Grenzflächenaktivität: Fähigkeit eines Stoffes, sich an den Grenzflächen zwischen flüssigen, festen und gasförmigen Stoffen anzureichern. Die Grenzflächenaktivität von Seifen-Anionen beruht auf ihrer Struktur: Der polare Teil tritt mit polaren Teilchen einer Mischung in Wechselwirkung, der unpolare mit unpolaren Teilchen.

Kohlenhydrate: Verbindungen mit der allgemeinen Molekülformel $C_n(H_2O)_m$

Einfachzucker: kleinste Grundbausteine der Kohlenhydrate. *Glucose* und *Fructose* sind Isomere mit der Molekülformel $C_6H_{12}O_6$. Beide Moleküle bilden einen sechsgliedrigen Ring aus fünf C-Atomen und einem O-Atom, sie unterscheiden sich jedoch in der Anordnung der OH-Gruppen.

Zweifachzucker: Verbindung aus zwei Einfachzuckern. *Rohrzucker* (Maltose) ist der einfachste Zweifachzucker, seine Moleküle entstehen durch Kondensation zweier Glucose-Moleküle.

Vielfachzucker: Verbindung aus zahlreichen Einfachzuckern, die wichtigsten Vielfachzucker sind Stärke und Cellulose. *Stärke* besteht aus wasserlöslicher Amylose und wasserunlöslichem Amylopektin. Beide Bestandteile sind aus Glucose-Einheiten zusammengesetzt.

Cellulose besteht ebenfalls aus Glucose-Einheiten, die linear miteinander angeordnet sind. Parallel ausgerichtete Molekülstränge sind über Wasserstoffbrücken verknüpft.

Eiweiße, Proteine: Makromoleküle aus mehr als 100 Aminosäuren. *Enzyme* sind Biokatalysatoren, die aus Proteinen bestehen.

Aminosäuren: Grundbausteine der Proteine. An ein zentrales C-Atom sind eine Carboxyl-Gruppe (–COOH), eine Amino-Gruppe (–NH$_2$), ein Wasserstoff-Atom (–H) und eine Seitenkette (–R) gebunden.

Peptidbindung: Bindung zwischen zwei Aminosäuren (–CO–NH–)

Aminosäuresequenz: Abfolge der Aminosäure-Reste in einem Polypeptid (Primärstruktur)

nachwachsende Rohstoffe: land- und forstwirtschaftlich erzeugte Produkte, die als Rohstoffe und Energieträger verwendet werden.

A334.2

a) Nährstoffe (Fette, Kohlenhydrate, Eiweiße) sind wichtige Energielieferanten, Wirkstoffe (Mineralien, Vitamine) sind für die Stoffwechselregulation wichtig, Mineralien dienen zusätzlich als Baustoffe. Wasser ist das zentrale Lösungs- und Transportmittel. Ballaststoffe unterstützen die Verdauung. Sie verlassen den Körper unverändert. Geschmacks- und Aromastoffe dienen als Appetitanreger und fördern die Verdauung.

b) Fette sind die energiereichsten Nährstoffe.

c) *Ernährungstipps zu Fetten:* Pflanzliche Fette mit einem hohen Anteil ungesättigter Fettsäuen bevorzugen, auf versteckte Fette in Wurst, Fleisch, Käse und Süßigkeiten achten.

Ernährungstipps zu Kohlenhydraten: Stärke und ballaststoffreiche Nahrung bevorzugen, den Konsum zuckerhaltiger Lebensmittel einschränken.

Ernährungstipps zu Eiweißen: Weniger Fleisch essen, pflanzliche Eiweiße bevorzugen.

A334.3

a) Fette bestehen aus einem Glycerin-Rest und drei zumeist verschiedenen Fettsäure-Resten.

b) Fette sind keine Reinstoffe, sondern Gemische verschiedener Verbindungen, die sich in ihren Fettsäure-Resten unterscheiden.

c) Fette mit langen, gesättigten Fettsäure-Resten bilden leichter eine geordnete Struktur. Zwischen den Fett-Molekülen bilden sich daher mehr VAN-DER-WAALS-Bindungen aus, die Schmelztemperaturen liegen relativ hoch.

d) Palmitinsäure ist eine gesättigte Fettsäure, Ölsäure eine einfach ungesättigte Fettsäure. Eine mehrfach ungesättigte Fettsäure ist die Linolsäure.

A334.4

a) Einfachzucker, Glucose und Fructose
Zweifachzucker, Saccharose und Maltose
Vielfachzucker, Stärke und Cellulose

b) Die gute Wasserlöslichkeit beruht auf den Hydroxyl-Gruppen. Es bilden sich Wasserstoffbrückenbindungen zwischen den Zucker-Molekülen und Wasser-Molekülen aus. Die hohen Schmelztemperaturen sind auf die starken Wasserstoffbrückenbindungen zwischen den Zucker-Molekülen zurückzuführen.

c) Der Mensch besitzt nicht die entsprechenden Enzyme, um die Verknüpfungen zwischen den Glucose-Resten in der Cellulose zu lösen.

A334.5

Alanin

b) Durch die Aminosäuresequenz wird die Abfolge der einzelnen Aminosäure-Reste und damit auch die Lage der Seitenketten bestimmt. Zwischen den Seitenketten können sich verschiedene Wechselwirkungen ausbilden, die dann letztendlich für die Stabilisierung und die Ausbildung der räumlichen Struktur eines Proteins verantwortlich sind.

A334.6

Die Schmelztemperaturen der Fettsäuren werden hauptsächlich von der Molekülgröße und der Molekülgestalt bestimmt. Mit wachsender Anzahl an Kohlenstoff-Atomen wächst die Molekülgröße und die Anzahl möglicher VAN-DER-WAALS-Bindungen, die Schmelztemperatur steigt.
Mit wachsender Anzahl an C=C-Zweifachbindungen verändert sich die Molekülgestalt. Die *cis*-Zweifachbindung bewirkt einen Knick in der Kohlenwasserstoffkette. Die Anzahl möglicher VAN-DER-WAALS-Bindungen vermindert sich und die Fettsäure schmilzt bei einer niedrigeren Temperatur.

A334.7

a) $C_{12}H_{22}O_{11} + 12\,O_2 \rightarrow 12\,CO_2 + 11\,H_2O$

b) *Gegeben:* m (Rohrzucker) = 4 g
$M\,(C_{12}H_{22}O_{11}) = 342\ \text{g} \cdot \text{mol}^{-1}$; $M\,(CO_2) = 44\ \text{g} \cdot \text{mol}^{-1}$
$V_m = 24\ \text{l} \cdot \text{mol}^{-1}$

$n\,(C_{12}H_{22}O_{11}) : n\,(CO_2) = 1 : 12$

$n\,(CO_2) = 12 \cdot n\,(C_{12}H_{22}O_{11}) = 12 \cdot \dfrac{m\,\text{(Rohrzucker)}}{M\,(C_{12}H_{22}O_{11})}$

$\qquad = 12 \cdot \dfrac{4\ \text{g}}{342\ \text{g} \cdot \text{mol}^{-1}} = 0,14\ \text{mol}$

$V\,\text{(Kohlenstoffdioxid)} = n\,(CO_2) \cdot V_m$
$\qquad\qquad\qquad = 0,14\ \text{mol} \cdot 24\ \text{l} \cdot \text{mol}^{-1} = 3,4\ \text{l}$

A334.8

a) Wasserstoffbrückenbindung, **b)** VAN-DER-WAALS-Bindung, **c)** Ionenbindung, **d)** Elektronenpaarbindung

A334.9

Salate enthalten u. a. fettlösliche Vitamine. Diese können vom Körper nur bei gleichzeitiger Aufnahme von Speiseöl aufgenommen bzw. resorbiert werden.

A334.10

Die Milchsäure führt zur Denaturierung des Milcheiweißes (Casein). Das geronnene Eiweiß trennt sich von der Molkenflüssigkeit und setzt sich ab.

A334.11

a) Die Hülle einer Seifenblase besteht aus einer sehr dünnen Wasserhaut, in die von beiden Seiten Seifen-Anionen eingelagert sind. Die geladenen Carboxylat-Gruppen sind hydrophil, sie liegen einander in der Wasserschicht gegenüber. Die unpolaren Kohlenwasserstoff-Ketten der Seifen-Anionen sind hydrophob, sie ragen in die Luft.

b) Das Wasser im Seifenblasen-Film wird durch die Wirkung der Schwerkraft nach unten gezogen. Dadurch wird der Film immer dünner. Schließlich kommen sich die geladenen Carboxylat-Gruppen so nahe, dass die elektrostatische Abstoßung zwischen ihnen wirksam wird, die Membran hält dem Überdruck im Innern nicht mehr stand, die Blase platzt.

A334.12

Zunächst lagern sich Tensid-Teilchen an die Fasern und an den Schmutz an. Der fetthaltige Schmutz wird zu Tropfen zusammengeschoben, von der Faser abgestoßen und in Micellen eingeschlossen.

A334.13

a) Aus der Rapspflanze muss zunächst das Rapsöl gewonnen werden. Dieses Rapsöl wird mit Methanol zu Rapsölmethylester umgesetzt.

b)

Fett

21 Organische Werkstoffe

A338.1

a) Thermoplaste werden beim Erhitzen weich und viskos. Duroplaste lassen sich nach dem Aushärten nicht thermoplastisch verformen. Sie zersetzen sich beim Erhitzen. Elastomere geben äußerem Druck oder Zug nach, nehmen aber später ihre ursprüngliche Form wieder an.

b) Thermoplaste bestehen aus langkettigen Molekülen mit schwachen zwischenmolekularen Bindungen. Diese Bindungen lösen sich beim Erhitzen, sodass die Moleküle aneinander vorbeigleiten können.
Duroplaste bestehen aus räumlich vernetzten Makromolekülen. Die Vernetzungsstellen werden durch C–C-Einfachbindungen zusammengehalten. Diese Bindungen werden erst bei sehr starkem Erhitzen zerstört.
Elastomere enthalten Makromoleküle, die viel weitmaschiger miteinander vernetzt sind als bei den Duroplasten.

A338.2

Beispiele:
Thermoplast: Nylonfäden, Kunststofffolien
Duroplast: Lichtschalter, Campinggeschirr
Elastomer: Gummiringe

A339.1

A339.2

A339.3

a)

b) $2 \, C_2H_3Cl + 5 \, O_2 \rightarrow 4 \, CO_2 + 2 \, H_2O + 2 \, HCl$

A339.4

A339.5

Über die Suchbegriffe „pvc" und „diskussion" werden von den gängigen Suchmaschinen zahlreiche Standpunkte von Industrie und Interessenverbänden aufgefunden.

A340.1

Bei einer Polykondensation verbinden sich Moleküle zu Makromolekülen, wobei zwischen je zwei Molekülen ein kleineres Molekül (z. B. Wasser oder Chlorwasserstoff) abgespalten wird.

A340.2

a)

b)

A340.3

a) Beim Schmelzspinn-Verfahren wird der geschmolzene Kunststoff durch feine Düsen presst. Dadurch entstehen Kunststofffasern.

b) Für dieses Verfahren eigenen sich nur thermoplastische Kunststoffe, weil diese beim Erhitzen plastisch verformbar sind.

A340.4

Durch das Strecken werden die Moleküle der Faser parallel zueinander ausgerichtet. Dabei bilden sich zwischen den Ketten Wasserstoffbrückenbindungen und VAN-DER-WAALS-Bindungen aus.

A340.5

Der noch flüssige ungesättigte Polyester wird hart, wenn man einen Katalysator beimischt, der eine Polymerisation einleitet. Dabei verbinden sich die langkettigen Polyester-Moleküle durch C–C-Einfachbindungen.

A340.6

Bei der Herstellung von Bootskörpern wird ungesättigter Polyester schichtweise durch Glasmatten verstärkt. Dadurch entsteht ein Verbundwerkstoff von hoher Festigkeit.

A341.1

Naturseide ist ein Naturprodukt, das aus Eiweiß-Molekülen besteht. Es wird aus den Spinnfäden der Seidenraupe gewonnen. Kunstseide wird als halbsynthetische Faser aus dem Naturstoff Cellulose hergestellt.

A341.2

Bild 1: Die Kerze wird vom Luftstrom, den der Ventilator erzeugt, nicht erreicht, weil die Membrane windundurchlässig ist.
Bild 2: Wasser durchdringt die Membrane nicht.
Bild 3: Der aufsteigende (unsichtbare) Wasserdampf dringt durch die Membrane und bildet oberhalb Nebel.

A342.1 oben

Es findet eine Polykondensation statt: Hydroxybuttersäure-Moleküle enthalten zwei Hydroxyl-Gruppen. Unter Abspaltung von Wasser-Molekülen können Hydroxybuttersäure-Moleküle miteinander reagieren.

A342.1 unten

Die Dichte von Styropor beträgt je nach den Herstellungsbedingungen $0{,}0015\ g \cdot cm^{-3}$ bis $0{,}3\ g \cdot cm^{-3}$.

A342.2 unten

In Styropor ist viel Luft eingeschlossen, die die Wärme schlecht leitet.

V343.1

a), b) siehe Schülerband

c) Polyethen und Polypropen schwimmen auf Wasser. Alle anderen in der Tabelle aufgeführten Kunststoffe sinken.

V343.2

a) Die Probe wird nach und nach zähflüssig und erstarrt schließlich.

b)

A344.1

a) Die Kautschukbäume des tropischen Regenwalds werden angeritzt, sodass aus ihrer Rinde der Milchsaft, der so genannte Latex, herausläuft. Dieser Saft enthält Kautschuktröpfchen.

b)

A344.2

a)

b) An beiden Enden des in a) formulierten Produkts sind weitere Verknüpfungen möglich.

c) Radikale mit einem ungepaarten Elektron können die Polymerisation beenden.

A344.3

a) Durch Vulkanisation wird aus Kautschuk Gummi gewonnen. Dazu wird Rohkautschuk mit Schwefel vermengt und erhitzt.

b)

c) Gummisorten mit unterschiedlichen Eigenschaften lassen sich auf folgende Weise herstellen:
unterschiedliche Schwefelanteile bei der Vulkanisation,
Verwendung verschiedener Füllstoffe,
unterschiedliche Anteile von Buta-1,3-dien und Styrol bei der Polymerisation.

A344.4

a) Ein Autoreifen ist aus mehreren Schichten aufgebaut: Ein Gewebeunterbau, die Karkasse, bildet die Grundschicht. Weitere Textilschichten liegen in der Seitenwand und stabilisieren sie.
Stahlgürtel und Textilgürtel lagern unter der Lauffläche. Sie vermitteln eine gute Laufeigenschaft.
Gummischichten überziehen Innenwand, Seitenwände und Laufschicht.
Drahtkerne sorgen dafür, dass sich der Reifen bei schnellem Lauf nicht von der Felge ablöst.

b) Das Profil der Lauffläche macht die Reifen rutschfest: Wasser, das auf der Fahrbahn steht, wird nach hinten bzw. zu den Seiten abgeleitet.

c) Besitzt ein Reifen nicht genügend Profil, so staut sich Wasser bei Fahrten auf nasser Straße vor dem Reifen. Bei zu hoher Geschwindigkeit rollt der Reifen auf diesen „Wasserberg" und die Bodenhaftung geht verloren. Das Auto ist dann nicht mehr steuerbar und kann nicht mehr abgebremst werden.

A345.1

Silicium-Atome bilden vier Elektronenpaarbindungen aus.

A345.2

Im Polyethen folgen die Kohlenstoff-Atome unmittelbar aufeinander. Im Silicon wechseln sich Silicium-Atome und Sauerstoff-Atome ab.

A345.3

Wenn sich zwei Silandiol-Moleküle verbinden, wird ein Wasser-Molekül freigesetzt. Es findet also eine Kondensationsreaktion statt. Zwischen vielen Silandiol-Molekülen läuft eine Polykondensation ab.

A345.4

Silantriol-Moleküle besitzen drei reaktionsfähige OH-Gruppen. Die Polykondensation läuft also in allen drei Raumrichtungen ab. Daher entstehen räumlich vernetzte Makromoleküle.

A346.2

Erstes Teilbild: Der Klebstoff ist im Lösungsmittel gelöst.

Zweites Teilbild: Das Lösungsmittel ist größtenteils verdampft. Einzelne Bindungen zwischen Klebstoff-Molekülen und Material sind gebildet.

Drittes Teilbild: Die Klebstoff-Moleküle sind untereinander und mit dem Material verbunden.

A346.3

Ein Schmelzkleber besteht aus einem thermoplastischen Kunststoff. Zum Kleben wird der Kunststoff erhitzt, bis er schmilzt. Die geschmolzene Masse wird auf die zu verklebenden Teile aufgetragen, dann presst man diese so lange aneinander, bis der Kleber hart geworden ist.

A346.4

Weiche und flexible Teile werden durch nicht härtende Kleber miteinander verbunden. Man setzt diese Kleber auch bei Etiketten und Klebestreifen ein, die wieder entfernt werden sollen.

A346.5

a) Zwei-Komponenten-Kleber werden nach den Angaben des Herstellers kurz vor der Verwendung gründlich miteinander vermischt. Das Gemisch trägt man auf die Bruchstellen auf und presst die Teile fest aneinander. Die Klebestelle darf erst belastet werden, wenn der Klebstoff ausgehärtet ist.

b) Die Komponenten werden getrennt geliefert, weil die Reaktion beim Mischen sofort einsetzt.

A346.6

Sekundenkleber verbinden Teile sekundenschnell miteinander. Die Verarbeitungszeit ist also extrem kurz. Das gilt auch, wenn der Kleber zwischen die Finger gerät.
Im Extremfall kann dann nur eine Operation helfen. Hautkontakt ist deshalb zu vermeiden und vor allem ist darauf zu achten, dass nichts von dem Kleber in die Augen gerät.

A346.7

Gummilösung enthält relativ viel Lösungsmittel. Dieses muss zunächst verdunsten, ehe man den Flicken auflegen darf.

A347.1

Zum Sortieren von Kunststoffabfällen werden physikalische Trennmethoden angewendet:

Ausblasen: Spezifisch leichte Anteile wie Papier und Kunststofffolien werden abgetrennt.

Magnetscheidung: Magnetisierbare Metalle – vor allem Eisen – werden abgetrennt.

Optische Trennung: Im Infrarotlicht lassen sich unterschiedliche Materialien erkennen und dann mechanisch voneinander trennen.

Schwimm/Sink-Verfahren: Bestimmte Stoffe schwimmen auf Wasser, andere gehen darin unter.

Zentrifugieren: In Zentrifugen werden Stoffe nach ihrer Dichte getrennt. Dazu müssen die Abfälle vorher zerkleinert werden.

Aufreißen: Verbundmaterialien werden aufgeweicht. Danach lassen sich die Anteile voneinander trennen.

A347.2

	Vorteile	Nachteile
werkstoffliches Recycling	Die Kunststoffe werden wiederverwendet. Der dafür benötigte Energieaufwand ist gering.	Durch den Recyclingvorgang wird die Qualität des Rohstoffs vermindert.
rohstoffliches Recycling	Wertvolle Rohstoffe (Monomere) werden wiedergewonnen.	Der für die Pyrolyse erforderliche Energieaufwand ist relativ hoch.
thermische Verwertung	Ein Teil des Energiegehalts der Kunststoffe wird verwendet.	Wertvolle Rohstoffe gehen verloren. Abgase müssen besonders gereinigt werden, wenn PVC verbrannt wird.

A347.3

Duales System Deutschland AG
Frankfurter Straße 720–726

51145 Köln-Porz-Eil

Tel.: 02203/937-0
www.gruener-punkt.de

A347.5

Die Gelben Säcke werden geöffnet. Ein Gebläse trennt die Leichtanteile von den Schweranteilen, die getrennt weiter verarbeitet werden:

- Leichtanteile: Beim Aufreißen von Verbundmaterialien (Blister-Verpackungen) fallen Holz, Textilien und Papier an.
- Der Kunststoffanteil wird durch mehrstufiges Zentrifugieren und durch Trennen nach dem Schwimm/Sink-Verfahren in verschiedene Anteile zerlegt.
- Durch Schmelzen und Zerkleinern gewinnt man ein Kunststoffgranulat aus *Polyethen.*
- Schweranteile: Ein Magnetscheider trennt *Weißblech* (Dosen) ab.
- Durch optische Trennung lassen sich Kunststoffflaschen aus Polyethen von Getränkekartons trennen.
- Es folgt das Aufreißen von Verbundmaterialien. Dabei entsteht eine *Restfraktion* aus Holz und Steinen.
- Nach dem sich anschließenden Ausblasen der leichteren Fraktion folgt auch hier ein mehrstufiges Zentrifugieren und Trennen nach dem Schwimm/Sink-Verfahren und das Schmelzen und Zerkleinern der Kunststoffanteile. Als Endprodukt entsteht ein Granulat aus *Polystyrol.*

– Durch Verdichten und Zerkleinern einer weiteren Kunststofffraktion bildet sich ein Agglomerat (körniges Gemisch) aus verschiedenen Kunststoffen.

A348.1

Makromolekül: Riesenmolekül, das aus sehr vielen kleinen Bausteinen, den Monomeren, aufgebaut ist.

Thermoplast: Kunststoff, der beim Erhitzen weich wird und sich dann verformen lässt.

Duroplast: Kunststoff, der beim Erhitzen nicht weich wird, der sich bei höheren Temperaturen aber zersetzt.

Elastomer: gummiartiger Kunststoff, der durch Zug gestreckt und durch Druck gestaucht werden kann.

Monomer: kleiner Baustein von Makromolekülen

Polymer: Sammelbezeichnung für Kunststoffe, die durch Polyreaktionen aus Monomeren hergestellt werden.

Polyreaktion: chemische Reaktion, bei der aus Monomeren die Makromoleküle der Polymere entstehen.

Polymerisation: Bei einer Polymerisation werden ungesättigte Monomere unter Ausbildung von Einfachbindungen miteinander verknüpft.

Polykondensation: Bei einer Polykondensation werden Monomere mit zwei oder mehr funktionellen Gruppen unter Abspaltung kleinerer Moleküle miteinander verknüpft.

Kautschuk: Thermoplast, dessen Makromoleküle C=C-Zweifachbindungen enthalten.

Vulkanisation: Durch Erhitzen mit Schwefel entsteht aus Kautschuk Gummi. Dabei werden die Makromoleküle durch Schwefelbrücken vernetzt.

Silicone: silicium-organische Kunststoffe. Silicium-Atome und Sauerstoff-Atome bilden das Grundgerüst der Moleküle.

A348.2

Die Steckdose besteht aus einem *Duroplast,* denn er schmilzt nicht.
Der Schwamm ist gummi-elastisch, er besteht also aus einem *Elastomer.*
Der Becher besteht aus einem *Thermoplast,* denn er schmilzt.

A348.3

a) Das Element Chlor ist im Polyvinylchlorid (PVC) enthalten.

b) Der Nachweis von Halogenen in Kunststoffen erfolgt durch die BEILSTEIN-Probe: Man erhitzt eine Kunststoffprobe auf einem Kupferblech in der nicht leuchtenden Brennerflamme. Halogene färben die Brennerflamme grün.

A348.4

Beispiele: Kunstleder, Plastikstühle, Kunstfasern, Klebstoffe, Synthesekautschuk, Plexiglas

Erklärungen:
- Kunststoffe sind in vielen Fällen den Naturstoffen in ihren Werkstoffeigenschaften überlegen.
- Kunststoffe haben gegenüber Naturstoffen eine gleichbleibende Qualität.
- Viele Artikel lassen sich aus Kunststoffen preisgünstig herstellen.
- Natürliche Rohstoffe wie Holz und Leder können bei wachsender Erdbevölkerung oft nicht mehr in ausreichendem Maße zur Verfügung gestellt werden.

A348.5

Polymerisation: Ungesättigte Monomere verbinden sich miteinander, ohne dass Nebenprodukte entstehen.

Polykondensation: Monomere mit reaktionsfähigen Endgruppen (OH-Gruppen, NH_2-Gruppen, COOH-Gruppen) reagieren miteinander, wobei kleinere Moleküle (H_2O-Moleküle) abgetrennt werden.

A348.6

a) Nylon-Granulat wird bis zum Schmelzen erwärmt und mit Hilfe eines Extruders durch feine Düsen gepresst. Die austretenden Fäden erstarren an der Luft.

b) In den ursprünglichen Fäden sind die Nylon-Moleküle ungeordnet. Durch das Strecken werden die Moleküle parallel zueinander ausgerichtet. Dadurch können sich zwischen den Molekülen Wasserstoffbrückenbindungen und VAN-DER-WAALS-Bindungen bilden. Der Zusammenhalt zwischen den Molekülen nimmt also zu.

A348.7

a) Rohkautschuk wird mit Schwefel vermengt und erhitzt.

b)

c)

c) Der Anteil an Schwefel beeinflusst die Härte. Je höher der Schwefelanteil ist, desto härter ist das Gummi.

d) Gummi enthält ungesättigte Verbindungen. Die in den Molekülen enthaltenen Zweifachbindungen reagieren mit Sauerstoff (Ozon). Die Moleküle werden dadurch in kleinere Teile zerlegt. Durch diesen Prozess wird der Zusammenhalt zwischen den Molekülen vermindert.

A348.8

a) Silicone sind Kunststoffe, die auf der Grundlage des Elements Silicium hergestellt werden. Sie bestehen aus Makromolekülen, in denen Silicium-Atome und Sauerstoff-Atome einander abwechseln. Die freien Bindungen sind meist mit Methyl-Gruppen besetzt.

b) Silicone sind wasserabweisend. Daher kann der Stoff nicht benetzt werden. Die Oberflächenspannung des Wassers verhindert, dass Wasser durch die Öffnungen des Stoffes fließt.

A348.9

a) Es entstehen Wasser und Kohlenstoffdioxid:

$$(CH_2CH_2)_n + 3 \cdot n\, O_2 \rightarrow 2 \cdot n\, CO_2 + 2 \cdot n\, H_2O$$

b) Es entstehen Wasser, Kohlenstoffdioxid und Chlorwasserstoff.

$$(CH_2CHCl)_n + 2{,}5 \cdot n\, O_2 \rightarrow 2 \cdot n\, CO_2 + n \cdot H_2O + n \cdot HCl$$

c) Goretex besteht aus Polyfluorethen. Bei der Verbrennung dieses Materials werden flüchtige Fluor-Verbindungen freigesetzt. Diese sind gesundheitsschädlich und umweltschädigend. Die Entsorgung von Textilien, die Goretex enthalten, muss also in speziell dafür ausgestatteten Anlagen erfolgen.

A348.10

Moderne Regenbekleidung besteht aus Materialien, die sowohl windabweisend und wasserdicht als auch dampfdurchlässig und atmungsaktiv sind. Der von der Haut abgegebene Wasserdampf kann durch das Gewebe hindurch abgegeben werden und kondensiert daher nicht an der Innenseite der Regenbekleidung.

A348.11

a)

b) Es handelt sich um einen Polyester.